就職と体育会系神話

大学・スポーツ・企業の社会学

東原文郎
Tsukahara Fumio

青弓社

就職と体育会系神話——大学・スポーツ・企業の社会学／目次

装丁——神田昇和

凡例

［1］本書で使用した記号のうち、引用中の〔　〕は引用者による補記を、（略）は省略を表す。

［2］本書で登場するインタビュイー・語り手の名前は仮名で統一した。また、企業名や大学名もアルファベットの大文字と小文字を使い分けて示している。

［3］旧字体の漢字は、原則的に新字体に改めている。仮名遣いは原則的に引用元のとおりである。

プロローグ

いまからもう四半世紀も前の話だ。私は一九九六年四月に横浜市郊外にある国立大学に進学した。特にうまかったわけでもないが小学二年生から続けてきたサッカーを大学でもやりたくて、丘の上の土のグラウンドでおこなわれていた体育会サッカー部の練習に、授業が始まる前から日参した。入るからには最初からレギュラーで活躍してやる！と息巻いて、全身全霊で（ときにファウルまがいの野蛮な）プレーを続ける生意気な小僧を、先輩方はどやしながらも温かく迎え入れてくれた。

本書のテーマ「体育会系の就活」といえば、当時の二学年上の先輩方を思い出す。印象的な先輩が二人いた。一人は一浪で進学してきた関西の国立大学付属高校出身のOさん、もう一人は四国で有数の難関公立高校出身のMさんだ。二人は共通点が多かった。二人とも関西以西の公立進学校からの上京組、二人ともレギュラーのセンターバック（4バックの中二枚）、二人とも副キャプテン、二人とも大企業志望だった。二人とも知的でコミュニケーションも得意、異性を喜ばせるのが上手だったから異性から大変にモテた。よき友人でもあるが、サッカー選手としても私生活の充実ぶりでも競い合うようなよきライバルでもある、そんな関係だった。私は二人ともにかわいがってもらい、二人の関係を含めて尊敬し、二人を同様に慕っていた。

二人は一九九六年の（三年生の）シーズンが終わるやいなや就職活動を始め、大手広告代理店から大手総合商社、大手金融、大手メーカーと、当時の一流企業＝人気大企業に片っ端から手書きのエントリーシートを送っていた。Oさんは大手広告代理店のデンパク（電通と博報堂）、Mさんは総合商社のブッサンショウジ（三井物産と三菱商事）を第一志望としたが、二人ともかなわなかった。

一九九七年の春から初夏にかけてだった。それぞれが活動を続けていくなかで、某酒造最大手ビール会社の選考で二人とも役員面接にまで進んだ。そこで内定を勝ち取ったのはしかし、Mさん一人だった。Oさんにとってのショックがいかほどのものだったか、私生活でも仲が良かった二人の関係はどうだったのか。就活終了に伴ってサッカー部の練習に復帰したMさんと、就活継続によって練習に来ないOさん。私はMさんに心からお祝いを告げたかったが、話題にすることさえはばかられたことを覚えている。そのひと月ほどあと、Oさんも国内最大手の証券会社から内定を獲得して練習に復帰し、私たちは二人の最終シーズン、神奈川県学生サッカー選手権大会一部リーグでの戦いに青春の血潮を注いだ（結果は一部残留……）。

その後の二人はどうなったのか。二十代後半からそれぞれの会社でメキメキと頭角を現し、三十代半ばにもなると、Mさんは上海、Oさんはシンガポール、つまり世界人口の半分を占める広大なアジアンマーケットの拠点で広域エリアの営業を統括するミドルエグゼクティブに成長した。アジアの中核都市のさらにど真ん中にそびえ立つタワーマンションの高層階、二日に一回は清掃が入る大理石張り二百平方メートルの５ＬＤＫに住む。もちろん会社が威信を示すために、期待のミドルエグゼクティブたちに用意したものだ。

二人の体育会系学生を採用した企業の選考に間違いはなかったことになる。大学スポーツ組織を通過することで育まれた力は、きっと社会というフィールドで勝つための基盤になるのだ。体育会系神話は、実態から生まれたのだ。漠然とそう思い込んでいたし、疑おうとも思わなかった。

ところがそれから数年たち、私は「体育会系神話の力は万人に作用するわけではない」ということを身をもって意識するようになる。最も身近な体育会系神話の体現者、OさんとMさんに出会ってからちょうど十年後の二〇〇六年、私は、修論をまとめるのに三年もかかり、ヨレヨレと迷い込んだ博士課程でも四年目を迎えていた。当時キラキラに輝くヤングエグゼクティブの先輩方の陰で、奨学金という名の借金とわずかばかりの非常勤講師料で糊口をしのぎながら、私は、私が自立する前提（つまり一緒に住まなくなる前提）でリフォームされた〝自分の部屋がない実家〟で、両親と暮らしていた。当時はまだ満期（博士課程在籍年限、通常五年、休学などを含めても八年程度）を迎えても研究生や事務補佐として研究室に残る大先輩がいるにはいた。だが、私は早く〝退院〟したくて焦っていた。中学・高校・大学の友人たちはみんなそれぞれ順調に係長や課長代理クラスに昇進していて、結婚式の二次会で集まれば〝年上の部下への指示の出し方〟について盛り上がっている。しかし私は目立った業績もなく、博士論文のテーマさえ明確に設定できずに二十九歳を迎えていた。

大学四年間サッカーに没頭し、三年生のときには主将も務めた。組織改革を進めてチームを前年度最下位（入れ替え戦引き分けでからくも一部に残留）から三位に押し上げ、個人としては神奈川県学生選抜＝関東学生選抜候補になった。そのかたわら、ジョン・デューイの〝Democracy and

Education”（『教育と民主主義』）を原書で読むトレーニングを続け、東京大学大学院（教育学研究科）への入学も果たした。小学校教諭と養護教諭の一種免許に加え、中学校・高校の保健体育の専修免許も取得した。それなりに文武両道を追求してきたハズだ。なのにいまの自分は何だ。敬愛するO・Mの二人が輝けば輝くほど、自分のいまと未来が漆黒の暗闇に包まれているかのように感じられた。

「体育会系神話って、なんなんだよ！」

幸か不幸か、この恨みの感情（社会学ではルサンチマンと言ったりする）が本書と本書のもとになった博士論文の初発の問題関心を形作り、研究を駆動する強い動機づけになった。ルサンチマンが健全なモチベーションになって研究は進んだ。はたして体育会系神話とは何なのか。いつ、なぜ、どのように体育会系神話が成立し、いま、なぜまた問題化するのか。本書は、一人の体育会系学徒による、これらの問いとの格闘の軌跡である。

第1章　問題化する「体育会系」のキャリア形成

1　対象としての「体育会系神話」

「体育会系神話」の揺らぎ

本書の目的は、「体育会系の新卒就職は他に比して有利になる」という社会的了解（これを「体育会系神話」とする）について、その現状を統計的に記述すること、またその起源、最盛期、現状に至るまでの変遷を社会学的に跡づけることで、日本の大学新卒労働市場で体育会系神話が成立する条件を解明することである。

ここでの体育会系とは、「大学がオフィシャルに運営する運動・スポーツ系部・クラブ（サークルを除く）に所属している（いた）者」を指している。日本では伝統的に、体育会系は就職で有利な立場を得るという事実があるかのように語られる。(1) 例えば、経済学者の百瀬恵夫と経済誌の編集者を歴任したアナリスト篠原勲、キャリアカウンセラーの葛西和恵は、「体育会系はナゼ企業にモテるのか」について一定の見解を提示してきた。(2) 彼らは、「体育会系神話」と「体育会系」について以下のように述べた。

「体育会系神話」という言葉があるように、一般的に、体育会系出身者は、「辞めない」「打たれ強い」「人当たりが良い」等と言われ、就職や職場で有利な立場を得ているように語られる。体育会系学生には総じて次の傾向がある。

①体育会系学生には、過去の競技成績の良し悪しはともかく、学生時代に熱心に取り組んだこと、何かに打ち込んだという経験がある。就職活動では、学生時代の経験について問われることが多いようだが、体育会系学生には面接で語れる体験をもっている。

②体育会系学生は、基本的なビジネスマナー、同世代・異なる世代とのスムーズなコミュニケーション、報告・連絡・相談（ホウレンソウ）の仕方、物事への基本的な取り組み姿勢、マネジメントPDCAサイクルの回し方等、いわゆる新人研修のカリキュラムをひと通り身につけている。

③体育会系学生は、入社後、早期に社会人生活に馴染むことができる。入社直後でも、もたつくことなく「仕事を覚える」「仕事をする」フェーズに入れる。このことは、本人にとってのみならず、新人を受け入れる職場にとっても大きなメリットをもたらす。新人の先輩社員や上

司が、基本的なことを手取り足取り教える必要がないからである。[3]
「ＡＥＲＡ」編集部も、大学での部活経験そのもの、あるいは部活経験によって培われた能力がどれほどビジネスシーンに応用可能なのかを、複数の体育会系社会人の証言を引用しながら力説している。[4]例えば、人がやりたがらないことを進んでおこなえる人間力、「できない」と言わない忍耐力、自他の戦力の分析力、勝利から逆算してトレーニングを組み立てる計画力、新入部員の勧誘から資金集めに関わるマネジメント能力、などなど。体育会系クラブは、所属して活動することでビジネスパーソンとして求められる能力を自然と養ってくれるというのだ。
他方、その体育会系の価値は低下しているという見方もある。リクルートキャリア、就職みらい研究所所長の岡崎仁美は朝日新聞編集委員の中小路徹のインタビューに応え、「大学の運動部の出身者は一九八〇年代まで、企業で重宝され」たが、「［九〇年代以降は］他の対応力も求められるようになり、優先度は下が」った、「体育会出身者を優遇する「体育会プレミアム」は、落ちている」[5]と述べた。実は、これに類する体育会系神話の終焉もしくは弱体化説は、九〇年代から再三にわたってメディアに登場している。[6]
体育会系の採用ニーズは依然として高いのか、それとも低下してきているのか。背馳する二説の併存状況を象徴するのが、二〇一五年ごろから顕著になった体育会系を対象とした就職支援サイトの林立だ。体育会系であるという個人情報を紹介（＝マッチング）事業に活用するポータルサイトは、一九年十月時点で確認できただけで十一（「アスナビ」「リクナビ」「マイナビ」「キャリタス就活」

「ユニスタイル」「レクミー」「ワンキャリア」「スポナビ」「ジール」「理系ナビ」「ビズリーチ」）、「ラグビー」限定（「ラガキャリ」「ラグリート」）や「国公立大学」限定（「部活のみかた」）などを入れるとさらに増える。こうした新卒斡旋事業の一環として、体育会系に限定した就活セミナー、（合同）会社説明会、就職相談会などが全国中核市で頻繁に開催されるようになった。

インターネット上では、体育会系だからこそ必要な就活に向けての心構え、準備、トレーニングが必要であるという主張が散見できる。(7) 体育会系は、企業としては積極的に採用したいタイプだが、就職活動に際しては特別な支援（採用選考に際しては特別な介助）が必要とされる存在であり、だからこそ体育会系に特化した就職支援＝人材紹介業が成立する、ということなのだろうか。

では、就職後は本当に活躍しているのだろうか。これについては、典型的には大企業トップや起業家・実業家の成功譚に現れるため、体育会経験にポジティブな評価が与えられる語りが圧倒的に多数になる。例えば、現在デジタルハーツホールディングスの社長でローソンなどでも社長を務めた玉塚元一氏(8)やヤマハ発動機会長の柳弘之氏(9)はラグビー、サントリーホールディングス（HD）社長の新浪剛史氏(10)はバスケットボール、エグゼクティブ人材の転職支援紹介ビズリーチ社長の南壮一郎氏(11)とイギリス系投資ファンドオービス・インベストメンツ社長の時国司氏(12)はサッカー、フェイスブックジャパン代表取締役の長谷川晋氏(13)はハンドボール……彼らは例外なく、自身の体育会経験をビジネスの世界で成功するために必須の試行錯誤だったというポジティブな体験として語っている。

他方、少数ながらネガティブな語りもある。例えば人事ジャーナリストの溝上徳文は、芸能人のマツコ・デラックスが「体育会系社員は三十代で終わる」と断言したことを受けて、各業界の人事部長にその説の妥当性についてインタビューしている。[14] そこでは、「三十代になると息切れして失速する社員が出てくる。共通するのは指示された目の前の仕事だけをやり、他のことは何も考えていないというか、創造性やクリエイティビティに欠ける」「上司に対する忠犬ぶりはすごいが、後輩や周囲を巻き込んで創意工夫しながら仕事をこなす能力が低い」「体育会系の社員は突然うつが発症するのです。おそらく上下関係の厳しさを刷り込まれていて、たとえつらくても飲み込んでしまうクセがあるので、会社に入っても同じように飲み込んでしまう」などの回答を紹介しながら、体育会系社員は就職してしばらくたつと、ビジネスパーソンとしての限界が見えてくる傾向があることを指摘している。

フランスの哲学者ロラン・バルトによれば、神話とは、「その語が指示するものがそれ自身を自然なもの、さらに時間を越えたものとして呈示する」[15] ものだという。より日常的な表現にすると、人が「他人の信仰として間接的に信じている」[16] ことと言える。前述の、経済学者や労働分野の専門家、実践者による体育会系評や、体育会系をターゲットとした人材紹介業の成立に鑑みると、就職や職場で体育会系が本当に優位を得るか否か、その真偽を問う前提として次のことが指摘できる。すなわち、多くの人は、「人が教育機関でスポーツに組織的・制度的に取り組むことは、労働領域で有利な立場を得る可能性を高める」ということを「他人の信仰として間接的に信じている」。

そして、このことは、社会では「体育会系は就職に有利だ」と言われているが、必ずしもそうとはかぎらないという疑念、体育会系神話の動揺である。本書は、大学新卒就職市場では体育会系が本当に有利な立場になるのか、またその条件は何かという神話の真偽も問うが、さらにその先に、そもそもなぜこのような一般的な了解が成立したのかについて、社会学的な前提を考察する。

UNIVASの設立と学生アスリートのキャリア形成支援

それでは、なぜいま、体育会系神話が問題になるのか。百瀬らが主張するように、体育会系というだけで有望な人材とみられるのであれば、多くの体育会系は就職にも昇進にも成功し、問題にはなりえない。就職に困難を抱えがちな体育会系がいるからこそ、支援策や対応策が取り沙汰されて問題化するのである。日本の大学スポーツ界は、その問題を認識し、組織的に対処しようと乗り出した。二〇一九年三月に設立された大学横断的かつ競技横断的大学スポーツ統括組織「UNIVAS」の、学業充実セクション、テーマ4キャリア支援事業である[17]。

二〇一五年から一八年の三年あまり、日本版NCAA（National Collegiate Athletic Association＝全米大学スポーツ協会）設立の構想は、さまざまな関係機関や有識者が名を連ねた設立準備委員会を経て一般社団法人UNIVASとして昇華した。関西では全国組織に先んじて、地域限定の大学横断的で競技横断的な大学スポーツ統括組織・大学スポーツコンソーシアムKANSAI（KCAA）が走り始めていた（二〇一八年四月）[18]。

二〇一八年十一月十八日開催の第三回日本版NCAA設立準備委員会で当該テーマについて提示された資料[19]によれば、UNIVASは、学生アスリートのデュアルキャリア形成支援を軸に、①大学、大学アスレティックデパートメント、大学キャリアセンター、指導者、学生などの関係者間の情報収集・提供システムの構築、②指導者教育（セミナー）の実施、③官民が提供する学生アスリート就職支援プログラムの活用、を展開するという。情報収集から始めるという事業方針が示しているのは、UNIVASが学生アスリートの意識や生活の多様性、就活セミナーや説明会、インターンシップなどへの参加状況、入職状況などに関する情報を当該時点で持ち合わせていなかったという実態だろう。

しかしここでも、なぜUNIVASが学生アスリートのキャリア形成支援を事業化する必要があるのか、立ち止まって考えてみる必要がある。体育会系神話のとおり、多くの学生アスリートが新卒就職市場で有利で満足できる就職口を見つけられるのであれば、大学スポーツの統括団体が事業として取り組む必然性はない。限られたリソースをほかの事業に投下すべきである。だが、UNIVASは、現実に学生アスリートのキャリア形成支援策を事業化する方針を立てている。これは、関係者が「学生アスリートのキャリア形成は問題化する」と認識している証左なのである。

学生アスリート人口の拡大とその特徴

UNIVASの設立もそうだが、その事業の柱としてキャリア形成支援が謳われる背景には、学生アスリート人口の増大があると考えられる。鹿屋体育大学の大学院生だった八尋風太と指導教員の萩原悟一が東京二〇二〇オリンピック種目を中心に二〇〇八年から一七年までの大学スポーツ競技者数を調べたところ、二十三競技で増加が認められたという。[20] 〇八年から一七年までの十年間の推移が確認できる十六競技では、〇八年：九万七千八百十七人（全大学生数の三・五％）→一七年：十一万四千七百六十一人（同四・〇％）へと一一七・三％の増加が認められる。この時期に顕

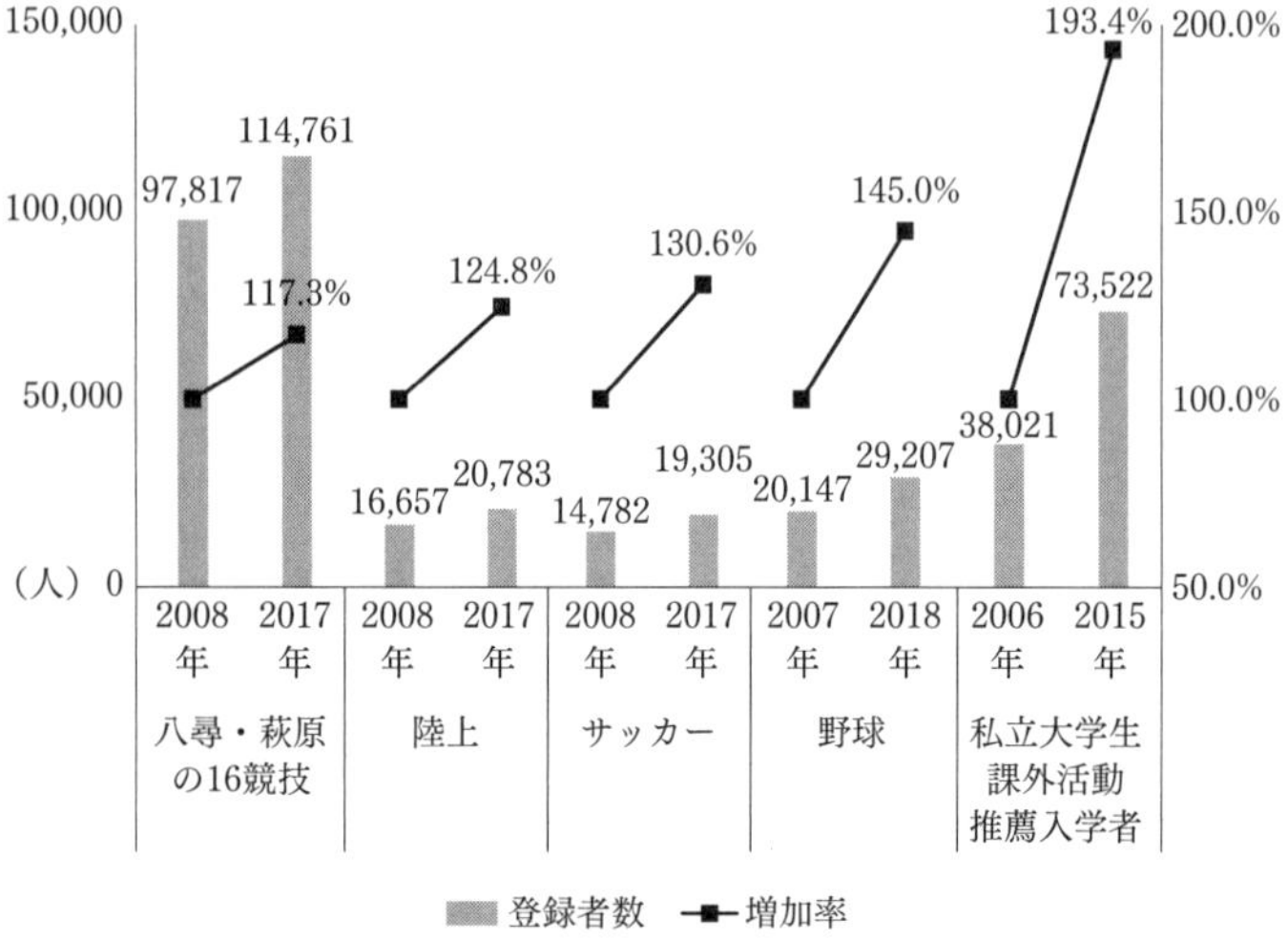

図表1-1　近年の学生アスリート人口の拡大とその特徴
（出典：八尋風太／萩原悟一「日本における大学生競技者数の2008年から2017年の推移――2020年東京オリンピック種目を対象として」「スポーツ産業学研究」第29巻第4号、日本スポーツ産業学会、2019年）

著な増加が認められる種目として、陸上競技：〇八年：一万六千六百五十七人→一七年：二万七百八十三人（約四千人の上昇、増加率約一二五％）、サッカー：一二年：一万四千七百八十二人→一七年：一万九千三百五人（約五千人の上昇、増加率約一三〇％）、野球：〇七年：二万百四十七人→一八年：二万九千二百七人（約九千人の上昇、増加率約一四五％）が挙げられる（図表1―1）。

　八尋と萩原は、二〇一五年から一七年の三カ年の登録者数がわかる二十三競技だけで全学生数に占める学生アスリートの割合を約六％と算出した。当該二十三競技のリストにないラクロス、アメフト、テニス、チアなどを加えれば、大学生の八％から一〇％程度は体育会系が占めていると予想できる。

ほかの資料からも確認したい。日本私立大学連盟の報告[21]によると、スポーツ・課外活動推薦を利用した入学者割合は、二〇〇六年：一・八％、一〇年：一・九％と二％以下を保っていたが、一五年には三・五％に上昇した。文部科学省の発表[22]では、一五年の私立大学に在籍する学生総数は約二百十万人であり、計算するとこのうち七万三千五百人あまりが課外活動推薦を利用して入学していたことになる。

また、学生アスリート専門の新卒就職支援をメイン事業とする株式会社アスリートプランニングが実施した二〇一八年度サービス利用者調査のデータを集計し、当該時期の大学ランクと入試方法の関係をまとめた[23]（図表1―2）。これによると、当該企業のポータルサイトにエントリーして調査に協力してくれた学生アスリート（四千八十一人）のうち、二四・〇％（九百八十人、男性七百五十一人二七・五％：女性二百二十九人一七・〇％）がスポーツ推薦によって入学していた。すなわち、学生アスリートはスポーツ推薦利用者の約四倍と推測できる。私立大学の学生はエントリー学生全体の九〇・三％（三千七百六人）を占めるが、スポーツ推薦利用者九百八十人だけ取り出してみると、私立大学生はその九七・九％（九百七十二人）に及ぶ。私立大学生アスリートの二六・二％（九百七十二人）、男性の三〇・一％（七百四十七人）、女性の一八・三％（二百二十五人）がスポーツ推薦入学者だった。

先の日本私立大学連盟の報告にある課外活動推薦を利用した大学入学者三・五％には、音楽や芸術などのスポーツ以外の活動による推薦が含まれるはずだが、少なくとも三・〇％はスポーツ推薦と仮定し、かつ、近年のスポーツ推薦割合に大きな変動がなく、スポーツ推薦利用者の約四倍が学

一般推薦		学校推薦		その他		合計	
6	5.2%	0	0.0%	3	2.6%	116	100.0%
14	10.7%	4	3.1%	3	2.3%	131	100.0%
0	0.0%	0	0.0%	0	0.0%	5	100.0%
20	7.9%	4	1.6%	6	2.4%	252	100.0%
6	10.3%	0	0.0%			58	100.0%
10	18.5%	4	7.4%			54	100.0%
2	18.2%	0	0.0%			11	100.0%
18	14.6%	4	3.3%			123	100.0%
12	6.9%	0	0.0%	3	1.7%	174	100.0%
24	13.0%	8	4.3%	3	1.6%	185	100.0%
2	12.5%	0	0.0%	0	0.0%	16	100.0%
38	10.1%	8	2.1%	6	1.6%	375	100.0%
23	13.9%	19	11.4%	48	28.9%	166	100.0%
114	7.9%	295	20.3%	165	11.4%	1,450	100.0%
130	15.1%	159	18.4%	100	11.6%	863	100.0%
267	10.8%	473	19.1%	313	12.6%	2,479	100.0%
19	14.5%	20	15.3%	24	18.3%	131	100.0%
69	8.7%	202	25.6%	89	11.3%	789	100.0%
49	16.0%	36	11.7%	34	11.1%	307	100.0%
137	11.2%	258	21.0%	147	12.0%	1,227	100.0%
42	14.1%	39	13.1%	72	24.2%	297	100.0%
183	8.2%	497	22.2%	254	11.3%	2,239	100.0%
179	15.3%	195	16.7%	134	11.5%	1,170	100.0%
404	10.9%	731	19.7%	460	12.4%	3,706	100.0%
29	10.3%	19	6.7%	51	18.1%	282	100.0%
128	8.1%	299	18.9%	168	10.6%	1,581	100.0%
130	15.0%	159	18.3%	100	11.5%	868	100.0%
287	10.5%	477	17.5%	319	11.7%	2,731	100.0%
25	13.2%	20	10.6%	24	12.7%	189	100.0%
79	9.4%	206	24.4%	89	10.6%	843	100.0%
51	16.0%	36	11.3%	34	10.7%	318	100.0%
155	11.5%	262	19.4%	147	10.9%	1,350	100.0%
54	11.5%	39	8.3%	75	15.9%	471	100.0%
207	8.5%	505	20.8%	257	10.6%	2,424	100.0%
181	15.3%	195	16.4%	134	11.3%	1,186	100.0%
442	10.8%	739	18.1%	466	11.4%	4,081	100.0%

図表1-2　2018年度の体育会系の大学ランクと入試方法の関係

			スポーツ推薦		一般受験	
国公立	男性	難関	3	2.6%	104	89.7%
		中堅	1	0.8%	109	83.2%
		発展途上	0	0.0%	5	100.0%
		合計	4	1.6%	218	86.5%
	女性	難関	3	5.2%	49	84.5%
		中堅	0	0.0%	40	74.1%
		発展途上	1	9.1%	8	72.7%
		合計	4	3.3%	97	78.9%
	合計	難関	6	3.4%	153	87.9%
		中堅	1	0.5%	149	80.5%
		発展途上	1	6.3%	13	81.3%
		合計	8	2.1%	315	84.0%
私立	男性	難関	11	6.6%	65	39.2%
		中堅	435	30.0%	441	30.4%
		発展途上	301	34.9%	173	20.0%
		合計	747	30.1%	679	27.4%
	女性	難関	3	2.3%	65	49.6%
		中堅	128	16.2%	301	38.1%
		発展途上	94	30.6%	94	30.6%
		合計	225	18.3%	460	37.5%
	合計	難関	14	4.7%	130	43.8%
		中堅	563	25.1%	742	33.1%
		発展途上	395	33.8%	267	22.8%
		合計	972	26.2%	1,139	30.7%
合計	男性	難関	14	5.0%	169	59.9%
		中堅	436	27.6%	550	34.8%
		発展途上	301	34.7%	178	20.5%
		合計	751	27.5%	897	32.8%
	女性	難関	6	3.2%	114	60.3%
		中堅	128	15.2%	341	40.5%
		発展途上	95	29.9%	102	32.1%
		合計	229	17.0%	557	41.3%
	合計	難関	20	4.2%	283	60.1%
		中堅	564	23.3%	891	36.8%
		発展途上	396	33.4%	280	23.6%
		合計	980	24.0%	1,454	35.6%

生アスリート人口と仮定する。すると、二〇一八年度の私立大学生約二百十五万千人×スポーツ推薦三%×四で、推計学生アスリート数は約二十五万八千人、国公立も含む同年の大学生総数二百九十一万人の八・九%になって、前述の予想に近似する。

さらに、図表1―2からわかる学生アスリートの特徴として、大学威信ランクが高いほうが、スポーツ推薦入学者の割合は低く、一般受験入学者の割合が高くなる。威信ランクが低い大学には、受験勉強をせずに入学したアスリートが男性で三五%程度、女性でも三〇%程度と、私立平均よりも五ポイントから一〇ポイントほど高い割合で存在する。

学生アスリート人口は増加した。私立大学で課外活動推薦の入学者割合が増えていることからも、その増加分の多くは、威信ランクが低い私立大学がスポーツ推薦を拡大したためと推察される。

大学新卒就職の日本的慣行――間断なき移行

威信ランクの低い大学が学生アスリートを大量に抱え込んでいることに加え、新卒就職の日本的慣行が学生アスリートの初期キャリア形成をより困難なものにすると考えられる。新卒就職の日本的慣行の特徴は、大学、高校を問わず、「間断なき移行」にある。

「間断なき移行」とは、「学校を卒業予定の若年者が在学中から求職活動をおこない、その多くが在学中に仕事を見つけ、卒業後直ちに労働市場でのキャリアを開始すること」[24]であり、企業側の新卒一括採用の慣行と表裏をなす。

教育社会学者の石田賢示の説明によれば、生成期には、「雇用者にとっては、優秀な労働力をで

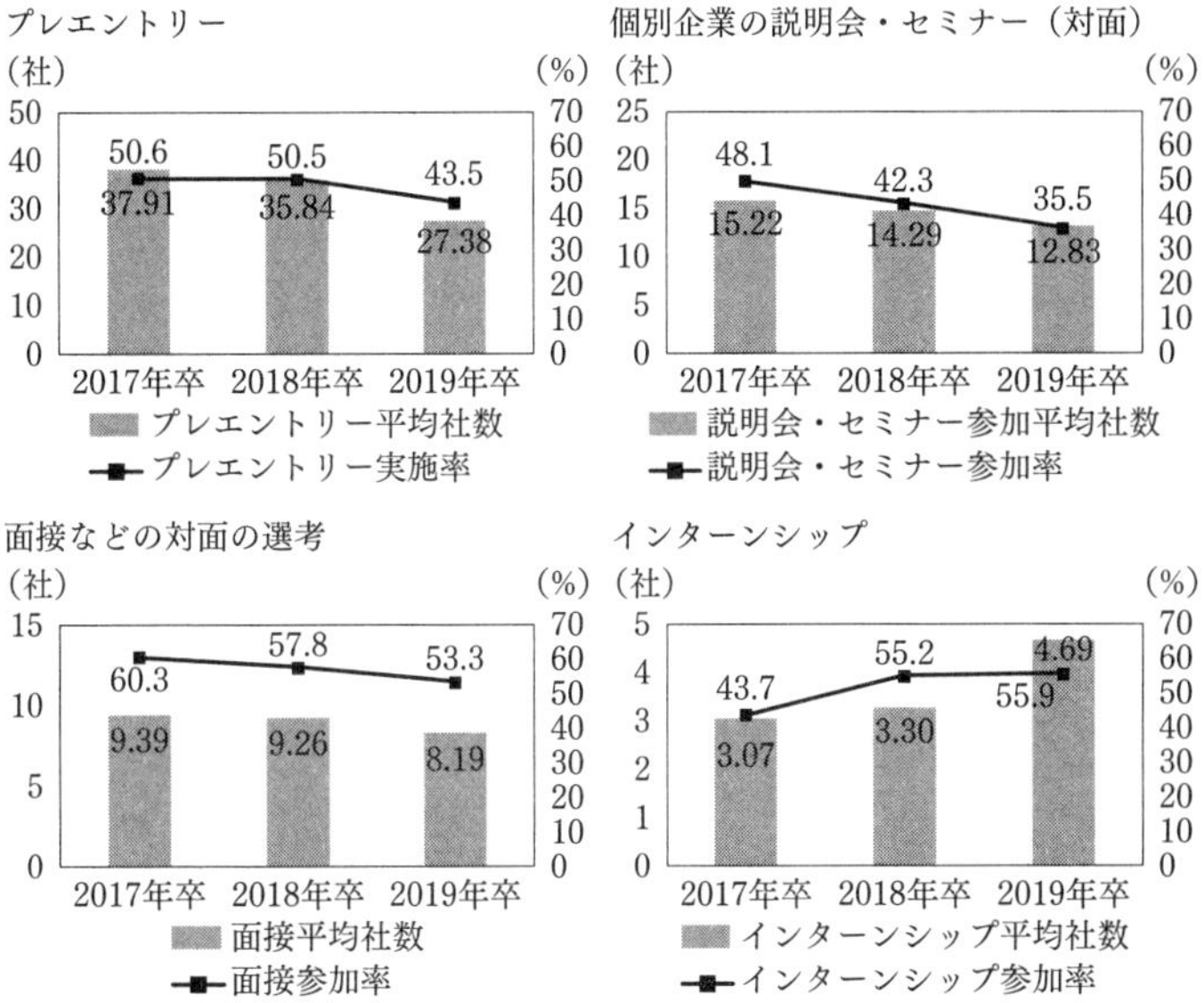

図表1-3　就職活動プロセスごとの実施状況
（出典：就職みらい研究所『就職白書2019』リクルート、2019年、30ページ）

きるだけ安定的に確保したいという動機、労働行政側にとっては、その時々に最適と思われる労働需給調整により労働市場を安定化させたいという動機」「学校側には自分たちの育て上げた生徒・学生に対し、個々に適した進路を見つけてやりたいという教育上の動機[25]」があったという。

　現在では規範化しているとも言えるこの「間断なき移行」の慣行が、学生アスリートを就活遂行上の困難に追い込む。彼／彼女らは、練習や試合などのスポーツ活動、学生の本分としての学業、そして就職活動を絶妙にバランスを取りながらおこなわなければならない。就職活動その他で余計に費用がかかる場合は、アルバイトもせざるをえない。図表1―3、図表1―4に引

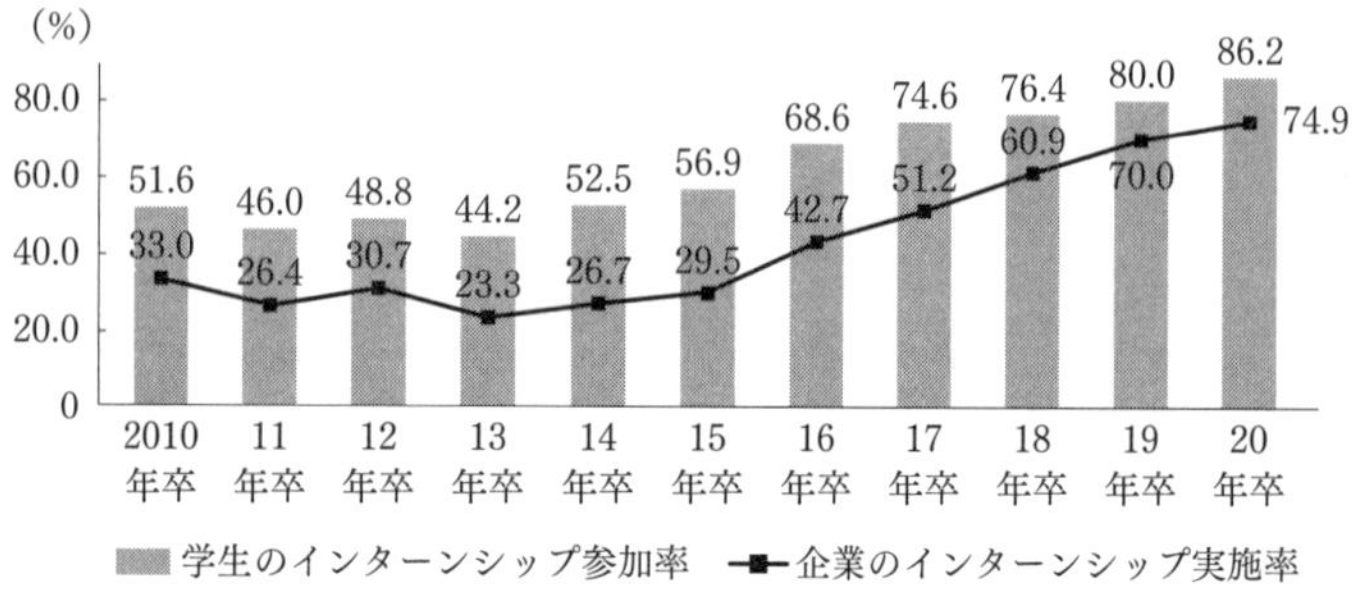

図表1-4　学生のインターンシップ参加率／企業のインターンシップ実施率
※学生は各年とも3年生の11月調査。
※企業の実施率は、3年生時に参加と仮定して作図。2020年卒は18年度実施。
(出典：ディスコ・キャリタスリサーチ「インターンシップに関する調査——キャリタス就活2020学生モニター調査結果」ディスコ、2019年、1ページ)

用したとおり、近年では選考のプロセスにおけるインターンの重要性が高まっていて、学生アスリートは今後、長期短期を問わずインターンとスポーツその他の活動とのトレードオフを強いられるようになると予想できる。学生アスリートは、就職活動のプロセスで比較的共通の困難を抱えがちな支援対象セグメントとして認識されつつある。

2　先行研究の検討と本書の研究課題

前節では、「間断なき移行」が慣行あるいは規範として強固に残存する現在、威信ランクが低い大学での学生アスリートの増大は、体育会系だからといって必ずしも労働市場で有利になるとはいえないのではないかという疑念——体育会系神話の揺らぎ——をもたらしていることを示した。

では、体育会系神話が示す実態があったとして、どうすれば学生アスリートは従前どおり初期キャリア形成を有利に進めることが可能になるのか。それには、体育会系が大学新卒就職市場で有利を維持してきた条件の理解が求められる。これまでの研究は、そうした条件をどのように、どの程度解明してきたのか。本節では、教育機関在学中のスポーツ活動が労働状況に及ぼす影響について既存の研究を概観する。やや専門的な内容になるので、慣れない読者は読み飛ばしていただいてかまわない。

先行研究の検討

わが国の体育会系就職に関する実証研究は、教育社会学や労働経済学の「大学から労働への移行(transition)」に関する研究成果を引き継ぎながら、二〇〇〇年代から一〇年代にかけておこなわれるようになってきた。そこでは例えば、

・文化系よりもスポーツ系クラブ所属者が望ましい就職を達成しがちであること(26)
・文学部女子に限定すると、クラブ活動への参加が正規就労や賃金を上昇させること(27)(28)
・大企業・公務員、専門職への就職、また職業威信スコアが高い職種や希望の仕事に就けるかどうかには、文系だけで、大学分類、成績、そしてクラブ参加度が有意な効果を示すこと(29)
・体育会系であることは初職在職期間を有意に引き延ばす効果があること(30)
・課外活動や対人関係を重視する大学生活を送ると、大学生活の充実度が上がり、初期キャリアでの組織社会化が促されること(31)

・一般入試の「選抜」を経ずに勉学を軽んじて学力基盤の形成をおろそかにしてしまうと、体育会運動部所属ということで仮に大学入試や就活が突破できたとしても、入社後のキャリア形成には必ずしもつながらないこと[32]

・体育会に所属していることは、内定の有無や人気企業への内定、就職活動期間、内定到達率のどちらも体育会所属群がほかの群に比べて有利というわけでは必ずしもないこと[33]

などが明らかにされてきた。また、次に挙げるのは単一大学の調査報告という留保がつくものの、

・体育会系は高い労働意欲を示すこと[34]

・体育会所属新規大学卒業者の特性と、企業が求めている人材とは一致する要素があること[35]

などが報告されている。[36]

他方、大学スポーツ大国のアメリカでも、体育会系であることの労働市場での効果を検証している。例えば、

・アメリカの学生アスリートはほかの学生に比べ男子で四％の収入プレミアムがある（女子では検出されない）こと[37]

・一般学生に対する学生アスリートの収入プレミアムは平均としては見いだされるが、高収入なの

は商業、軍隊、肉体労働者に偏っていて、学生アスリートの大半は実は低収入であり、多くが高校教師やほかの低収入の仕事に就くこと[38]
・初職の年収が Director's Cup の得点と相関することから、いい競技実績を残せるようなスポーツ強化制度がある大学は、そのすべての学生に好影響を及ぼすと推察できること[40]
・学生アスリートは感情コントロールに秀で、需要側としても提供側としても「メンタリング」を利用するため、初期キャリア形成に成功し（高い給与を得）がちであること[41]

などがあげられる[42]。ヨーロッパでは近年、

・スポーツ活動が健康や主観的幸福感と同様に所得や給与の面で労働市場に無視しえない正の効果をもたらすこと（ドイツ）[43]
・学生時代にスポーツ経験がある求職者が企業側から面接に呼ばれる可能性はスポーツ経験がない人に比べて約二％有意に高いこと、さらにスポーツのなかでもテニス、サッカー、ゴルフはその確率が三、四％と高いこと（スウェーデン）[44]
・さまざまなタイプのスポーツ参加が初職へのアクセスにつながること、チームスポーツが若年男性の雇用可能性の向上に貢献する（女子にはない）一方、野外活動への参加が年収を高める効果があること（イギリス）[45]

などが報告されている。特にヨーロッパのデータは国単位で収集したパネルデータを用いていて、その信頼性は高い。

これらの研究は、人的資本理論[46]の立場からスポーツ活動への参加がもたらす労働市場での効果(＝雇用可能性、労働への適応、所得・賃金への影響)を「スポーツ・プレミアム」として検討するものである。成長段階の青年期での活動の時間配分(allocation of time)が個人の労働領域でのメリットにどのような影響を及ぼすのか、雇用可能性を高めるネットワーク[47]や、適応を助長する協調性[48]、報酬を高めるチームワーク[49]は青年期のスポーツ参加によって獲得されやすくなるのか、という課題に取り組む研究群といえる。

わけても日本の研究や報告は、大学新卒労働市場にあるとされる特定の傾向(体育会系就職)を描き出しながら、その傾向の原因に一定の説明を付そうとする試みであり、体育会系就職の状況を理解して未来に向けたあり方を検討したい本書にとってきわめて重要である。

しかしながら、二つの問題を指摘できる。一つは、日本の先行研究では学生アスリートの多様性が看過されている点である。前節に示したように、学生アスリートは量的に拡大し、体育会系神話には動揺がみられる。海外の研究では、種目によって得られるスポーツ・プレミアムの差異が報告されているにもかかわらず、日本の研究ではすべての体育会系が同一グループと見なされていて、体育会系就職の実態が適切に描かれたとは言いがたい。体育会系内の差異、セグメントの規模と特徴を認識する必要がある。

もう一点は、国内外で散見される学生アスリートのキャリア形成についての知見は、国や地域、大学スポーツの産業化の程度によっても一定せず、その差異の理由や生成機序が不明なままだ、という点である。

アメリカの経済社会学者マーク・グラノヴェッターは、「経済的行為や経済的結果が二者関係や関係のネットワーク全体の構造に影響される事実」を「埋め込み（embededness）」[50]と定義した。この概念は、学卒者のキャリア形成のメカニズムを追求する際の有力な分析枠組みとして、教育社会学者の苅谷剛彦（と苅谷が師事したアメリカの社会学者ジェームズ・ローゼンバウム）によって日本の新卒就職を対象とする教育社会学的研究に導入された。[51] 苅谷を中心とする研究グループはこの枠組みを最大限に利用して、大卒者一般の初期キャリア形成が、企業―大学間の就職協定に基づく新卒一括採用の慣行や実績関係、指定校推薦をめぐる学内選抜とOB・OGリクルーターの活躍といった社会的文脈に強く規定される事実を明らかにしてきた。[52] 前述の体育会系の就職を直接の調査対象とした研究群には、そうした学生アスリートのキャリア形成が埋め込まれた社会的制約（embeddedness）への洞察が欠落している。

教育的達成と社会経済的達成の関連に関する七つの理論を比較検討したデビッド・B・ビルズは、雇用機会や賃金が使用者と被使用者の取引に依存するため、その取引の実態に加え、取引を制約する前提自体をあわせて理解する必要があると指摘した。[53] 歴史社会学者の福井康貴は、ビルズの指摘をふまえ、戦前から現代にかけての大卒労働市場の歴史を、企業と学生の相互行為（採用／就職活動）に加え、当該相互行為を制約するルールにも焦点を当てて記述した。[54] 就職活動が特定の時代的な文脈に制約されていて、相互行為の様態や戦術の適切性などは、それが埋め込まれた文脈とセットでなければ正確に理解・評価できなかったからである。

本書の研究課題

以上から、本書が取り組むべき具体的な研究課題は、①現在の体育会系の多様性の理解、および、②体育会系就職を制約する前提（埋め込まれた文脈）の理解である。教育社会学者の本田由紀は、「大卒就職に対する研究面・政策面・実践面でのアプローチは、大きく二つに分けることができる」とし、次のように説明した。

アプローチのひとつは、既存のゲームのルール――いつ・どのような方法で・どのような基準で・就職が決まってゆくか――を前提として、そのなかでの「勝敗」すなわち就職先が客観的ないし主観的に望ましいものである度合い――具体的には企業規模や満足度など――を問うものである。そしてもうひとつは、こうしたゲームのルールの是非そのものを問うアプローチである。(55)

ルールの妥当性を吟味するためにも、「勝敗」に関する緻密な検討（略）は、不可欠である。誰が「成功」していたのかを明らかにすることは、そもそもルール自体がどのようなものであったのかの深層を明るみに出すことにつながるからだ。すなわち、「勝敗」の検討と、ルールの検討という二つのアプローチは、本来、互いに相補的であるべきものである。(56)

本書は、先行研究が残した二つの課題、すなわち、①現在の体育会系の多様性の理解、および、②体育会系就職を制約する前提（埋め込まれた文脈）の理解に対し、本田の提示した二つの方向からアプローチする。具体的に前者は、⑴体育会系のうちの誰が成功を収めていたのか（キャリア形成上の勝敗の実態）と問い、後者は、⑵そうした体育会系の一部の成功を代表するような神話が、いつ、どのようにして生まれ、維持されあるいは変容し、現在に至ったのか（ルールの成立と変遷）を問う。本書は両者を総合し、日本の大学新卒就職市場で体育会系が有利になる条件の解明をめざす。

3　本書の構成

本書の構成は、以下のとおりである。

第2章「体育会系就職の現在」では、体育会系限定の就職支援事業を展開するアスリートプランニングのポータルサイトに登録された就活生のプロファイル調査の結果から、現在の体育会系就職の実態を記述していく。便宜的に東証一部上場企業を優良企業とし、優良企業からの内定獲得にスポーツ種目が与える影響を考察する。大学新卒就職市場で、体育会系が本当に有利なのか、体育会系のなかでも、所属大学の威信ランクや入試タイプ、英語力、部の役職、そしてスポーツによる違いがないのか、男女別に検証する。

第3章「体育会系神話の起源」では、体育会系神話が日本ではいつから、なぜ、どのように発生したかを明らかにする。主な史料として、明治・昭和初期に流通したビジネス雑誌「実業之日本」(実業之日本社)の記事を用いた。まだ体育会系への明確な気づきさえない大正初期から、採用選考上見落とせない重要指標と認識されるに至った昭和初期までに、どのような経緯があったのか、企業、大学教育、スポーツが、それぞれどのような社会的機能を付与されて成立していたのかも含め、体育会系が当該時代社会での望ましい人材を象徴するイメージとして確立したことを確認する。

第4章「体育会系就職の最盛期――一九九〇年代の体育会系就職と企業スポーツ」では、バブル経済絶頂の一九九一年に就職した三人の元企業アスリート(大手情報企業正社員でアメフト選手)の語りに耳を傾け、ピークと言われた時期の体育会系就活のリアルを再現してみたい。大学威信ランクが厳然たる選考基準として機能した大企業の新卒採用慣行と企業スポーツのあり方、これらを文脈として成立していた体育会系就職/採用という関係を仮説生成的に議論する。

第5章「日本社会のしくみと体育会系神話」では、第2章から第4章の知見と議論を俯瞰するとともに、日本の大学新卒就職市場で体育会系神話が成立する社会学的前提について考察を展開する。体育会系神話の起源と現状のギャップがなぜ、どのように生まれたのか。体育会系神話の揺らぎの背景にある社会の変容を、雇用慣行と高等教育、そして企業スポーツの社会史を参照しながら総合的に論議する。

以上、第2章が課題①に対応し、第3、4、5章が課題②に対応する。

第6章「体育会系神話のゆくえ」では、本書の知見を要約し、大学スポーツの別様のあり方（オルタナティブ）について議論する。国際比較研究の展望から欧米の学生アスリート育成環境にもふれ、わが国の大学スポーツや学生アスリートの新しいあり方について検討されるべきモデルを示す。

注

(1) 東原文郎「〈体育会系〉神話に関する予備的考察——〈体育会系〉と〈仕事〉に関する実証研究に向けて」「札幌大学総合論叢」第二十六号、札幌大学総合研究所、二〇〇八年、二一—三四ページ

(2) 百瀬恵夫／篠原勲『「武士道」と体育会系——《もののふの心》が日本を動かす』第三企画出版、二〇一二年、百瀬恵夫／篠原勲／葛西和恵『体育会系はナゼ就職に強い?——努力と挑戦を重ねたタフな精神力』第三企画出版、二〇一二年、葛西和恵「体育会所属新規大卒者の特性——体育会学生は企業にモテるのか?」「法政大学キャリアデザイン学部紀要」第九号、法政大学キャリアデザイン学部、二〇一二年、二九三—三二九ページ

(3) 前掲『「武士道」と体育会系』一〇九—一一〇ページ

(4) AERA編集部「やっぱり凄い!体育会運動部員の〝就職力〟——「負けの経験」で時短就活に勝つ」「東洋経済オンライン」二〇一六年五月三十一日（http://toyokeizai.net/articles/-/120490）［二〇一八年二月二十二日アクセス］参照

(5) 朝日新聞「(耕論) 体育会、生きづらい?　岡崎仁美さん、為末大さん、荒井弘和さん」「朝日新聞デジタル」二〇一八年二月十日（https://digital.asahi.com/articles/DA3S13353240.html?rm=150）

［二〇一九年五月二十七日アクセス］参照

（6）前掲「〈体育会系〉神話に関する予備的考察」では、「日本経済新聞」一九九六年三月四日付夕刊十三面や、「PRESIDENT」二〇〇五年十月三十一日号（プレジデント社）、五二—五三ページに掲載された人事課管理職による体育会系人材への評価談を引用している。ビズリーチ・キャンパス「体育会「なのに」就活惨敗!?——その原因は〇〇にあり！」二〇一七年十月十一日（https://br-campus.jp/articles/report/141）［二〇一八年七月七日アクセス］、鈴木泰介／鈴木洋介／潟山美穂／小柳優太「「体育会系＝勝ち組」に異変？——就活強者の苦悩」（お悩み解決！就活探偵団2019）「日本経済新聞電子版」二〇一八年七月四日（https://www.nikkei.com/article/DGXMZO32531300S8A700C1XS5000/?n_cid=NMAIL007）［二〇一八年七月四日アクセス］、都内・某共学大進路指導担当「就活の「体育会神話」が通用したのは昭和の昔話？」「毎日新聞デジタル」二〇一八年二月二十一日（https://mainichi.jp/premier/business/articles/20180220/biz/00m/010/020000c?fm=mnm）［二〇一九年五月二十七日アクセス］、参照

（7）紺田悠翔「体育会系学生の就職が最強なのはなぜ？」co-media、配信日不明（https://www.co-media.jp/article/17802）［二〇一九年五月二十七日アクセス］、下谷愛子「ハイスペ無内定者、就活の敗因は？——「高学歴・体育会系」でも失敗する理由」en-courage、二〇一八年十月四日（https://en-courage.com/articles/18）［二〇一九年五月二十七日アクセス］、キチョナビ「体育会系は最強って本当？——就職に有利なワケと失敗する学生の特徴」二〇一八年四月八日（https://kicho-navi.jp/recruit_sportsminded/）［二〇一九年五月二十七日アクセス］、鈴木恵美子「体育会学生は本当に就活に有利なの?プロがアドバイスする成功のカギは「強みの言語化」にあり」「就職ジャーナル」二〇一九年四月一日（https://journal.rikunabi.com/p/advice/30816.html）［二〇一九年五月二十七日アク

セス］、小泉耕平「特集：体育会学生の就活術　就活専門家に聞く 体育会学生の内定術（自己PR編）」「4years.」二〇一九年二月二十八日（https://4years.asahi.com/article/12161036）［二〇一九年五月二十七日アクセス］、小泉耕平「特集：体育会学生の就活術　就活専門家に聞く 体育会学生の内定術（部活との両立編）」「4years.」二〇一九年二月二十八日（https://4years.asahi.com/article/12164726）［二〇一九年五月二十七日アクセス］、小泉耕平／松嶋愛「特集：体育会学生の就活術 就活もラクロスもバイトも　住友商事・松本理沙【体育会就活企画】」「4years.」二〇一九年三月一日（https://4years.asahi.com/article/12172793）［二〇一九年五月二十七日アクセス］、小泉耕平／藤井みさ「特集：体育会学生の就活術 就活専門家が教える「体育会の勝てるES・面接術」」「4years.」二〇一九年四月二日（https://4years.asahi.com/article/12230390）［二〇一九年五月二十七日アクセス］、小泉耕平／藤井みさ「特集：体育会学生の就活術〝リーマントラベラー〟東松寛文「自己分析は就活の筋トレ」」「4years.」二〇一九年三月二十七日（https://4years.asahi.com/article/12230433）［二〇一九年五月二十七日アクセス］、松永早弥香「特集：体育会学生の就活術 試合のない夏、就活で勝負 法大四年・村上久美さん【体育会就活企画】」「4years.」二〇一九年三月五日（https://4years.asahi.com/article/12180915）［二〇一九年五月二十七日アクセス］、参照

（8）ダイヤモンド編集部「ラグビー元慶應スター選手・玉塚元一氏「成功体験のルーツはラグビー」」「特集 熱狂!ラグビー ビジネス・人脈・W杯」二〇一九年十一月一日「ダイヤモンドオンライン」（https://diamond.jp/articles/-/218528）［二〇一九年十一月五日アクセス］参照

（9）日本経済新聞（2019）柳弘之氏「試合に勝つには…経営と重なる80分間」——ラグビーと私（3）ヤマハ発動機会長」「日経電子版」二〇一九年八月十七日（https://www.nikkei.com/article/DGXMZO48621530W9A810C1000000/?n_cid=NMAIL007）［二〇一九年八月十七日アクセス］参照

(10) 松本千恵「「ガキ大将」新浪剛史氏を飛躍させた翠嵐バスケ——サントリーホールディングス（HD）社長の新浪剛史氏」「日経電子版」二〇一七年十月十八日（https://style.nikkei.com/article/DGXMZO22240980T11C17A0000000?channel=DF111020173099）［二〇一七年十月十八日アクセス］参照

(11) 松本千恵「異国でも折れない心鍛えたサッカー　ビズリーチ社長——ビズリーチの南壮一郎社長」「日経電子版」二〇一七年十一月二十九日（https://style.nikkei.com/article/DGXMZO23929240X21C17A1000000?channel=DF111020173099&style=1&n_cid=NMAIL007）［二〇一七年アクセス］参照

(12) 猪瀬聖「サッカー台湾代表の夢　文武両道支えた慶応ＳＦＣ——時国司オービス・インベストメンツ社長が語る（上）」「日経電子版」二〇一七年九月十一日（https://style.nikkei.com/article/DGXMZO20833360W7A900C1000000?channel=DF130920160874）［二〇一七年九月十一日アクセス］参照

(13) 夏目祐介「チームの目標、話してひとつに　ＦＢ日本代表の仕事術——フェイスブックジャパン代表取締役の長谷川晋氏」「日経電子版」二〇一七年十一月十五日（https://style.nikkei.com/article/DGXMZO23135610W7A101C1000000?channel=DF111020173099&style=1&n_cid=NMAIL007）［二〇一七年十一月十五日アクセス］参照

(14) 溝上憲文「マッコ・デラックス断言「体育会系社員は30代で終わる」説を人事部長に聞いてみた」「PRESIDENT Online」二〇一五年六月二十六日（https://president.jp/articles/-/15580）［二〇一五年六月二十六日アクセス］、同「人事部好む体育会学生の〝クソ〟と〝買い〟——マツコ「元野球部社員の９割クソ」」「PRESIDENT Online」二〇一七年八月十一日（https://president.jp/articles/-/22825）［二〇一九年八月十四日アクセス］、同「今でも体育会学生は就活で人気か——「絶対服従人材はいらない」採用やめた企業も」「ビジネスインサイダー」二〇一八年六月七日（https://www.

businessinsider.jp/post-168910)［二〇一九年五月十二日アクセス］、参照

(15) ロラン・バルト『神話作用』篠沢秀夫訳、現代思潮新社、一九六七年

(16) 石飛和彦「神話と言説」「教育・社会・文化——研究紀要」第四号、京都大学教育学部教育社会学・生涯学習計画・社会教育・図書館学研究室、一九九七年、八一—一〇一ページ

(17) スポーツ庁「一般社団法人 大学スポーツ協会（ＵＮＩＶＡＳ）設立概要」(https://www.mext.go.jp/sports/b_menu/sports/univas/index.htm)［二〇二一年六月十日アクセス］

(18) アリーナスポーツ協議会監修、大学スポーツコンソーシアムＫＡＮＳＡＩ編『大学スポーツの新展開——日本版ＮＣＡＡ創設と関西からの挑戦』（ＡＳＣ叢書）、晃洋書房、二〇一八年、東原文郎「書評『大学スポーツの新展開 日本版ＮＣＡＡ創設と関西からの挑戦』」「スポーツ産業学研究」第二十八巻第四号、日本スポーツ産業学会、二〇一八年、三六五—三六九ページ

(19) 藤本淳也「テーマ４ キャリア支援」「第三回 日本版ＮＣＡＡ設立準備委員会 資料２」、スポーツ庁、二〇一八年、二六—三五ページ

(20) 八尋風太／萩原悟一「日本における大学生競技者数の2008年から2017年の推移——2020年東京オリンピック種目を対象として」「スポーツ産業学研究」第二十九巻第四号、日本スポーツ産業学会、二〇一九年

(21) 日本私立大学連盟監修、学生委員会学生生活実態調査分科会編『私立大学学生生活白書2015』日本私立大学連盟学生委員会、二〇一五年

(22) 文部科学省編「文部科学統計要覧」各年版（文部科学省）から。

(23) 調査の概要については、東原文郎／原田俊一郎／舟橋弘晃／吉田智彦／アーロン・ミラー「2010年代半ばの〈体育会系〉就職——スポーツ種目と東証一部上場企業からの内定獲得の関係に関する調

査研究」(「スポーツ科学研究」第十四号、早稲田大学スポーツ科学学術院、二〇一七年、一三―二八ページ)を参照。

(24)岩永雅也「若年労働市場の組織化と学校」、日本教育社会学会編「教育社会学研究」第三十八号、東洋館出版社、一九八三年、一三四―一四五ページ、香川めい「学校から職業への移行に関する二つの経路――「間断」のない移行と「学校経由」の就職」、東京大学大学院教育学研究科編「東京大学大学院教育学研究科紀要」第四十六号、二〇〇六年、東京大学大学院教育学研究科、一五五―一六四ページ

(25)石田賢示「日本における職業キャリア軌跡の実証分析――初職移行の種類のあいだでの比較」、森山智彦編『労働市場II』(二〇一五年SSM調査報告書7)所収、二〇一五年SSM調査研究会、二〇一八年、四三―六四ページ

(26)梅崎修「成績・クラブ活動と就職――新規大卒市場におけるOBネットワークの利用」、松繁寿和編著『大学教育効果の実証分析――ある国立大学卒業生たちのその後』所収、日本評論社、二〇〇四年、二九―四八ページ

(27)原琴乃/松繁寿和/梅崎修「文学部女子の就業――大学での蓄積と英語力の役割」、同書所収、八九―一〇八ページ

(28)計量社会学者の太郎丸博によれば、「職業威信とは、個々の職業の一般的な望ましさや地位の高さを示すもの」とされる。一般の人々にさまざまな職業の一覧表を見せながら「いまかりにこれらの職業を高いものから低いものへの順に五段階にわけるとしたらこれらの職業はどのように分類されるでしょうか。/それぞれの職業について「最も高い」「やや高い」「ふつう」「やや低い」「最も低い」のどれか一つを選んでください」と指示し、最初から最後まで聞いていく。「最も高い」=一〇〇、「や

や高い」＝七五、「ふつう」＝五〇、「やや低い」＝二五、「最も低い」＝〇と割り振られた点数で算出された各職業の平均点を「職業威信スコア」という。太郎丸博「「先生」の職業威信」「日本労働研究雑誌」第五十六巻第四号、労働政策研究・研修機構、二〇一四年、二一―五ページ

(29) 平沢和司「大卒就職機会に関する諸仮説の検討」、苅谷剛彦／本田由紀編『大卒就職の社会学――データからみる変化』所収、東京大学出版会、二〇一〇年、六一―八五ページ

(30) 東原文郎「道内私大の〈体育会系〉就職――卒業生調査の結果から」「札幌大学総合論叢」第三十二号、札幌大学総合研究所、二〇一一年、一八三―一九六ページ

(31) 保田江美／溝上慎一「初期キャリア以降の探究――「大学時代のキャリア見通し」と「企業におけるキャリアとパフォーマンス」を中心に」、中原淳／溝上慎一編『活躍する組織人の探求――大学から企業へのトランジション』所収、東京大学出版会、二〇一四年、一三九―一七三ページ

(32) 金森史枝「大学時代の正課外活動における所属の違いが社会人生活の意識に及ぼす影響――体育会系と文化系との所属の違いに着目して」「名古屋大学大学院教育発達科学研究科紀要 教育科学」第六十四巻第二号、名古屋大学大学院教育発達科学研究科、二〇一八年、九三―一〇五ページ

(33) 松尾寛子「大学生の就職活動と体育会所属との関係についての研究」、京都大学学生総合支援センター編「京都大学学生総合支援センター紀要」第四十七号、京都大学、二〇一七年、二五―三九ページ

(34) 高峰修「体育会学生の大学・競技生活とキャリア意識に関する調査報告」、明治大学教養論集刊行会編「明治大学教養論集」第四百五十二号、明治大学教養論集刊行会、二〇一〇年、二三―三八ページ

(35) 前掲「体育会所属新規大卒者の特性」

(36) 例えば、ある自動車メーカーでは学生時代のスポーツへの取り組みは高校卒業社員の賃金と昇進のスピードを上昇させるが、大卒では効果がないとする研究（大竹文雄／佐々木勝「スポーツ活動と昇進」「日本労働研究雑誌」第五十一巻第六号、労働政策研究・研修機構、二〇〇九年、六二―八九ページ）がある。

(37) James E. Long and Steven B. Caudill, "The Impact of Participation in Intercollegiate Athletics on Income and Graduation," *The Review of Economics and Statistics*, 73 (3), 1991, pp. 525-531.

(38) Daniel J. Henderson, Alexandre Olbrecht, Solomon Polachek, "Do Former College Athletes Earn More at Work? A Nonparametric Assessment," *Journal of Human Resources*, 41 (3), 2006, pp. 558-577.

(39) Director's Cup とは、全米大学スポーツ管理者協会（National Association of Collegiate Directors of Athletics）によってNCAAのDivision Ⅰ、Ⅱ、ⅢとNAIA（National Association of Intercollegiate Athletics）に属する大学に授与される賞とランキングである。大学は当該年度の競技部門全体の実績を総合して表彰される。

(40) Matthew Denhart, Robert Villwock and Richard Vedder, "The Academics-Athletics Trade-off: Universities and Intercollegiate Athletics," the Center for College Affordability and Productivity, Hall J. eds *Doing More with Less*, Springer, 2010, pp. 95-136.

(41) Stephen Sauer , Scott Desmond and Martin Heintzelman, "M. Beyond the playing field: The role of athletic participation in early career success," *Personnel Review*, 42 (6), 2013, pp. 644-661.

(42) 日米を通じて多いのは、学生アスリートの経験と心理学的能力の獲得を関連づける研究である．典型的には島本好平／石井源信「運動部活動におけるスポーツ経験とライフスキル獲得との因果関係の推定」（日本スポーツ心理学会編集委員会編「スポーツ心理学研究」第三十七巻第二号、日本スポーツ心理学会、二〇一〇年、八九―九九ページ）。心理学的な能力の獲得がキャリア形成に寄与することは、膨大な心理学研究に依拠するところだが、社会学的変数、つまり出自や家庭環境、所属大学ランクや学業と競技の両立状況などの影響を統制したうえでキャリア形成への影響を検討する研究はまれで、Sauer, et al. 前掲論文のほか、見つけることができなかった。アメリカの学生アスリートの心理学的能力獲得に関する研究については、Joy Gaston Gayles, "The student athlete experience," *New Directions for Institutional Research*, 2009（144）, 2009, pp. 33-41がレビューしている。

（43）Michael Lechner, "Long-run labour market and health effects of individual sports activities," *Journal of Health Economics*, 28（4）, 2009, pp. 839-854.

（44）Dan-OlofRooth, "Work out or out of work: The labor market return to physical fitness and leisure sports activities," *Labour Economics*, 18（3）, 2011, pp. 399-409.

（45）この研究のフィールドはイングランド地方に限定される。Michael Lechner and Paul Downward, "Heterogeneous Sports Participation and Labour Market Outcomes in England," *DISCUSSION PAPER SERIES IZA*,（7690）, 2013, pp. 1-42.

（46）Gary S. Becker, *Human Capital: A Theoretical and Empirical Analysis, with Special Reference to Education*, Columbia University Press, 1964. ゲーリー・S・ベッカー『人的資本――教育を中心とした理論的・経験的分析』佐野陽子訳、東洋経済新報社、一九七六年

（46）赤林英夫「人的資本理論」「日本労働研究雑誌」第五十四巻第四号、労働政策研究・研修機構、二〇一二年、八―一一ページ

（47）Matthew O. Jackson, *Social and Economic Networks*, Princeton university press, 2010.

（48）前掲『活躍する組織人の探求』

（49）Daniel I. Rees and Joseph J. Sabia, "Sports participation and academic performance: Evidence from the National Longitudinal Study of Adolescent Health," *Economics of Education Review*, 29 (5), 2010, pp. 751-759.

（50）Mark Granovetter, "Economic Action and Social Structure: The Problem of Embeddedness," *American Journal of Sociology*, 91 (3), 1985, pp. 481-510.

（51）James E. Rosenbaum and Takehiko Kariya, "From High School to Work: Market and Institutional Mechanisms in Japan," *American Journal of Sociology*, 94 (6), 1989, pp. 1334-1365, T. Kariya and James E. Rosenbaum, "Institutional Linkages between Education and Work as Quasi-Internal Labor Markets," *Research in Social Stratification and Mobility*, 14, 1995, pp. 101-136.

（52）苅谷剛彦『学校・職業・選抜の社会学——高卒就職の日本的メカニズム』東京大学出版会、一九九一年、苅谷剛彦／沖津由紀／吉原恵子／近藤尚／中村高康「先輩後輩関係に〝埋め込まれた〟大卒就職」、東京大学教育学部編「東京大学教育学部紀要」第三十二号、東京大学教育学部、一九九二年、八九—一一八ページ、苅谷剛彦編『大学から職業へ——大学生の就職活動と格差形成に関する調査研究』（高等教育研究叢書）、広島大学大学教育研究センター、一九九五年、岩内亮一／苅谷剛彦／平沢和司編『大学から職業へII——就職協定廃止直後の大卒労働市場』（高等教育研究叢書）、広島大学大学教育研究センター、一九九八年、苅谷剛彦／平沢和司／本田由紀／中村高康／小山治「大学から職業へ3　その1——就職機会決定のメカニズム」、東京大学大学院教育学研究科編「東京大学大学院教育学研究科紀要」第四十六号、東京大学大学院教育学研究科、二〇〇六年、四三—七四ページ、堀健志／濱中義隆／大島真夫／苅谷剛彦／浅野友子／犬塚将嗣／齋藤奈緒美「大学から職業へ3　その2

——就職活動と内定獲得の過程」同誌七五—九八ページ、前掲『大卒就職の社会学』。これらの研究と本書の関係は第5章「日本社会のしくみと体育会系神話」で詳述する。

(53) David B. Bills, "Credentials, Signals, and Screens: Explaining the Relationship Between Schooling and Job Assignment," *Review of Educational Research*, 73 (4), 2003, pp. 441–469.

(54) 福井康貴『歴史のなかの大卒労働市場——就職・採用の経済社会学』勁草書房、二〇一六年

(55) 本田由紀「はじめに」、前掲『大卒就職の社会学』所収、i—iiページ

(56) 同書ivページ

第2章　体育会系就職の現在

1　誰が勝ち、誰が負けているのか

本章では、「大学の運動・スポーツ系部・クラブに所属していた者（以下、体育会系と称する）が他に比していい就職を得る」という体育会系神話の現在の実態について調査データを紹介しながら描き出す。

前章によれば、学生アスリートは増加し、その増加分の多くは、威信ランクが低い私立大学がスポーツ推薦枠を拡大したことによるものと考えられる。大学新卒労働市場では、間断なき移行を特徴とした日本特殊的慣行を前提としたうえで、採用選考でのインターンの重要性が高まってきた。他方、他人の信仰として間接的に信じられてきた体育会系神話は揺らぎ、大学スポーツ協会ＵＮＩ

ＶＡＳでも体育会系の就職は重点施策の対象になっている。

そもそも体育会系学生の就職は、大学生一般と比較して良いと言えるのか。一般に大学生の就職先には良し悪しがあるが、体育会系学生の就職先についても同様に良し悪しはないのか。良し悪しがあるなら、どんな要素によって良くなったり、悪くなったりするのか。ここでは、これらの問題、つまり、既存のゲーム盤での勝敗の構造を、統計データを用いて記述していく。調査のデザインと具体的な手続きを以下に示す。

研究のデザイン

体育会系学生の優良企業からの内定獲得状況を確認し、その分布に影響を与える要因を検討する。研究のデザインは以下のとおりである。二〇一三年と一四年に就職活動をし、体育会系限定の就職支援サイトに登録した体育会系のプロファイルデータを使用し、当該学生が所属してきたスポーツ（競技種目）と優良企業からの内定獲得の関係を統計的に検討する。優良企業を東証一部上場企業（以下、Ｔ１企業と略記）とし、いずれかのＴ１企業からの内定獲得の成否を目的変数（結果と考えられる変数）とする。[1] そのうえで、［分析１］スポーツ（競技種目）ごとのＴ１企業内定者の分布を記述する、［分析２］大学の威信レベル、入学経路といったほかの説明変数（目的変数を説明する＝原因と考えられる変数）をコントロールし、Ｔ１企業内定の成否に対するスポーツ（競技種目）の影響を析出する。［分析１］ではクロス集計を用い、［分析２］では二項ロジスティック回帰分析を用いる。

分析方法について簡単に説明しよう。クロス集計とは、単純に二つの変数の関係を把握するための集計方法である。例えば、大学偏差値とＴ１企業内定率という二変数の間には、何らかの関係がありそうだとする。その場合、大学偏差値を高群、中群、低群に分けて、Ｔ１企業内定率を集計してみる。高群ほどＴ１企業内定率が高く、低群ほどＴ１企業内定率が低ければ、二つの変数には関係があった、ということができる（［分析１］）。

それでは、三つの変数ではどうだろうか。大学偏差値と、スポーツ種目と、Ｔ１企業内定率の関係を例に考えてみる。スポーツ種目別にＴ１企業内定率を集計してみたところ、特定のスポーツ、例えばラクロスやアメフトで高い内定率になっていたとする。私たちは、やはりラクロスやアメフトは、Ｔ１企業からの内定獲得率を高める効果があった、と因果関係でとらえたくなる。しかし、一方で、大学偏差値とＴ１企業内定率も関係していて、大学偏差値が高いほうがＴ１企業からの内定獲得率を高める、という結果を私たちは知っている。では、大学偏差値とラクロスやアメフトの関係はどうなっているのか。集計してみると、偏差値の高い大学でラクロスやアメフトの部・クラブが多く設置されていた。これによって、単に偏差値が内定率を高める効果をもっていただけなのに、ラクロスやアメフトの影響が強いように見えてしまっていたことがわかる。このような分析手続きを「スポーツ種目を偏差値でコントロールする」と言い、見いだされた見かけの関連性を擬似相関と言う。

今回の研究では、正確な認識に到達する（擬似相関を見破る）ことをめざして、多変量解析（二項ロジスティック回帰分析）を用いた。すなわち目的変数に対する説明変数を複数用意して、説明変数同士の影響をコントロールした場合の純粋な効果を見ようというのである（［分析２］）。

対象

データは、アスリートプランニングから提供された。同社は、二〇〇四年から体育会系の就職支援を主要事業としてスタートさせ、一三年から一四年時点で五万を超える登録基盤情報をもつ、国内最大規模の体育会系就職支援企業である。(2)

調査項目

説明変数は、スポーツ以外に内定に影響を及ぼすと考えられる変数をプロファイルデータから抽出し、アフター・コーディングした。わが国では男女によって労働市場の状況が著しく異なると想定できることから、分析に使用する独立変数の詳細は男女別に検討した。最終的に利用した説明変数は、大学の社会的威信を示す「大学グループ」(3)、専攻を示す「文理区分」(4)、どの入試制度を用いたかという「入学経路」(5)、学業面の力量を示す指標としての「英語レベル」(6)、部内での役割を示す「部内役職」(7)である。

サンプルの特徴――スポーツ以外の項目別T1企業内定者の分布

いずれの企業からも内定が獲得できなかったことも含め、二〇一五年三月末日までに何らかの活動結果の報告をアスリートプランニングに対しておこなった男性八千二百四十七人（五六・三％）、

図表2-1 サンプルの特徴1（男性）

	その他		T1		合計		
	N	%	N	%	N	χ^2	p値
大学グループ						333.107	***
旧帝大＋α	276	61.6%	172	38.4%	448		
優良国公立	95	65.5%	50	34.5%	145		
中堅国公立	219	73.0%	81	27.0%	300		
トップ私学	404	62.2%	245	37.8%	649		
優良私学	2,077	64.2%	1,160	35.8%	3,237		
人気私学	1,098	78.3%	305	21.7%	1,403		
中堅私学	541	81.8%	120	18.2%	661		
その他の私学	1,196	85.2%	208	14.8%	1,404		
文理区分						6.822	*
文系	4,899	71.9%	1,911	28.1%	6,810		
理系	516	67.6%	247	32.4%	763		
その他	491	72.8%	183	27.2%	674		
入学経路						49.116	***
一般入試	1,664	69.7%	722	30.3%	2,386		
一般推薦	819	71.2%	331	28.8%	1,150		
スポーツ推薦	1,602	76.8%	485	23.2%	2,087		
指定校推薦	396	73.2%	145	26.8%	541		
その他	877	66.5%	442	33.5%	1,319		
無回答	548	71.7%	216	28.3%	764		
英語レベル						24.196	***
A＋B	104	59.4%	71	40.6%	175		
C	322	65.3%	171	34.7%	493		
D	458	72.5%	174	27.5%	632		
E＋無回答	5,022	72.3%	1,925	27.7%	6,947		
部内役職						12.764	*
主将	830	73.2%	304	26.8%	1,134		
副主将	835	74.4%	288	25.6%	1,123		
主務	426	70.1%	182	29.9%	608		
副務	143	77.7%	41	22.3%	184		
トレーナー	70	67.3%	34	32.7%	104		
体育会委員	97	69.3%	43	30.7%	140		
その他（役職なし）	3,505	70.8%	1,449	29.2%	4,954		
合計	5,906	71.6%	2,341	28.4%	8,247		

注：***: $p < 0.005$, **: < 0.01, *: $p < 0.05$

図表2-2　サンプルの特徴2（女性）

	その他		T1		合計		
	N	%	N	%	N	χ^2	p値
大学グループ						118.277	***
旧帝大＋優良国公立	142	71.4%	57	28.6%	199		
中堅国公立	124	78.0%	35	22.0%	159		
トップ私学	247	69.6%	108	30.4%	355		
優良私学	1,038	73.6%	372	26.4%	1,410		
人気私学	506	84.2%	95	15.8%	601		
中堅私学	202	81.1%	47	18.9%	249		
その他の私学	689	90.2%	75	9.8%	764		
文理区分						0.768	0.681
文系	2,484	79.0%	660	21.0%	3,144		
理系	170	76.6%	52	23.4%	222		
その他	294	79.2%	77	20.8%	371		
入学経路						9.179	0.102
一般入試	895	77.1%	266	22.9%	1,161		
一般推薦	464	80.7%	111	19.3%	575		
スポーツ推薦	527	82.5%	112	17.5%	639		
指定校推薦	164	77.0%	49	23.0%	213		
その他	581	78.0%	164	22.0%	745		
無回答	317	78.5%	87	21.5%	404		
英語レベル						20.060	***
A＋B	78	64.5%	43	35.5%	121		
C	358	75.7%	115	24.3%	473		
D	307	79.7%	78	20.3%	385		
E＋無回答	2,205	79.9%	553	20.1%	2,758		
部内役職						12.830	*
主将	400	75.8%	128	24.2%	528		
副主将	308	83.5%	61	16.5%	369		
主務	299	79.1%	79	20.9%	378		
副務	79	83.2%	16	16.8%	95		
マネージャー	424	75.7%	136	24.3%	560		
トレーナー	79	78.2%	22	21.8%	101		
その他（役職なし）	1,359	79.7%	347	20.3%	1,706		
合計	2,948	78.9%	789	21.1%	3,737		

注：***: $p < 0.005$, **: < 0.01, *: $p < 0.05$

女性三千七百三十七人（五二・八％）を有効サンプルとした。各独立変数と従属変数の分布を図表2―1（男性）、図表2―2（女性）にまとめた。有効サンプルのうち男性二千三百四十一人（二八・四％）、女性七百八十九人（二一・一％）がT1企業から内定を得ていた。一四年の大卒者約五十六万人のうち、T1企業への内定者数は約十一万人（約二〇％）であり、(8)女性は大きな差異がみられない一方、男性は体育会系の学生が非体育会系に対してやや有利な結果を得ていると考えられる。スポーツについては次節で詳述する。

2 体育会系のなかでの勝者は誰か

スポーツ別T1企業内定者の分布

それでは、［分析1］から記述していく。男女別にスポーツとT1企業からの内定状況の関係をクロス集計し、内定率降順で並べ替えた（図表2―3、図表2―4）。極端にサンプル数が少ないスポーツ、複数部の掛け持ちなどアドホックな事例は「その他」に入れた。内定率が比較的低調だったスポーツをまとめて「低内定率」カテゴリーを作成し、のちの多変量解析時の基準にした。基準になった低内定率カテゴリーに入ったスポーツは、「当該期間におけるわが国での内定率を高める何らかの要因をもたない、あるいはそれが（相対的に）機能しないスポーツ」と仮定する。(9)

男性（図表2―3）では、競漕／サーフィン（T1企業内定率：三七・一％、以下同）、剣道＋薙刀

図表2-3　スポーツとT1企業からの内定の関係（クロス集計：男性）

	その他		T1		合計		
	N	%	N	%	N	χ^2	p値
スポーツ（男性）						68.504	***
競漕／サーフィン	154	62.9%	91	37.1%	245		
剣道／薙刀	133	63.9%	75	36.1%	208		
ラクロス	261	64.8%	142	35.2%	403		
陸上ホッケー	55	65.5%	29	34.5%	84		
アメフト	391	66.0%	201	34.0%	592		
ゴルフ	67	68.4%	31	31.6%	98		
テニス	180	69.5%	79	30.5%	259		
ラグビー	392	70.1%	167	29.9%	559		
野球（軟＋準硬）	290	70.4%	122	29.6%	412		
サッカー	613	71.0%	250	29.0%	863		
バスケットボール	173	71.5%	69	28.5%	242		
プール（水泳／水球など）	185	72.0%	72	28.0%	257		
野球（硬式）	770	72.2%	297	27.8%	1,067		
武道／格闘技＋馬術	293	72.7%	110	27.3%	403		
柔道	89	73.0%	33	27.0%	122		
ハンドボール	116	73.9%	41	26.1%	157		
陸上	376	74.6%	128	25.4%	504		
チア＋応援団	50	74.6%	17	25.4%	67		
バレーボール	127	75.6%	41	24.4%	168		
弓道＋アーチェリー	135	75.8%	43	24.2%	178		
アイスホッケー	85	78.0%	24	22.0%	109		
その他のスポーツ	391	78.2%	109	21.8%	500		
低内定率	580	77.3%	170	22.7%	750		
合計	5,906	71.6%	2,341	28.4%	8,247		

注：***: $p < 0.005$, **: < 0.01, *: $p < 0.05$

図表2-4　スポーツとT1企業からの内定の関係（クロス集計：女性）

	その他		T1		合計		
	N	%	N	%	N	χ^2	p値
スポーツ（女性）						43.995	***
硬式テニス	118	70.2%	50	29.8%	168		
ゴルフ＋スキー＋スケート	84	71.8%	33	28.2%	117		
陸上ホッケー	59	73.8%	21	26.3%	80		
競漕／サーフィン	109	74.1%	38	25.9%	147		
アメフト	91	75.2%	30	24.8%	121		
ラクロス	439	75.8%	140	24.2%	579		
チア＋応援団	275	76.2%	86	23.8%	361		
プール（水泳／水球など）	120	76.9%	36	23.1%	156		
陸上	167	78.0%	47	22.0%	214		
野球（硬＋準硬）	64	78.0%	18	22.0%	82		
ソフトボール	67	78.8%	18	21.2%	85		
サッカー	90	79.6%	23	20.4%	113		
卓球＋バドミントン	130	80.2%	32	19.8%	162		
弓道＋アーチェリー	94	80.3%	23	19.7%	117		
武道／格闘技＋馬術	164	82.8%	34	17.2%	198		
バスケットボール	176	83.0%	36	17.0%	212		
剣道／薙刀	101	84.9%	18	15.1%	119		
その他のスポーツ	216	83.4%	43	16.6%	259		
低内定率	384	85.9%	63	14.1%	447		
合計	2,948	78.9%	789	21.1%	3,737		

注：***: $p < 0.005$, **: < 0.01, *: $p < 0.05$

（三六・一％）、ラクロス（三五・二％）、陸上ホッケー（三四・五％）、アメフト（三四・〇％）、ゴルフ（三一・六％）、テニス（三〇・五％）、ラグビー（二九・九％）などが上位になって、カイ二乗検定でもスポーツによる差異が有意であることが確認できる（$\chi^2=68.504, p<0.005$）。

同様に女性（図表2―4）では、硬式テニス（二九・八％）、ゴルフ＋スキー＋スケート（二八・二％）、陸上ホッケー（二六・三％）、競漕／サーフィン（二五・九％）、アメフト（二四・八％）などが上位になって、やはり同様にカイ二乗検定でもスポーツによる差異が有意であることが確認できる（$\chi^2=43.995, p<0.005$）。

Ｔ１企業内定の成否に及ぼすスポーツの影響

続いて、［分析2］Ｔ１企業からの内定獲得に及ぼすスポーツの影響力を検討する。前節で確認したスポーツとＴ１企業への内定率の関係は、ほかの説明変数の影響による擬似相関の可能性を否定できない。Ｔ１企業内定率に対するスポーツの影響を純粋に析出しようという場合、そうした説明変数間の差異をコントロールする必要がある。そこで、Ｔ１企業内定の成否を目的変数、ほかのプロファイル情報とスポーツを説明変数とした多変量解析（二項ロジスティック回帰分析）をおこなった。結果を男女別に図表2―5（男性）、図表2―6（女性）にまとめた。

各説明変数がＴ１企業内定に及ぼす影響を示すオッズ比（Odds Ratio、以下、OR）に注目してほしい。オッズ比とは、二群間である事象の発生確率の比を示す尺度で、基準カテゴリーに対して1よりも大きければ対照群のほうが発生確率が高いことを示し、逆に1未満であれば対照群のほうが

スポーツ種目	基準：軟式テニス＋軟式野球＋卓球＋ソフトボール＋バドミントン＋スキー／スケート				
	剣道／薙刀	1.684	1.215 - 2.334		***
	アメフト	1.574	1.249 - 1.984		***
	サッカー	1.564	1.261 - 1.940		***
	競漕／サーフィン	1.546	1.143 - 2.092		*
	硬式テニス	1.478	1.085 - 2.014		*
	ラグビー	1.414	1.110 - 1.801		**
	ラクロス	1.411	1.090 - 1.827		**
	野球	1.409	1.144 - 1.734		***
	バスケットボール	1.398	1.012 - 1.930		*
	ゴルフ	1.310	0.827 - 2.075		
	準硬式野球	1.267	0.974 - 1.649		0.078
	陸上ホッケー	1.259	0.780 - 2.033		
	柔道	1.209	0.757 - 1.931		
	陸上	1.149	0.890 - 1.484		
	バレーボール	1.058	0.717 - 1.561		
	武道／格闘技＋馬術	1.052	0.804 - 1.376		
	ハンドボール	1.051	0.710 - 1.556		
	アイスホッケー	1.041	0.624 - 1.736		
	アーチェリー＋弓道	0.860	0.589 - 1.257		
	チア＋応援団	0.751	0.423 - 1.334		
	その他	0.877	0.675 - 1.141		
定数		0.435			***
モデル	χ^2			434.295	***
	Nglk. R^2			0.074	

注1　OR: Odds Ratio（オッズ比）
CI: Confidence Interval（信頼区間）
Nglk. R^2: Nagelkerke R^2係数
注2　***: $p < 0.005$, **: < 0.01, *: $p < 0.05$

図表2-5　T1企業からの内定を従属変数とした二項ロジスティック回帰モデル（男性）

男		東証1部上場				
		OR	95% CI			p 値
大学グループ	基準：旧帝大＋α					
	優良国公立	0.828	0.557	-	1.231	
	中堅国公立	0.581	0.420	-	0.803	***
	トップ私学	0.985	0.757	-	1.282	
	優良私学	0.929	0.745	-	1.160	
	人気私学	0.467	0.364	-	0.598	***
	中堅私学	0.369	0.276	-	0.494	***
	その他の私学	0.286	0.220	-	0.371	***
文理他	基準：文系					
	理系	1.107	0.933	-	1.313	
	その他	1.043	0.847	-	1.284	
入試経路	基準：スポーツ推薦					
	一般入試	1.075	0.926	-	1.248	
	一般推薦	1.185	1.003	-	1.402	*
	指定校推薦	0.998	0.800	-	1.246	
	その他	1.229	1.047	-	1.443	*
英語力	基準：E＋記載ナシ					
	A＋B ランク	1.277	0.931	-	1.754	
	C ランク	1.100	0.899	-	1.346	
	D ランク	0.987	0.817	-	1.192	
部内役職	基準：選手＋記載ナシ					
	主将	1.020	0.871	-	1.196	
	副主将	0.910	0.778	-	1.066	
	主務	1.050	0.865	-	1.275	
	副務	0.736	0.512	-	1.058	0.098
	マネージャー	0.773	0.414	-	1.443	
	トレーナー	1.141	0.743	-	1.751	
	体育会役員	1.123	0.770	-	1.638	

スポーツ種目	基準：軟式テニス＋軟式野球＋体操＋バレーボール＋ハンドボール＋ラグビー					
	硬式テニス	2.527	1.655	-	3.859	***
	ゴルフ＋スキー＋スケート	1.911	1.180	-	3.096	**
	陸上	1.823	1.202	-	2.764	**
	水泳	1.804	1.144	-	2.844	*
	ラクロス	1.748	1.267	-	2.412	***
	アメフト	1.696	1.016	-	2.831	*
	競漕／サーフィン	1.656	1.053	-	2.604	*
	チア＋応援団	1.641	1.148	-	2.347	**
	陸上ホッケー	1.637	0.930	-	2.883	0.087
	ソフトボール	1.633	0.902	-	2.956	
	野球＋準硬	1.514	0.824	-	2.783	
	サッカー	1.457	0.855	-	2.484	
	卓球＋バドミントン	1.445	0.906	-	2.304	
	バスケ	1.307	0.840	-	2.034	
	アーチェリー＋弓道	1.195	0.706	-	2.021	
	その他	1.177	0.787	-	1.762	
	武道／格闘技＋馬術	1.078	0.687	-	1.690	
定数		0.206				***
モデル	χ^2				177.543	***
	Nglk. R^2				0.072	

注1　OR: Odds Ratio（オッズ比）
CI: Confidence Interval（信頼区間）
Nglk. R^2: Nagelkerke R^2係数
注2　***: $p < 0.005$, **: < 0.01, *: $p < 0.05$

図表2-6　T1企業からの内定を従属変数とした二項ロジスティック回帰モデル（女性）

女		東証1部上場				
		OR	95% CI			p 値
大学グループ	基準：旧帝大クラス＋優良国公立					
	中堅国公立	0.767	0.468	-	1.258	
	トップ私学	1.156	0.775	-	1.723	
	優良私学	0.980	0.691	-	1.389	
	人気私学	0.515	0.346	-	0.765	***
	中堅私学	0.649	0.410	-	1.026	0.065
	その他の私学	0.308	0.205	-	0.463	***
文理他	基準：文系					
	理系	1.109	0.789	-	1.559	
	その他	1.242	0.884	-	1.745	
入試経路	基準：スポーツ推薦					
	一般入試	1.107	0.847	-	1.447	
	一般推薦	0.974	0.722	-	1.313	
	指定校推薦	1.171	0.790	-	1.735	
	その他	1.082	0.820	-	1.429	
英語力	基準：E＋記載ナシ					
	A＋Bランク	1.432	0.959	-	2.140	0.079
	Cランク	1.023	0.801	-	1.306	
	Dランク	1.055	0.801	-	1.389	
部内役職	基準：選手＋記載ナシ					
	主将	1.403	1.090	-	1.806	**
	副主将	0.899	0.656	-	1.233	
	主務	1.057	0.788	-	1.417	
	副務	0.820	0.464	-	1.449	
	マネージャー	1.155	0.888	-	1.504	
	トレーナー	0.995	0.587	-	1.688	

低いことを示す。1の場合は両群で発生確率が同じであることを示す。ただし、本書では95%信頼区間（Confidence Interval：以下、CI）が1をまたがない場合にそのオッズ比が統計的に意味がある（有意である）と見なすので、注意する。

まず、男性（図表2—5）から。[10] 大学グループでは、基準カテゴリーの「旧帝大＋α」に対して「中堅国公立」（OR:0.581, CI: 0.420 - 0.803）、「人気私学」（OR: 0.467, CI: 0.364 - 0.598）、「中堅私学」（OR: 0.369, CI: 0.276 - 0.494）、「その他の私学」（OR: 0.286, CI: 0.220 - 0.371）で有意に内定率を低減させる効果があった。逆に、「旧帝大＋α」に対して「優良国公立」「トップ私学」「優良私学」との間に統計的に有意な差は検出されなかった。

入試経路では、「スポーツ推薦」に対して「一般推薦」（OR: 1.185, CI: 1.003 - 1.402）と「その他の入学経路」（OR: 1.229, CI: 1.047 - 1.443）で内定率を上昇させる効果をもった。文理区分、英語力、部内役職は統計的に有意な差を検出できなかった。

スポーツでは、「剣道／薙刀」（OR: 1.684, CI: 1.215 - 2.334）、「アメリカンフットボール」（OR: 1.574, CI: 1.249 - 1.984）、「サッカー」（OR: 1.564, CI: 1.261 - 1.940）、「競漕／サーフィン」（OR: 1.546, CI: 1.143 - 2.092）、「硬式テニス」（OR: 1.478, CI: 1.085 - 2.014）、「ラグビー」（OR: 1.414, CI: 1.110 - 1.801）、「ラクロス」（OR: 1.411, CI: 1.090 - 1.827）、「野球」（OR: 1.409, CI: 1.144 - 1.734）、「バスケットボール」（OR: 1.398, CI: 1.012 - 1.930）が、内定率が低調な部活動に比べ有意に内定率を上昇させる効果をもった。

次に女性をみよう（図表2—6）。説明変数による効果をよく見ると、男性と異なる部分が見えてきた。

大学グループでは、基準カテゴリー「旧帝大クラス＋優良国公立」に対して「人気私学」（OR: 0.515, CI: 0.346 - 0.765）、「中堅私学」（OR: 0.308, CI: 0.346 - 0.765）、「その他の私学」（OR: 0.308, CI: 0.205 - 0.463）で有意に内定率を低減させる効果があった。男性同様、文理区分、入学経路、英語力は統計的に有意な影響力をもたなかった一方、部内で「主将」であることは、一般選手やほかの役職であることに比べて有意に内定率を上昇させる効果をもった（OR: 1.403, CI: 1.090 - 1.806）。

スポーツでは、「硬式テニス」（OR: 2.527, CI: 1.655 - 3.859）、「ゴルフ＋スキー＋スケート」（OR: 1.911, CI: 1.180 - 3.096）、「陸上」（OR: 1.823, CI: 1.202 - 2.764）、「水泳」（OR: 1.804, CI: 1.144 - 2.844）、「ラクロス」（OR: 1.748, CI: 1.267 - 2.412）、「アメフト」（OR: 1.696, CI: 1.016 - 2.831）、「競漕／サーフィン」（OR: 1.656, CI: 1.053 - 2.604）、「チア＋応援団」（OR: 1.641, CI: 1.148 - 2.347）が、内定率が低調な部活動に比べて有意に内定率を上昇させる効果をもった。

3　なぜそのような勝敗がみられるのか——諸説の検討

以上、体育会系のなかのスポーツの違いが優良企業からの内定獲得に与える影響について、クロス集計と二項ロジスティック回帰分析を通じて記述してきた。以下では、先行研究が提示してきた仮説と照合しながら議論する。

体育会系就職の観測

まず［分析１］、内定獲得率のスポーツによる差異だが、男性では競漕／サーフィン（三七・一％）、剣道＋薙刀（三六・一％）、ラクロス（三五・二％）、陸上ホッケー（三四・五％）、アメリカンフットボール（三四・〇％）、ゴルフ（三一・六％）、テニス（三〇・五％）といった種目で軒並み三〇％以上と高い値が観測された。先にも示したとおり、体育会系を含む新卒全体のＴ１企業への内定獲得率が約二〇％であることからしても、これらのスポーツは表面的には体育会系就職を牽引する群だと言える。女性でも硬式テニス（二九・八％）、ゴルフ＋スキー＋スケート（二八・二％）、陸上ホッケー（二六・三％）、競漕／サーフィン（二五・九％）、アメフト（二四・八％）といったスポーツで男性を含めた新卒全体の内定獲得率に比べてきわめて良好だった。スポーツの違いはあれ、男女ともに体育会系就職が顕著に認められる部が一定程度存在することは、体育会系神話の健在ぶりを一部支持する結果と言っていいだろう。

しかしながら、男性が最低でも二〇％を超える内定獲得率を達成しているのに対して、女性では剣道／薙刀（一五・一％）、バスケットボール（一七・〇％）など、新卒全体のＴ１企業内定獲得率を下回る部が存在し、労働市場の男女差を反映する部分もあることが示された。体育会系就職は、男子学生とごく一部の女子学生によって牽引されているものと考えられる。

次に、［分析２］では、［分析１］で提示した内定獲得率のスポーツ間差異が、大学の社会的威信や学生自身の入試経路、英語力といったほかの独立変数の影響を統制しても検出されるものなのかを検討した。結果的に、男性は剣道／薙刀、アメリカンフットボール、サッカー、競漕／サーフィン、硬式テニス、ラグビー、ラクロス、野球、バスケットボールで、女性は硬式テニス、ゴルフ＋スキー＋スケート、陸上、水泳、ラクロス、アメフト、競漕／サーフィン、チア＋応援団で、内定獲得率を有意に高める効果をもった。［分析1］の段階で内定獲得率が高く出たにもかかわらず［分析2］で有意差が出なかった男女の陸上ホッケーや男性のゴルフは、ほかの独立変数との擬似相関だったと言える。

ここで注目されるのは、大学グループ間での効果の違いである。今回の分析では、旧帝大＋αという基準グループに対して、トップ私学、優良私学、優良国公立までは統計上有意差は検出されなかった。教育社会学の多くの業績が優良大学と優良企業の対応関係をとらえる際にその学力の差を軸に説明をおこなってきたのに対し[11]、体育会系に限れば、T1企業からの内定獲得率は前述の大学グループ間でほとんど変わらないことになる。体育会系内に限れば、内定獲得に対する「大学威信」の影響力が相対的に低くなり、スポーツ種別の影響力が相対的に高まるとも考えられる。

体育会系就職はなぜスポーツによって異なるのか——チームスポーツ仮説とネットワーク仮説の検討

では、なぜこのように特定のスポーツが内定獲得に有利にはたらくのか。男性のサッカー、ラグビー、野球、バスケットボール、男女のアメフト、ラクロス、女性のチア＋応援団などは、海外の実証研究で繰り返し検証されるチームワーク仮説（チームスポーツで培ったチームワークや協働精神が雇用可能性を高めることに貢献する）[12]と適合しているようにみえる。

しかし、プレミアムを示すスポーツが男女で異なることや、軟式野球、バレーボール、陸上ホッケーやソフトボールなどのチームスポーツでは男女ともにプレミアムを示さないこと、男性の剣道／薙刀、女性のゴルフ＋スキー＋スケートなど高いスポーツ・プレミアムを示すスポーツが個人スポーツであることからすると、チームスポーツ組織に所属することがこうした能力やコンピテンシー養成に寄与し、それに伴って内定獲得率が高まる、とは言いがたい。スウェーデンの若年労働市場へのスポーツ・プレミアムを検討したダン・O・ルースは、チームスポーツ全体ではスポーツ・プレミアムは現れないが、男性のサッカーやゴルフで三、四％の雇用可能性を押し上げる効果をもつと報告していて、ヨーロッパの一部でもチームスポーツ仮説によっては説明できない現象を確認できる。[13]

他方、もう一つの有力なものがネットワーク仮説である。わが国の労働市場での大学教育の効果を検証してきた経営学者の中原淳と教育心理学者の溝上慎一によれば、多様な対人関係を学生時代に築くことが初期キャリアの組織適応を高めるという。[14]わが国の大学新卒労働市場は、大部分の学卒者が学校を卒業してすぐに企業その他の組織で働く「間断なき移行」として特徴づけられ、その慣行はOB・OGがリクルーターの役割を担うことによって支えられてきたとされる。[15]すなわち、特定の体育会系はOB・OGが大企業にすでに就職していて、そのOB・OGがリクルーターを務めるから後輩の体育会系学生が内定を得やすいという説明が、体育会系就職でのネットワーク仮説による解釈である。[16]今回の調査結果は、例えば男性で比較的伝統的に認知度が高いチームスポーツ（アメフト、サッカー、ラグビー、野球、バスケットボール）が多いことが示されていて、それは大企業でも多くのOB・OGが活躍していることが予想できることから、ネットワーク仮説の妥当性が推察できる。

男女ともに新興のスポーツで注目できるのはラクロスである。日本で最初にラクロスチームが結成されたのは一九八六年だから、三十年足らずでほかの体育会系を押しのけて一定の地位を築いたと言えるだろう。学力や思考力の高さ、チームワークをアピールする一般雑誌記事(17)も散見されるが、九六%が初心者からのスタートと言われ、ほぼ全員がスポーツ推薦で入学したわけではないこと、したがって一般受験を経験したり指定校推薦を受けるなど勉強に集中的に取り組んだ者が多くなることは想像にかたくない。活動場所の確保も難しいことが多く、指導者数もほかのメジャースポーツに比べて少ないため、トレーニング環境の構築・整備についても思考をめぐらせ、関係者との調整にあたらざるをえない状況だったと考えられる。

ラクロスによる内定率を高める効果が観察された背景には、前述のような既存の制度的・構造的不利を克服する過程で力をつけたOB・OGたちが、就職活動環境でも整備を進めていった経緯があり、現在の内定獲得率はそうした積み重ねの結果なのではないかと考えることもできる。ちなみに、陸上ホッケーは男女ともに内定獲得率では上位に入るが、［分析2］では男女ともに有意とはならなかった。ということは、陸上ホッケーという競技そのものに内定獲得率を高める何かがあるというよりも、陸上ホッケーが威信ランク上位の大学でおこなわれる傾向があるなど、別の要因が背後に隠れているということだろう。このことも、体育会系就職がスポーツの形態の近似性（チームワーク仮説）よりも、スポーツの埋め込まれた（embeded）社会的文脈に依存すること（ネットワーク仮説）を示している。

他方、女性の硬式テニス、ゴルフ＋スキー＋スケートなどはどう考えるべきか。フランスの社会学者ピエール・ブルデューは、スポーツの嗜好にも社会的地位や階層との相関があるとし、それは構造化する構造（＝ハビトゥス）のなかで／によって再生産されるとした。[18] そうした社会的属性とスポーツ参加の関係は、二〇〇〇年代以降の日本でも存在することがいくつかの実証研究によって報告されている。[19] これらの研究によれば、女性のテニス、ゴルフ、スキー・スケートなどのスポーツは日本でもやや高めの階層と親和性が高いことから、スポーツを通じた階層の再生産がおこなわれているとみることもできる。

また、アメフトの女性部員はほぼマネージャーであり、チア＋応援団を含めてこれらのスポーツのスポーツ・プレミアムが示されるということは、企業側の女性社員に対する期待が男性社員へのそれと異なること、すなわち、女性には男性のサポート役割を期待されているというがった見方をすることもできる。わが国の賃金の性差はＯＥＣＤ内で韓国に次いで二番目に大きい。[20] アメリカなどでは、スポーツはそれをおこなう者にとって社会的上昇の機能をもつことを期待されることもあるが、本章の分析結果からは、体育会系就職の性差は、制度的にも文化的にも日本に根強く残る性別役割分業観の反映であり、社会的な移動を促進するというよりはむしろ既存の構造を補完・維持する機能を果たしているようにも見受けられる。

男性の剣道／薙刀、男女の硬式テニス、競漕／サーフィン、女性のゴルフ＋スキー＋スケート、陸上ホッケー、水泳については、先行研究でも言及されない種目である。家庭環境など、今回のモデルに投入できなかった変数での再検討が求められる。

4　体育会系の分化とジェンダー格差

エリート／ノンエリートへの分化

あらためて、本章の統計データから記述したことを整理しよう。まず、体育会系の優良企業への就職率は、性別、大学の威信ランク別、スポーツ別に異なる様相を呈した。体育会系では女性よりも男性で、威信が低い大学よりは高い大学で、そして伝統的なチームスポーツで、優良企業への就職率は高くなった。思い切って抽象化するならば、現在の体育会系が大学新卒就職市場で有利になる条件とは、「威信が高い大学」の「伝統的チームスポーツ」部に属する「男性」と仮説できるだろう。

ただしこの仮説は、女性では体育会系就職がまったく生じていない、ということを意味していない。そもそも本調査は男女別・大学ランク別に体育会系と非体育会系を比べたわけではないので、例えば威信の高い大学の体育会系と非体育会系では男性でも女性でも体育会系のほうが優良企業からの内定獲得率が高かった、威信の低い大学では女性の体育会系の効果はなかった、あるいはむしろ低かった、などとセグメントごとの比較結果を断定的に述べることはできない。この点は、体育会系だけのデータサンプルしか用意できなかった本調査の限界ということになる。

そのうえで、この仮説から、次の二点を強調しておこう。

一つは、現在の体育会系は多様であり、大学新卒就職市場でアドバンテージを得る体育会系もいれば、そうでない者もいる、ということだ。次章「体育会系神話の起源」の結論を先取りすることになるが、体育会系就職は大正期から昭和初期にかけて、該当人口の〇・一%程度に選抜されたスーパーエリートとして、採用すべき最も理想的な人材モデルとして学卒就職市場に登場した。だがそのスーパーエリート体育会系は、およそ一世紀の時を経た二〇一〇年代から現在までに、起源からの優位を維持する「エリート体育会系」と、どちらかと言えば不利な立場に置かれることもある「ノンエリート体育会系」とに分化したと言える。

もう一つは、そうして分化していった体育会系のうち、優位を維持するエリート体育会系であるための条件は、わが国では新興スポーツに属するラクロスを例外として、「伝統的チームスポーツ」部に属する「男性」という、いわゆる〝オーセンティック〟な「威信が高い大学」の属性的要素だったことだ。仮に、体育会系が学業とスポーツの両立に伴う個人の人格的成長を促す文化として成長を遂げたのであれば、伝統的な価値観とは異なる条件が浮上する可能性もあった。にもかかわらず、オーセンティックな属性的要素が現在の大学新卒就職市場で体育会系が有利になる条件として見いだされたのである。

この意味を問う作業、すなわち、「威信が高い大学」の「伝統的チームスポーツ」部に属する「男性」が優位を得る社会学的背景についての考察は、第5章「日本社会のしくみと体育会系神話」でおこなう。

ジェンダー格差

ところで、前述の仮説では大学新卒労働市場で体育会系が優位を得る条件として「男性」をあげたが、男性の優位はなにも体育会系に限った話ではない。日本スポーツ界の後進性を世界中に知らしめた東京オリンピック・パラリンピック組織委員会前会長・森喜朗の女性蔑視発言を待つまでもなく、ジェンダー差はより根深く日本の雇用環境、したがって社会全体に影響を及ぼしている。本書がジェンダーを、仮説を構成する重要な説明概念として採用するのも、大学新卒労働市場での体育会系就職にまつわる現象を正確に理解・説明するためである。ここで、その意図とジェンダー差に対する本書の姿勢をあらかじめ説明しておこう。

筆者が本章の解析結果を国際学会で最初に発表したのは、二〇一六年にポーランドのワルシャワで開催されたヨーロッパスポーツマネジメント学会（European Association for Sport Management, EASM）だった。日本のジェンダー差について考えるときはいつも、そのEASM２０１６で最初に受けた質問を思い出す。ヨーロッパ系の女性研究者の質問、それは、「とても興味深いけど、なぜ男女別に分析したの？」というものだった。私はまったく予想していなかった類いの質問に慌てたが、それでもとっさに「なぜって、日本は高度にジェンダー化された社会だから。大学新卒就職での成功も、大学のスポーツ参加率も男女別にまったく違うんだ（Because, Japan is highly gendered society. New graduate job search success and sport participation in college days are totally different by gender.)」という意味のことを片言の英語で答えた。「高度に（highly）」という言葉より「深刻に（seriously）」のほうが適切だったかと後悔する間もなく、質問者は適切に「そっちのほうが大きな問題ね」と理解してくれた。

その後、議論の焦点は統計の手順や解釈の妥当性に移っていったが、事の本質は明らかだ。日本の文脈に生きない外国人研究者にとって、男女別に解析することは所与の前提ではない、したがって、男女別に解析する明確な理由や問題意識の説明が求められるのだ。私がこれを想定外の質問として感じて狼狽したということは、私は男女別の分析を所与の前提として疑いもしていなかったということだ。私は自らの浅慮を痛感すると同時に、性差についてはより慎重に、客観的な理解とそれに基づく取り扱い、そして表現を心がけるようになった。

第5章で詳しくみていくことになるため、ここでは予告にとどめるが、そもそも日本の雇用環境は高度にジェンダー化されたまま歴史的に構築されてきていて、その影響は現在の社会的地位における性差にも深刻な影を落としている。日本政府が出した統計に虚偽がなければ、二〇二〇年第4四半期時点の日本の就業者は六千六百七十九万人、そのうち男性は三千六百九十三万人、女性は二千九百八十七万人だ。正規雇用でみると男性二千三百二十四万人（役員を除く被雇用者中七七・六％）：女性千二百四万人（同四五・六％）と数にして男性が女性の二倍弱になり、非正規雇用は逆に男性六百七十万人（同二二・四％）に対して女性千四百三十九万人（同五四・四％）と数にして女性が男性の二倍強になる。[21] 日本社会で女性は、〝基幹労働力〟と対されるところの〝縁辺労働力〟としていまもって見なされがちなのだ。

こうした状況は女性の生活基盤が男性に比べて相対的に脆弱であることを意味し、二〇二〇年のコロナ禍（新型コロナウイルス感染症の拡大）にはその脆弱性が女性の自殺者の急増という悲惨なものとして現象してしまった。自殺者数はリーマンショック直後の〇九年以来、十一年ぶりに前年を上回ったが、男性が前年比〇・二％（二十三人）減の一万四千五十五人で十一年連続の減少を記録したこととは対照的に、女性は二年ぶりに増加に転じ、前年比一五・四％（九百三十五人）増の七千二十六人になった。(22)

雇用での女性への差別的待遇は日本の伝統といっても過言ではない。一九八四年には全雇用者の一五・三％、六百四万人が非正規雇用だったが、その内訳は男性百九十五万人に対して女性は四百八万人、約一対二の割合で女性が多かった。さらに九九年には非正規雇用が全体で千二百二十五万人になって八四年時点の二倍強、全雇用者の二四・九％に達した際、男性は八四年：百九十五万人から九九年：三百二十三万人と約一・七倍の増加であるのに対し、女性は八四年：四百八万人から九九年：九百三十四万人と約二・三倍の増加、非正規雇用の男女比は八四年の男一対女二から男一対女三に拡大していた。(23)八五年に男女雇用機会均等法が施行されて以降も、雇用における女性の社会的不利に改善がみられなかったばかりか、悪化したのである。

雇用統計は社会に張り巡らされた見えない差別を可視化するが、正規／非正規という統計区分に表れないところにもその力は及んでいる。社会経済的な有利を意味する大企業総合職の座席は、長い間女性に用意されなかった。第4章「体育会系就職の最盛期——一九九〇年代の体育会系就職と企業スポーツ」に収めた大手広告・情報通信業R社の元企業アスリートに対するヒアリングで、インタビューイーの一人秋元氏（仮名、一九九一年入社、男性）は「フラットにみて〔社内の〕優秀な人は女性だった」と話し、その理由を当時の社会文脈と照らして以下のように説明した。

Rってもともと、それこそバブルぐらいのときだと、まだ会社としてそこまで有名じゃないので。優秀な男子は採りにくいというか、たぶん〔獲得競争で財閥系の金融や商社に〕負けてて……優秀な女子はほかの会社であんまり採らないので、Rは採りやすかった。風土的にも、男女関係なくオープンにやっていくよっていう風土があるので、優秀な女子にとっても魅力的な場所なんですよね。体育会系ももちろんいたと思いますけど、極端に体育会系が多いっていう感じではないですね。ただ、女子の採用チームがありました。男子チーム、女子チームという。採用担当が女子学生に会うこともちろんあるんですけど、基本的には女子は女子チームで採ってました。

当時、多くの大企業でおこなわれていたのが、男性は基幹社員への成長を期待される総合職採用、女性は「寿退社」を前提にした一般職採用だった。男女別定年や三十五歳定年といったあからさまな差別待遇を制度としてもつ企業も少なくなく、それほどの抵抗もなく社会的に受け入れられていた。その文脈を適切に認識したR社は、「フラットにみて優秀な」人材を確保するためにこそ、女性社員登用チームを組んでいたことになる。すなわち、労働市場の男女格差の極端な状況を逆手に取った優秀人材の採用戦略だったのだ。現在のR社の発展をみるにつけ、市場におけるポジションを適切に認識し、積極的な女性採用策を講じた当時の執行部の慧眼は特筆に値するだろう。

ともあれ本書は、日本社会が生み出し守り続けてきたジェンダー差から目を背けるわけでもなければ、即座に実践的な批判や抵抗を示すわけでもなく、かといって無言の肯定を示すわけでもない。本書では体育会系神話や就職・雇用にまつわる現象を客観的な事実として記述したうえで、「ジェンダー」を社会科学的な理解や議論の有力な説明概念と見なす。人間が疾病からの治癒をめざす際にあらかじめ病状の陳述と医学的な病因の特定を求めるように、社会が社会問題の解消（あるいは保守）をめざすにも、当該問題の構造、成立、そして経緯についての正確な社会科学的理解が求められる。そうした観点から本書は、体育会系の初期キャリア形成という現象の記述と理解に統計と社会史というメスで立ち向かう。そのメスを入れるアプローチ角度のうちの有力な一つが「ジェンダー」という視座なのだ。

収集したデータの限界から、体育会系神話のジェンダー格差について直接検証し主張できることはたしかに限られている。だが、定量的にも定性的にも数多くの傍証データが存在する。傍証を積み上げて仮説として提起した「男性」というカテゴリーは、日本の体育会系神話が機能するメカニズムの解明を追求する過程で浮上した相対的で抽象的なものと理解されたい。

最後に、後続の議論の見取り図を提示して章を閉じよう。なぜいま「男性」というカテゴリーが浮上するのか。おそらくは、過去の体育会系就職は男性にだけ当てはまる現象であり、人々がそれをあまりにも自然なこととして了解していたために不思議な現象として意識されていなかったからだ。ちょうど筆者が統計データを男女別に分析することを所与の前提として違和感さえ覚えなかったのと同様に、体育会系神話が男性のものであることは疑われることがなかった。過去の日本では、大学で学業とスポーツの両立をめざすことはおろか、大学への進学も大企業（総合職）への就職も男性だけに開かれ、女性には閉ざされていた。そして、それが自明だった。とすると、体育会系神話のメカニズムを説明する概念としての「男性」カテゴリーの浮上そのものが、日本社会の教育、雇用（就職／採用）、そしてスポーツ界の変化を意味していて、その問題性を指摘しているとも言える。議論するべきはその問題性であり、本書は、そうした議論の社会科学的前提をつまびらかにすることを企図している。

注

（1）在学中の競技力を評価され、企業スポーツ選手としての活躍を期待されて内定獲得に至る場合と、一般的な就職活動の末、一般社員として内定獲得に至る場合とでは、優良企業からの内定を得やすいという体育会系就職でもその意味合いはまったく異なる。しかしながら、今回のデータセットではそれを区別する方法がないため、同一のものとして扱っている。調査の限界であり、今後の課題である。

（2）個人情報の取り扱いとデータの学術利用については、共同研究者の原田俊一郎がアスリートプランニング側の窓口になって、顧問弁護士にも意見を求めながら、法的な問題がないこと、利益相反が発生しても学術的価値を優先して公表することを前提に進めた。研究開始以前にアスリートプランニングが蓄積してきたプロファイル情報は、分析に要する情報だけがほかの情報と連結不可能で匿名化された状態で共同研究者に共有された。執筆過程でやりとりした集計・解析の経過報告もすべて連結不可能で匿名化されていて、アスリートプランニング側でも分析結果から個人情報をたどって特定することは不可能な状態を保っている。調査対象になった学生アスリートは、調査票に回答する時点で個人情報の学術利用に同意したものと見なすという説明がなされ、質問紙の配付・回収とウェブ調査はアスリートプランニングによって実施された。

（3）「大学グループ」は、まず国公立と私立とで大別し、ついで規模、歴史、偏差値レベルを総合的に見ながら作成した。複数年体育会系の就職支援業務に携わってきたアスリートプランニングの専門職員に原案の作成を依頼し、その案をもとに複数の共同研究者間で判断の妥当性について検討を重ねた。最終的には、国公立について男性で三カテゴリー（旧帝大＋α、優良国公立、中堅国公立）と女性で二カテゴリー（旧帝大＋優良国公立、中堅国公立）、私学については両性ともに五カテゴリー（トップ私学、優良私学、人気私学、中堅私学、その他の私学）とし、男性は計八カテゴリー、女性は計七カテゴリーになった。グループの内訳、すなわちどの大学がどの大学グループに含まれるかについて詳細に記述することは、当該大学の現実の威信に影響を及ぼす可能性を考慮したうえで適切でないと判断して差し控えるが、大まかにトップから偏差値七十以上、優良六十台、人気五十台、中堅四十台、その他四十未満とイメージされたい。

（4）「文理区分」も、大学グループと同様にアスリートプランニングの専門職員と協働しながら作成した。学部学科などの名称から推測し、文理どちらも含まれると考えられるもの（スポーツ科学系など）、またどちらにも含まれないと考えられるもの（芸術系など）はその他にまとめ、三カテゴリー（文系、理系、その他）とした。

（5）「入学経路」は五カテゴリー（一般入試、一般推薦、指定校推薦、スポーツ推薦、その他）。

（6）「英語レベル」は四カテゴリー（上位、中上位、中下位、下位）。準公的機関による英語関連テストの相互読み替え基準に基づき、以下のとおりカテゴリー化し、上位：A＋B、中上位：C、中下位：D、下位：E＋無回答とした。Aランク：Non-nativeとして十分なコミュニケーション能力を備えている（TOEIC八六〇、英検一級、TOEFL PBT五九五以上）、Bランク：どんな状況でも適切なコミュニケーションができる素地を備えている（TOEIC七三〇—八五五、英検準一級、TOEFL PBT五五〇—五九二）、Cランク：日常生活のニーズを充足し、限定された範囲内では業務上のコミュニケーションができる（TOEIC四七〇—七二五、英検二級、TOEFL PBT四六〇—五四七）、Dランク：通常会話で最低限のコミュニケーションができる（TOEIC二二〇—四六五、英検準二・三級、TOEFL PBT三七三—四五六）、Eランク：コミュニケーションができるまでに至っていない（前述以外）。また、「下位」カテゴリーには「無回答」が含まれ、実際には英語レベルが高い者でもスコアをもたない者が分類されている可能性があるが、T1企業への内定獲得に対する「スポーツ」間の差異を析出したいという本研究の目的からすれば、当該カテゴリーの定義の不明瞭性が多変量解析結果を大幅に攪乱するほどの問題にはならないと判断した。

（7）「部内役職」は男女別に各七カテゴリー（男性：記載なしを含む選手、主将、副主将、主務、副務〔マネージャーを含む〕、トレーナー、体育会役員／女性：記載なしを含む選手、主将、副主将、主務、副務〔体育会役員を含む〕、マネージャー、トレーナー）とした。男女別でカテゴリーが変わったのはサンプル数の違いによる。「マネージャー」としての申告は女性に圧倒的に多く、男性では単体でカテゴリーを形成できないほど少ない。対照的に「体育会役員」は男性に多く、女性に少ない。

（8）リクルートワークス研究所「第31回ワークス大卒求人倍率調査（2015年卒）」（〔http://www.works-i.com/pdf/140424_dai.pdf〕［二〇一二年六月十日アクセス］）、および厚生労働省「平成25年度

「大学等卒業者の就職状況調査」」（〔http://www.mhlw.go.jp/stf/houdou/0000044078.html〕〔二〇一一年六月十日アクセス〕）を参照。

(9) 特定のスポーツを基準カテゴリーとすることは、結果的に内定率が低いスポーツを特定して名指しすることになるため、合算することで回避した。またこうすることで、「内定率を高める要因をもつ、あるいはそれが相対的に機能しているスポーツ」を選別でき、本研究の目的である「スポーツによる差異を検証する」ことができるようになる。また、「弓道＋アーチェリー」「チア＋応援団」など、「＋」記号でつないだものは合算、「競漕／サーフィン」「剣道／薙刀」など、「／」記号でつながっているものはデータ入力時から選択肢として作成されたものである。なお、男子アイスホッケーだけが低内定率グループよりも低い内定率を示しているが、本章とは別に「東洋経済」（東洋経済新報社）が発表している「企業力ランキング」トップ八百企業からの内定獲得を従属変数とした場合の分析をおこなっていて、そのモデルと比較を担保するために単独カテゴリーとして残してある。

(10) モデルの説明力を示すNegelkerke R二乗（以下、Nglk. R^2）は〇・〇七四と高くはないが、モデル全体のカイ二乗値は434.295（p<0.005）であり、モデルは有効であると言える。

(11) 前掲「大卒就職機会に関する諸仮説の検討」六一—八五ページ

(12) 松繁寿和「体育会系の能力」「日本労働研究雑誌」第四十七巻第四巻、労働政策研究・研修機構、二〇〇五年、四九—五一ページ、Lechner and Downward, op.cit., pp. 1–42.

(13) Dan-Olof Rooth, op.cit., pp. 399–409.

(14) 前掲『活躍する組織人の探求』

(15) 前掲『学校・職業・選抜の社会学』、前掲「先輩後輩関係に〝埋め込まれた〟大卒就職」、前掲『大学から職業へ』、前掲『大学から職業へⅡ』、前掲「大学から職業へ3 その1」、前掲「大学から職業へ3 その2」、前掲『大卒就職の社会学』

(16) こうした解釈の源流はアメリカの社会学者マーク・グラノヴェッターによる「弱い紐帯の強み」の理論であり(Granovetter, M., 1973; 1985)、グラノヴェッターに師事した日本の教育社会学者・苅谷剛彦が日本社会の「学校から労働への移行」の分析に応用してきた。

(17) 例えば、キャリアパークス「ラクロスの経験が就職活動に有利になる傾向とその理由」二〇一六年(〔https://careerpark.jp/83279〕[二〇一七年一月五日アクセス])、細田孝宏「アメフト、ラクロスが就職に強いワケ アスリートプランニング、山崎秀人社長に聞く」二〇一五年(「日経ビジネスオンライン」〔http://business.nikkeibp.co.jp/article/interview/20150326/279168/〕[二〇一七年一月五日アクセス])

(18) ピエール・ブルデュー『ディスタンクシオン――社会的判断力批判I』、同『II』ともに石井洋二郎訳(Bourdieu library)、藤原書店、一九九〇年、同「人はどのようにしてスポーツを好きになるのか」『社会学の社会学』田原音和監訳(Bourdieu library)、藤原書店、一九九一年、二二三―二五〇ページ、同「スポーツ社会学のための計画表」『構造と実践――ブルデュー自身によるブルデュー』石崎晴己訳(Bourdieu library)、藤原書店、一九九一年、二七二―二九〇ページ、石井洋二郎『差異と欲望――ブルデュー『ディスタンクシオン』を読む』藤原書店、一九九三年

(19) 東原文郎/石澤伸弘/山本理人/間野義之「札幌におけるスノースポーツ人口の動態と現状に関する記述的研究」、北海道体育学会編「北海道体育学研究」第四十六号、北海道体育学会、二〇一一年、五―一七ページ、東原文郎/石澤伸弘/山本理人「札幌市民の運動・スポーツ実施を規定する社会学的要因――属性と教育機関での運動・スポーツ経験に着目して」同誌三九―五四ページ、東原文郎/石澤伸弘/山本理人/間野義之/中村好男「一般成人におけるタイプ別スポーツ参加と社会経済的特

徴の関係」「スポーツ産業学研究」第二十五巻第二号、日本スポーツ産業学会、二〇一五年、二五三―二六八ページ

（20）OECD, “Education at a Glance 2016: OECD Indicators,” OECD Publishing, 2016” Paris. DOI: (http://dx.doi.org/10.1787/eag-2016-en)〔二〇一七年一月五日アクセス〕

（21）総務省統計局「労働力調査（詳細集計）2020年（令和二年）10～12月期平均」二〇二一年二月十六日（https://www.stat.go.jp/data/roudou/sokuhou/4hanki/dt/pdf/gaiyou.pdf）〔二〇二一年三月十二日アクセス〕

（22）厚生労働省自殺対策推進室／警察庁生活安全局生活安全企画課「令和２年中における自殺の状況」二〇二一年三月十六日（https://www.npa.go.jp/safetylife/seianki/jisatsu/R03/R02_jisatuno_joukyou.pdf）〔二〇二一年六月十日アクセス〕

（23）労働政策研究・研修機構「図８　雇用形態別雇用者数」「早わかりグラフでみる長期労働統計」(https://www.jil.go.jp/kokunai/statistics/timeseries/html/g0208.html)〔二〇一九年十月六日アクセス〕。
資料出典は総務省統計局「平成12年〔2000年〕２月労働力調査特別調査」。

第3章　体育会系神話の起源

1　本章の目的——近代企業が求めた身体とは

一般国民ノ健康ヲ保全シ体力ヲ増進スルハ国民ノ生産能力ヲ増進シ又国防ヲ充実スル所以デアル。工場労働ガコノ希望ニ遂行スルハ欧米ノ先例之ヲ示シ、我識者ノ亦夙《ツト》ニ憂フル所デアツタ。多年懸案タリシ工場法ガ両院ノ議ヲ経、今六月一日ヨリ施行サル丶ニ至ツタノモ之ガ為デアル。

（「巻頭語 工場法ノ実施」(1)）

欧米列強と肩を並べる富国強兵への道は「一般国民ノ健康ヲ保全シ体力ヲ増進スル」ことから始まり、「国民ノ生産能力」向上を通じて達成される。わが国は外圧によって急速な近代化を遂げたが、その根底には「一般国民ノ健康」「体力」の保全増進が必要条件として介在した。

ところで、ある国家が近代化を遂げるとき、その背後には産業構造の変化を含む経済システムの進化が必ずある。そして、経済システムが進化するときには、実際に経済活動を営む「企業」という組織体も変化し、それぞれの企業組織が営む生産活動に適する人材を求めるようになる。これを裏返せば、時代を構成した各個人に対しては、企業体の生産活動に適合的な身体へと矯正されるような力学がはたらくことになる。すなわち、当該社会での経済的合理性の尺度で測られる、有用な身体への矯正力である。

この力は、立身出世主義が近代化を駆動する原理として機能したという定説(2)に鑑みても、「国家からの強制」の結果として現出するというよりはむしろ、「自発的な服従」として観察されるものと予想できる。つまり人々は、自らを有用な身体へと作り変え、また、有用な身体であることを誇示しようと努めるのである。人材イメージの体育会系神話は、こうした近代化初期の社会状況にその源流をもつ。

本章冒頭「工場法（一九一六年〔大正五年〕）」の施行に際して出された実業界の反応は、この有用性という概念に「健康」や「体力」が明示的に組み込まれたことを推察させる。日本の近代化を担った身体、日本企業が近代化の過程で求めた有用な身体は、どのようにして生まれたのか。この問いに対し本章では、教育組織の成員である学生から企業体の組織成員として組み替えられる過程、すなわち企業にとっては採用活動、個人にとっては就職活動を観察することで解答を試みる。そうすることで体育会系神話がいつ、なぜ、どのように生起したのかを立体的に描き出してみたい。

2　研究の手続き・進め方――どうすれば有用な身体のイメージを描けるか

本節では、本章の研究の手続きについてまとめた。関心がない読者は読み飛ばしていただいてかまわない。

記述の方法

企業が求めた有用な身体のイメージを析出するためには、企業が忌避した「非－有用な身体」のイメージを把握することが求められる。仮に体育会系が望ましい、有用な身体として措定される場合、その対極には必ず望ましくない、有用でない身体が措定されることになるだろう。本章では、有用でない、企業が忌避した身体にも言及することで、体育会系のイメージをより鮮明に浮かび上がらせる。

いつ頃の話なのか

体育会系が有用性の一端を形成するに至る背景を描き出す。そのためにはまず、該当する時代の就職・採用に関する物語のなかに、体育会系にまつわるエピソードがあらわれる瞬間をとらえなければならない。その前提条件としては、

(1)大学組織ではスポーツが制度的におこなわれていること
(2)企業への就職がおこなわれていること
が挙げられる。これらの条件について整理しておく。

まず(1)は、体育史家の木下秀明によれば「課外の運動奨励機構に〝体育〟と名づけた最初」は一八九二年（明治二十五年）、慶應義塾大学部の体育会にさかのぼる。[3]名称にこだわらなければ、わが国のスポーツ団体の嚆矢は八六年の帝国大学運動会[4]だから、大学でのスポーツの普及も明治時代後半以降と考えていい。したがって、「体育会系」という差異化概念も、「体育会系神話」もそのあとに成立したと考えるのが自然である。次に、企業による大卒者採用の制度化が始まり、学生側から見たときの、いわゆる「就職活動」という現象が一般化した時期を探さなければならない。企業側から見れば、「大卒採用慣行」の一般化である。これがいつ頃起こったのか、大卒就職の歴史を扱った主な先行研究[5]から概略を提示する（図表3―1）。

就職・採用行動の形態やトレンドは、企業内環境と企業外環境で複数ある条件の組み合わせで時代的に決定されると考えられる。図表3―1から、明治末期から大正中期にかけて企業の大卒採用が一般化してくる、というのが一般的な見方のようだ。そのうえで読み取れる関数を整理すると、背景には、①企業組織の高度化、②技術の高度化、③経営管理の専門化、④「官尊民卑」の風潮への反動として企業が社会的威信を向上させる志向性をもったことなど、企業内的な環境変化もさることながら、⑤高等教育機関の卒業者数の増大、⑥大正不況と⑦それに付随した就職難に対する大学の就職部局の整備の進展など、企業外環境の変化や編成も重要であることが見いだせる。

図表3-1　就職・採用慣行に関する主な先行研究の認識

著者	尾崎盛光	麻生 誠	大森一宏	天野郁夫	福井康貴
著作 発表年	『日本就職史』 1967年	「就職の社会史」 1980年	「戦前期日本における大学と就職」 2000年	『学歴の社会史』 2005年	「就職の誕生」 2008年
立場	文学者	教育社会学者	社会経済学者 経営史学者	教育社会学者	社会学者
主眼	わが国の（大卒）就職の通史的描出。	大卒就職の社会史的描出。	企業での採用パターンの変遷と大学での就職活動の制度化過程の描出。	学歴社会の形成過程とメカニズムの教育社会学的考察。	〈自己の力による就職〉の発生起源の社会学的析出。
就職・採用慣行の開始時期	明治末期から1915年から16年にかけて、企業による大卒者の採用が慣行化する。	1902年頃から1921年頃にかけて、大卒者の実業界へのキャリア・コースが成立。	日露戦争後期から大正初期にかけて、大卒者を定期的に採用する企業が登場。	財閥系の大企業は明治30年代（1897―1906年）から高学歴重視の採用政策を採り始める。	戦間期。
説明	・大卒者による企業幹部への昇格、企業内での発言権の増大。 ・ものづくりにおける技術革新の必要性。理工系ブームが発端。	・企業規模の拡大、経営の高度化、企業環境の国際化が、高等教育卒のビジネス・リーダーを要請した。 ・高等教育人口の増加による供給過剰で、官界への就職が途絶されたため。	・大学－企業間の労働市場の制度化過程に関心があるため、大卒者が増えた理由については言及せず。 ・各大学は、大正不況期に生じた就職難に対応すべく、紹介・斡旋のしくみを強化した。	・企業組織の官僚制化の進行、規模の拡大に伴う管理業務の発生。専門的管理者・経営者への必要性。 ・「官尊民卑」の風潮の打破。企業の社会的威信を高め、官庁と同格化するため。	・明治末期から昭和初期にかけての高等教育機関（大学・専門学校）の卒業者数の激増による人材の需要先の変化。
〈体育会系〉への言及	○	×	×	×	○

これ以前の採用慣行といえば、丁稚奉公の延長で、中学校卒業の少年を下働きからさせるのが一般的だった。民間企業の給料は官僚に比べると格段に低く、大卒が就くべき職業と認識されていなかったのである（前述④）。その後、明治末期から大正初期にかけて民間企業の中核を担うようになったのが、早稲田と慶應義塾を中心にした私立大や商科大（一橋大の前身）の卒業生だった。彼らの活躍によって、当時すでに形成されていた学閥や学歴による待遇差が問題化した。大正も半ばを過ぎたあたりになるとそうした待遇差はかなり是正され、大卒が企業に入りやすくなる条件が整備されていったことを意味する。

教育社会学者の天野郁夫によれば、市場経済の活発化に伴って企業組織も高度化し、構成員として知者や技術者もさることながら、経営者が求められるようになる。採用時に獲得できなければ有為な人材は他社に流れ、企業として長期的な競争に不利をきたすと考えられるようになり、各企業は人材獲得競争に力を入れるようになっていく。こうして大学－大企業間での継続的な交換関係、すなわち大卒労働市場が成立した。

主な史料「実業之日本」という媒体について

以上、時期を限定して情勢をふまえたうえで、体育会系をほかと比べて評価する企業側の認識、また、自らを体育会系として他と区別し誇示しようとする学生側の認識を描出する。その概念構造を読み解くためには、前述の(1)(2)の条件を満たす時期にポピュラーになった大衆経済誌の分析が有効である。「東洋経済新報」と「実業之日本」がその候補として挙げられるが、本章では、「実業之日本」を主たる史料として選定する。

メディア史家の橋本求によれば、「東洋経済新報」は一八九五年（明治二十八年）、のちに民政党総裁になる町田忠治が創刊した。(6) イギリスの経済誌「エコノミスト」などを手本にして、わが国で最初に自由主義貿易を主張した雑誌である。のちに「実業之日本」に抜かれるまで、日本でいちばん売れた雑誌だった。しかし、内容的にはマクロな経済指標（「公経済」中心、のちに「私経済の会社評論」など）の動向や実態の報告が多く、有用な資料ではあるが、体育会系という数字に表れない認識を対象とする本書にとっては情報を引き出しにくいと考えられる。

他方「実業之日本」は、一九〇〇年（明治三十三年）の創刊以来、のちに農商務大臣を務める増田義一によって商工業者を中心とした「実業家」の利害に立って編集された。(7) 近代日本雑誌史研究の対象として「実業之日本」を分析した馬静は、内容としても、処世術、修養論、健康論、経営哲学など、当時の世相や実業界の認識を如実に反映すると予想されるものが多いことをその質的な特徴として指摘した。また量的にも一九一三、一四年（大正二、三年）には「東洋経済新報」を抜いて日本雑誌界の最高販売部数を記録している。(8) したがって、体育会系に対する企業側の認識を明らかにしようとする本書にとって、より有用な史料であると考えられる。

以上から、明治末期から昭和前期までの「実業之日本」掲載記事を中心に、体育会系就職の発生をその社会的背景から描出していく。「実業之日本」の記事からだけでは見えてこない統計や法制度状況などは、随時ほかの関連史資料や先行文献を参照する。

3　体育会系神話の起源

戦間期スポーツマンに対する実業界の評価

何千といふおびたゞしい大学卒業生がこの不景気に直面して一体どこへ落ちつくであらうか、いづれの銀行会社でも何百人といふ応募者に対して採用人員は僅《わづか》三四名に過ぎない。事実現在の状況では卒業生の全部を収容し切れない。この中にあつて見事栄冠を占める者は確かに他の者と違つた努力を積み秀でた才能の持主であるに相違ない。だがスポーツマンに取つては目前の就職地獄も物の数ではない。スポーツマンの就職には苦労がなく直ぐさま話が運び入社試験もほとんど形式的であるらしい。スポーツマンの中には学問がよく出来る人もあるが、大体において成績が良くない。学校の成績がよくないスポーツマンが何故か高く評価されるのであらうか。(9)

一九三三年（昭和八年）の「帝国大学新聞」には、「成績が良くなくても就職に強い」という体育会系神話の原型がすでに提示されている。「学校の成績がよくないスポーツマンが何故か高く評価されるのであらうか」という疑問は、現在でも多くの人々に抱かれるものではないだろうか。これについて、当時の京都帝国大学生でのちに読売巨人軍球団社長となる記事の著者・宇野庄治(10)は、以下のように自答している。

スポーツマンは使ひ易いといふ人があるがこの言は真を穿いてゐるものと思ふ。肉体的にも精神的にも苦に堪へ得るところがスポーツマンの生命であつて実社会のチームワークに歩調をそろへ決してありふれた徒党根性を持つて居ないところが買はれるのではなからうか。（略）さて就職後のスポーツマンの実際の成績はどうであらうか、一体何業でもそうであるが一芸に通じた人は他の全然違つた業に対しても長ずる通性を持つてゐる。この意味からしてスポーツといふ一芸に長じてゐるスポーツマンは直になれない職業にな染み会得して仕舞ふ、これがスポーツマンの調法《ちょうほう》（ママ）なところであり使ひ易いところである。また真のスポーツマンシップを備へたスポーツマンであれば苦しい仕事や小言にも黙々として働く。

身体的に優れていることはもちろん、精神的苦痛に耐えられる、協調性がある（「チームワークに歩調をそろへ」）にもかかわらず独立心があり（「徒党根性を持つて居ない」）、慣れない仕事にも黙々と立ち向かってすぐに会得してしまう。現在にも通じる体育会系にまつわるこうしたイメージは、すでに一九三三年（昭和八年）の時点で完成をみていたと言えるだろう。本書ではそれを体育会系神話と呼んでいる。この神話がどのようにして醸成されてきたのかを大卒就職が一般化する大正時代にさかのぼって確認していこう。

「運動の優者は社会の優者」——体育会系神話の胎動

①洋行帰りがみた学生の身体

明治末期、各大学には運動・スポーツの団体が続々と誕生し、その勢力を着々と拡大していた。だが、洋行帰りの識者・安部磯雄（早稲田大学教授）の目にはまだまだ足りないと映っていた。

> 学校に運動の設備はあつても、それを利用して運動するものは極めて少数で、大部分の学生は一向に運動方面に興味を持たない、そして夫れをみすみす知つて居る学校側も、小学中学大学を通じて更に運動奨励に骨を折つて居らない。(11)

こう述べて安部は、「試験にも体格点数を入れよ」と主張した。この安部の運動に対する強い思い入れの背景には、以下のような認識が強く関わっていると思われる。

> 社会に出て、競争場裡に立つて何よりの資本となるものは体力である。体力の無いものは競争場裡に立たない前から結局負けであることは見え透いてゐる。それを知りつつ体の弱い者を社会に出す学校は不親切である。だから其様な卒業生はもう一年延期して、身体の強健になる迄証書を与へないで置くのは当然のことと思ふ。

△運動の優者は社会の優者

其間に慶應、早稲田、一高、学習院などの諸学校から、野球の選手が出たことは少数でなく、少く見積つても何百人という程に達して居るが、其内社会に出て死んだ者は一人もゐない。（略）斯の如き学生時代に体力を鍛へた者は、鍛へない者よりも社会に出てから完全に職務を果すことが出来るのみならず、最後の勝者となることが出来るのである。[12]

安部は、この認識に基づいて学校内での運動を奨励した。「社会に出て死ぬ」とは、現代から見ればオーバーな表現のように思われるかもしれない。だが、例えば東海銀行では、「十四、五歳から十八、九歳までの少年行員を市中の「商業夜学校」で勉学させた」ところ「過労による死亡者が続出し」[13]たという。一九一五、一六年（大正四、五年）という、「年々呼吸器病患者や其他内臓の患者が増加する」時代にあって、「有用の社員なればなるほど休まれると会社に損になる」[14]と考えられるようになっていた。健康は、個人が社会で生き抜くためにきわめて重要な要素と見なされたのである。

②体育会系側の主張

他方、求職者である学生側も自身のスポーツ経験を社会での有用性の観点から積極的に主張しはじめる。一九一六年（大正五年）のある会社の面接試験で、重役から学科の成績の悪さを指摘された野球青年は、以下のように返答した。

ええ、学科は余り出来がよくありませんでした。けれ共《ども》吾々が選手になる迄に鍛へられる心身の鍛錬は容易なものでありません。又選手となつて己が守るなり攻るなりする塁上に立つた時は、其頭の活動、注意力の緊張は、迚《とて》も学窓に閉ぢ籠つてノートと首つ引きをして居る学生の窺ひ知る処でありません。其頭の活動、其注意力の綿密に勝つたからこそ選手となり得たのです。私はこれから社会に立つて、此頭の活動と此注意力で戦へば、やはり野球に於ける如く、社会の戦場でも屹度《きっと》選手たり得るを疑ひません[15]

ここから、学生自身もスポーツに親しんだ者のほうが「頭の活動」や「注意力」といった能力の発揮をもって、実業界で成績優秀者よりも有用な身体たりうると考えていたことがわかる。これらは、健康ともまた異なる精神的な能力を表し、とかく身体的な能力だけに秀でているものと観念されがちな体育会系の身体を、より総合的な優秀性の下に組み込もうとしているようにも感じられる。

③選抜基準の原理的不在と「健康」の台頭

雇主の卒業生に対する希望は、従来は成績を主としたものであつたが、昨今では一に人物、二に体格、三に成績と云ふことになり、体格の外に人格を重んじ、現に大会社は採用するに先だちて体格試験を行ひ、尚お其上に人物試験をやり、体格強健にして人格卓越せる者でなければ仮《よ》し学術の成績が能くとも採用を難んじ、人物、体格、成績三者の揃つた者を喜び採用すると云ふ傾向になつて来た[16]。

大正初期、すでに「成績」は重要な選考基準になっていたが、同時に「優等生（＝学校の成績優秀者）」を採用する疑義も呈されていた。

人の真の技倆は、実際の問題に遭遇しないと実現しないもので、学問に於ては夫れほど卓越しない人でも、実際上の問題を処理するに大なる手腕を有し、実世間に出た後にメキメキと器量を挙げる人がある。（略）困るのは此人が果して入社後に技倆を現わすか否かという事が不明なことである。（略）会社に於ても成績の優良な人を望み、学校に於ても成績の優良な人を推薦して来るので、其中から自分の希望に添ふ人を見分け、見込みのある人を見出すのであるが、それには之ぞといふ標準がない。見分ける人の経験と技倆とに待たねばならぬ。

（阿部泰藏〔明治生命保険会社社長[17]〕）

大学は教育機関として学生の学業の優秀さを評価するが、企業は経済組織として最終的には利益を重視せざるをえない。重要なのは入社後に「メキメキと器量を挙げる」有用な身体だが、それを採用以前に峻別する基準は原理的にありえず、したがって成績も絶対の基準たりえないという真理が、この生命保険会社社長の苦悩によく示されている。この時期の「人物」とは、体格や成績などの数値化できる基準以外の、「入社後に技倆を現わす」見込みを算段するための総合的な選抜基準だったと推察できるだろう。

そのなかで、揺らぐことのない採用基準が健康だった。採用に際して健康を重視する傾向は少なくとも昭和初期までは続き、それは企業の利益と効率性に基づいて認識されていたと考えられる。聖路加国際メディカルセンターに勤め、数々の企業で「人物採用体格検査」を担当した堀内彌二郎（内科医）は、明治末期から始まった当該検査について、一九三五年（昭和十年）の時点から以下のように振り返っている。

> 仕事は予定通り運ばねばならぬ大勢の病人が出ると能率が下がる、更に世相上病社員に対しても報酬も出し退職金を与へなければならぬと云ふ複雑なる世の中になつて来ました。（略）例へば或大きな会社から言へば社員の結核病患者の為に費す費用が一ヶ年（略）三十余万円の予算なりとのことを承知しましたが、〔少し改善したのは〕恐らく厳重な体格検査の好影響療養所特設の好結果等の為めでありませうそれを考へても将来病気にならない者を使ふと云ふ事が痛切な条件になつて来ます。（略）満洲に仕事してゐる或会社が新規採用社員を満洲迄派遣し一ヶ月にして仕事不能になつた場合に費やす金が約三千円になると聞いてゐます。（略）以上の実例で今日人物採用試験は学績優秀思想堅固といふ点丈けでは困る、仕事能率上又青年成功上どうしても身体の強健を必要とする様に結論せざるを得ぬ次第で御座います。[18]（傍点は引用者）

このように、大正初期には、体育会系を積極的に評価しようという直接的な表現はまだみられないが、成立直後の大卒労働市場で選抜基準の動揺がみられ、また公衆衛生的な背景から強靭な身体が要請されたことで、体育会系の学生を希求する動きはすでに始まっていたとみていいだろう。

体育会系の可視化と「体育熱」の高騰

①実業界に多かった体育会系

大正も中頃に入ってくると、体育会系が就職の場面に現れるというより、すでに社会で活躍している学卒者のなかに、多くのスポーツマンが含まれるという事実が話題として取り上げられるようになる。

今は何々会社の重役、府県知事、或は大学の教授、博士と言つたやうな、地位なり、名望なりのある人であつて、その昔、野球、庭球、ランニング、短艇なりの選手として鳴らした者は、随分と多い。[19]

一体四十三年の卒業者には運動家が多いのも珍である。関田猛夫君（太宰銀行支配人）はボートは五番を受け持つて手腕を揮つたが、彌治《やじ》も盛《さかん》にやれば雄弁家で、地方の演説会に出掛けたりして、その方面でも大いに覇を称したものだ。銀行でも重んぜられ、友人間に将来を期待されてゐる。工藤熙雄君（東洋護謨《ゴム》会社庶務課長）もやはりボートの選手で、常勝の誉を握つたものである。[20]

早稲田大学や慶應義塾大学もこぞってその人が野球部のOBであることを主張するようになる（飛田穂洲[21]〔元早稲田大学野球部主将〕、三田塁上人[22]）。そして、その理由についても、「健康」や「強壮なる身体の持ち主」以外の要素が登場する。

野球などをやつて、他と屢々《しばしば》折衝した経験のある人間は、学校で本虫になつて勉強して居る者よりも、実社会に出ては、学校の成績は兎に角、案外度胸もあり決断もあり商売に向いて居ると云ふ事である。桜井彌一郎君、吉川清君、肥後英治君、神吉君、ずつと後輩でも皆相当にやつて居る[23]。

ここでは、運動部に所属したことで「折衝した経験」を有し、「度胸」や「決断」に優れているという実業向きの適性を観念している。厳密に言って体育会系神話、つまり、体育会系は他に比して就職しやすいという観念ではないが、業務そのものに対する、しかも非－身体性に由来する有用性は、大正中期に主張されるに至ったと言っていいだろう。

②「体育熱」の高騰による体育会系の就職

だが、体育会系（＝運動部経験を有する人材）へのまなざしがその働きぶりそのものについて成立したかというと、そうでもなかった。大正半ばに顕著になるのは、実業界における「体育熱」の高騰である。

近時大会社大銀行大商店、並びに少し大きなる商店にあつて、野球団、庭球団の設けのないところは、恐らくないと言つてよい程であらう。そのうち庭球にありては、三井銀行、三井物産、三井鉱山部、古河合名会社郵船会社、鐘ヶ淵紡績、山下汽船会社、満鉄、大阪商船、大阪電燈、大阪鉄工所、川崎造船所等一二に止まらない。(24)

「万朝報」記者だった鷲田成男(25)は、一九二〇年(大正九年)、「白熱的高潮に達せる会社銀行野球団評判記」と題し、野球団をもつ百二の企業名を列挙、その一部に寸評を加えるような記事を「実業之日本」に寄せている。そこでは、実業団野球への熱の高まりが以下のように象徴的かつコミカルに表現されている。

此のチームは何れも店を開く前に練習し試合をする、或る夏の事某商店から某商店へ電話をかけ「五時に試合をして下さい」と頼むと先方では「此の頃五時は遅い、四時にしませう」と電話が切れ、其の当日の午後四時相手方が日比谷に行くと敵はゐない、非常に憤慨して怒鳴り込むと、「私の方は四時に行つて居りましたが貴方の方が来ない」との事によくよく聞くと朝の四時と知れて、結局大笑ひとなつた。(26)

大学スポーツの熱狂を引き継ぐようにして、実業界のスポーツは勃興期にあった。銀行・商店をはじめとする会社組織は、野球やテニスなどの花形スポーツ選手を入社させ、その運動部の充実を図るようになっていた。

> 尤も強チームは増田屋である。増田屋は、横浜の増田増蔵氏の経営にかかり、その三男稲三郎君が支店長をしてゐる。稲三郎君は嘗て早稲田野球部の主将たりし人、今や早大系の名選手、大井、松田、加藤、八幡等を入店せしめて、強チームを組織してゐる。大井は怪投手として日本一の名ありしもの、松田また強級投手として謳はれ、さらに加藤に至っては殆んど飛燕に等しく、稀に見る名遊撃手として数々の名を馳せしもの、同商店の強きも偶然でない。[27]

③企業からみた体育会系採用二つの機能

さらに、こうして当世の名選手を抱えることが会社にとっては宣伝広告機能を担うメディアとして認識されるようになる。

> 而してこれらの大会社の各庭球部は競って学校チームの大選手を引抜いて行く。早稲田、高商党《とう》(ママ)のスタープレーヤーがこれらの各会社銀行に入つて、牛耳をとつてゐる例は頗る多い。現にレギスレーションの大選手として、極東一の名あり、北米の球界までも震撼せしめた名手熊谷の如きは、三菱銀行部に在勤してゐた。三菱の重役の名を知らぬ者はあつても彼の名を知

らぬ者は恐らくない。三菱が熊谷を有してゐることは、確かに誇りといはねばならぬ。(28)

一方で、満洲や台湾といった植民地では、スポーツの集合的実践による離職防止機能が認識され、盛んにスポーツが奨励されるに至る。

わけても満鉄の如きは野球を奨励すること甚しく、各地に諸チームを設けてゐる。満鉄がかく野球を奨励するのは、深い理由がある。それは満鉄が社員を内地から招き入れた場合、社員の多くは、青年のこととてややもすると懐郷病《ホームシック》にかかり、早きは数十日、その半は望郷の念に堪へずして、職を辞して国へ帰る者が多い。ここに於いてか、満鉄には、社員が望郷の念に駆られんとする防止策として運動部を設置し野球庭球を奨励した。数万金を投じて各地に大運動場を設置する。殆んど強制的に運動を行はしめた。果して此満鉄の策は図に当たつて、逐年望郷の念に駆られた余り辞職するものがなくなつたさうである。(29)

台湾に於いて、野球が盛んなことも、満州のそれと同じく、台湾総督府自ら運動熱を鼓吹して、青年の望郷念を運動に転ぜしめた結果によることが多い。台湾の地はもとこれ瘴煙蛮雨繁くして加うるに瘴癘《しょうれい》の地である。ホームシックに襲わるるは満洲以上である。総督府を初めとし、各会社等は、盛んに運動を奨励した結果率先して東都から各選手を引きぬいて行つた。早大より伊勢田、川島、飯田、野々村。明大より山村、高瀬等皆それであつた。(30)

大正初期から中期にかけて、各企業はスポーツの対抗戦でしのぎを削るようになっていた。いつの世でも、スポーツにおいて優勢を保つのに最も効果的な手法の一つは、有力選手を獲得することだろう。各企業は、「学閥」というネットワークを用いて効果的にこれを進めていったものと推察される。

ここには、前項で確認したような体育会系の仕事そのものへの評価は一切入り込んでいない。①広告宣伝と②遠隔地での離職防止という二つの機能によって、企業でのスポーツの奨励がまず正当化され、学卒の名選手の採用が正当化された。実業界のスポーツ熱の高まりは、健康や強壮な身体といった通説とは異なる次元で、体育会系神話の成立を後押ししたのである。

体育会系神話の確立

①採用基準としての「体育会系」

大正末期から昭和初期になると、いよいよ前述の言説の累積が体育会系神話として了解されるに至る。

数年前までは運動家と云へば、学校中の鼻摘者《はなつまみもの》か餓鬼大将視せられ、傭《やと》入《い》れる方でも警戒したのであるが、最近では学生も学校も運動に対する理解もあり、また運動技術の習得中に知らず知らず多数の人物観や処世観を養ふなどの利益もあつて、卒業頃には思わぬ修養を積んで居ると云ふ関係があると信ずる。運動家は多く体格も勿論優秀で会社として見逃すことの出来ぬ採用条件であるから、自然彼此考察を重ねると在学中運動に趣味を持て居たような人物が採用されることになり易いのである。(31)

面白い現象は運動のチャンピオンが採用せらるゝ傾向のあることで、之れは三井と言はず各会社とも運動熱が昂騰して運動が盛んになつて来たことや、又チャンピオン自身は、健康の持主であり且つ猛烈に身体を鍛錬する結果精神も快活であり、態度も敏捷活発であると云ふようなことが其原因を為して居るらしい。(32)

ここでは、運動に熱心に取り組むことがある種の精神修養を促進するという、いわば運動・スポーツの教育効果をその主因としてとらえる見方を示している。このような認識は、体育会系ビジネスパーソンの活躍への気づきとともに、学力偏重採用への反省、すなわち「学業成績」への疑義が前提になっていた。

学業成績が飛び抜けて優秀な人物は、兎角に学究的な人が多く、会社として客相手に商売をするのには少し不向である。それに反して、学生時代運動家であつたと云ふ経歴のあるものは、如何にも応待が円滑に行きさうに感じられる。そして成績もあまり悪くないとすれば先づ採用候補者に残したくもなるのである。(33)

スポーツに関わることは、ビジネスパーソンに必要な〝快活さ〟の象徴であるとともに、学問に耽溺しすぎない、現代的に言えば〝良いバランス感覚の持ち主〟と見なされたのかもしれない。前述のとおり、学力は重要な選抜基準になったが、絶対の基準とはなりえなかった。ビジネスパーソンとしては同時にさまざまな資質が求められるのであり、採用時にはそれらすべてを含み込んだ「将来性」を見極める必要があった。日清・日露戦争後、一九二〇年（大正九年）年春の第一次反動恐慌、二二年（大正十一年）春の第二次恐慌を経験し、慢性的な不景気＝就職難の様相を呈する大日本帝国(34)にあって、ますます有為の人材が求められるに至り、学力偏重主義への反省が体育会系神話成立の背景になったのである。

②具体例に強化される体育会系神話

昭和に入ると、実際にそうした修養が実務の具体的場面で注目すべき効用を発揮することも同時に示されるようになる。

清水だとか、熊谷だとか、戸羽だとか一つの、ある会社銀行に籍を置く者が、かたわらテニスのチャンピオンとして鳴らして居る場合、誰しもお勤めの方はすっかりお留守で、月給だけ只貰ひして居るんだらうと想像するだらう。けれども事実は全く左にあらずで、会社や銀行へ出勤する時間こそ少くはあれ、一寸大きな取引や、むずかしい問題《ママ》やは、テニス・マンとして名前と顔を売込んだ彼等が出かけて、他の何人よりも上手にまとめてしまふんである。現に三井物産の清水君の如きも、チャンピオン、ミスター・シミズで、ラケットを打振る一方、海外支店でのどんどん、大事な商売の算盤玉も、上手に弾いて行くといふことだ。[35]

学生時代の運動家は大いに歓迎される。これは健康という点から考えても理由があるのだが、殊に会社〔＝明治生命〕としていいことは、運動家には非常に友人や知合が多くて、書生時代から書斎にばかり籠つていた勉強家よりも所謂顔が広い。そこで後で外交に廻つた時にも保険勧誘の領域が広くて便利だからだ。[36]

このような具体例によって補強されながら、体育会系は有用な身体として広く認知されるにいたった。健康かつ強壮なる身体、快活な人格（＝成績がよすぎないこと）、そして実業界が「体育熱」に冒されることでもたらされたスポーツ競技へのニーズによって、体育会系神話はまさにこの時期に成立したと言えるのである。

加藤氏〔三菱商事常務〕　運動をする人は確かに宜《よ》いですね。スポーツマンシップを持つて居る人は余り悪くならないと思ふ。仮りに野球にしてもテニスにしてもボートにしても、まあ色々の運動があるが、それ等の選手になれるやうな人は矢張《やは》り其仲間から推賞された人だと思ふのです。自然それ等の仲間に於て人物が選り抜かれて居ると思ひます。

山名氏〔慶應義塾大学〕私の経験に依ると今お話の通りスポーツマンの人格者であると云ふことは確かに或る点まで明かな事実だと思ひます。が、また別の意味でベースボールとか其他のチャムピオンは、諸会社が学校卒業生を採る一の条件です。例えば大阪毎日新聞などでベースボールの達者な人を入れて居るが、あれはそれで新聞の声価を博しやうと云ふ訳なのです。(37)

体育会系神話の洗練

①二つの変化

この不景気の嵐をついて、スポーツ用具だけは颯爽として売れる。この就職地獄の叫びの中に、スポーツマンだけはチャンチャンと就職をして行く。運動狂時代……。(38)

野球部の選手あたりになると、満鉄安田あたりから三拝九拝してたのみにくるので、就職の心配はない。実にスポーツ万歳の秋である。清水組や、目黒蒲田あたりにラグビー選手が活躍し、松坂屋あたりでも腕ッぷしのきく連中が売場に立つてゐる。(39)

実業界の体育熱・スポーツ熱とともに、体育会系神話は広く人口に膾炙した。大恐慌以来の不景気に苦しむほかの学生を尻目に、体育会系の就職は好調を維持した。それは、一般の目には「運動狂時代[40]」「スポーツマン黄金時代[41]」と映ったにちがいない。体育会系は、文字どおり時代の注目を浴びたのである。

その注目は、体育会系への洞察を深め、体育会系をめぐるコミュニケーションを活性化させることになる。すなわち、体育会系が良いのか悪いのか、採用した企業にはどのような損益をもたらすのか、その原因は何なのかということについての言説が多数登場するようになる。以下、とりわけて重要と思われる二つの観点からその変化を記述しておく。

②「プロ/アマ」の区別の出現

一つ目は、就職後の体育会系の「マネキン」と「実務」の分化、すなわち企業スポーツで「プロフェッショナル」と「アマチュア」の区別が生じたことである。

就職戦線においては、各種スポーツ界の花形連が、いつも勝者の地位を確保して、何千何万の戦友たちを羨ましがらせてゐることは、今に始まつた話ぢやないが、それにしても慶應の大投手宮武が、のつけから三百円の高給で日畜をするといふ噂には、全国の卒業者ばかりぢやない、コツコツと七年二ヶ月間、骨身をすりへらして労働を提供してようやく金百円也の月給取の諸君をまで、すつかり憂鬱性神経衰弱に陥れてしまつた。(略)

日清生命が、かつて早大野球部の名選手として、また名主将としてその名一世に高かつた伊丹君を外務員として持つたことによつて、如何にとくをしてゐるかは、既に本紙上でも度々かいたことだが、この日清生命における伊丹君と、今度の日畜における宮武君とでは、その会社対社員の地位（?）に少しばかり相異があるやうな気がする。といふのは宮武君は——噂によれば——純然たるマネキン的存在で、これによつて日畜の名を「宮武の日畜」として全国に宣伝しようといふのであるに対して、伊丹君は、とにも核(ママ)にも自分が自分の名において保険の勧誘をして歩き、それによつて多くの契約をとつて来るのだから、単なるマネキン的存在とは少し異《ちが》は(ママ)う[42]。

慶應の宮武には優遇就職、高額報酬、そして競技力を生かした広報機能を期待されるという特徴があるのに対し、早大の伊丹はそのネームバリューを生かして保険の勧誘で多くの契約を獲得するという、仕事そのものに対するスポーツ選手であることの効用が前提されている。前者はスポーツをすることが職業としてとらえられているのに対し、後者はあくまで保険の外交業務が仕事であり、その業務の生産性を上げることで会社への貢献度を高めるものと認識されている。

こうした「プロ／アマ」という分化のなかで、「プロ」は現場の業務をもたない「マネキン」として当時の価値体系のなかで劣位に位置づけられていくことになる。

就職難の今日、スポーツマンの就職が非常に好条件であるが如く云はれてゐる。スポーツが生活の方便としてのものであるならば、至極結構、それでよろしいであらう。然し——これは各人の主観的、認識の相違によつて異なる問題であるが——学校の使命が究学に重点を置くものであるとすれば、又、別の問題で、静観するならば、スポーツマンの就職の平易を以て、必ずしも幸福なこととは云はれない。（略）

高田保氏が改造に『飼はれたるスポーツ』を論じていた。その中に武士道精神を引用して、君主の座興にそわんものと生命を賭して奔流に飛び込み、天晴れ！天晴れ！の御言葉を賜り、その上禄高を増してもらつたことをもつて、スポーツマンが『本塁打を打て！』との重役の命令に、頤使《いし》されるが如く評されてゐるが、これは作者の真意は言外にあつて、スポーツマンを揶揄したものであらうが武芸を封禄《ほうろく》（ママ）の標準とした昔の武芸者と、学徒として目的をもち、趣味として習得した筈の学生のスポーツとは、大ひにその趣を異にしてゐるものであるはずである。（略）

スポーツマンはスポーツマンの圏内に於ける当面の受益に眩惑されて、吸収力を失つてしまつたならば、スポーツマンとしての声名を失つた場合に、悲哀なる自己を見出さなければならない。

（河合君次「東京地下鉄」[43]）

私が学生時代に野球の選手であつたといふ名目の下に、就職上の条件として、矢張り同じように野球を行わなければならない会社、即ち職業線上に野球といふものを必要としなくてはならない就職口を避けることを、私は第一の主要条件とした。何故ならば、私は学校を出てから後は、野球を自己の職業意識の中に入れたくなかつた。

先輩の中には野球を行ふべく、その職以外に縛られて、心ならずも行つている人を目撃して、私は尚更その感を深くした。特に私は、社会人となつてまで野球技《やきゅうぎ》＊（ママ）を完全に果し得るだけの余剰な能力を持合してゐなかつた。

（伊丹安広〔日清生命〕）[44]

昭和以前には「プロ／アマ」の区別が導入されておらず、したがって業務での「生産性」向上とスポーツでの「競技力」向上という二種類の目的をもった体育会系採用が混同された状態で存在していた。「厳正なる人物試験」の末に体育会系が採用される場合と、「採用試験自体が形式に止まる」という場合の二通りの認識が存在したのは、このためだと考えられる。

翻って本節冒頭にあげた一九三三年（昭和八年）の体育会系のイメージには、ここで観念される「プロ」が抜け落ちている。体育会系神話はその後、「アマチュア」を前提にしたものへと変質し、「マネキン」としての就職は体育会系神話からその姿を消した。体育会系は、当該企業の事業でも活躍を期待されるようになり、建前的には学業成績とのバランスが求められるようになったのである。

このごろスポーツということが非常に重要視されて、スポーツをやつてゐるということが非常に就職について有利な条件であると考えられる、ところがこれについて一般の学生など大分誤解して、スポーツでも出来れば学問の方などはどうでもよいと考えてゐるやうなものが大分あるやうである。つまりスポーツを第一義とでも考えてゐるやうな傾向が見受けられる。しかしこれは非常な間違ひです。やはり学生である以上は何といつても学問第一義です。たとえば私の方などはスポーツをやるところではないから、スポーツばかりできても仕方がない、やはり学問が出来なければならない。

（加藤恭平〔三菱商事専務〕）[45]

③深刻化する思想問題と実業界の認識

二つ目は、国内の思想問題が深刻になったことを受けて、「思想穏健なること」が体育会系の特徴として語られ、それをもって体育会系神話をより強固に定着させたことである。

> 一般に採用の方針は以上のやうな〔試験や面接を一通りおこなうが、重役の伝手を採用するという〕事情によつて決定されるのであるが、しかしスポーツマンは何れにしても歓迎されるさうである、野球選手などはどこにでも歓迎されてゐるが、何れのスポーツに限らず、スポーツマンは性格などが明るく社交的でもあり、危険思想などもつてゐないために非常にいいハンデキヤツプ《ママ》をつけられてゐる訳である。[46]

「危険思想」の持ち主を忌避する傾向は大正時代初期からあった。もともとは勉強のしすぎ＝苦学による性格の歪みや「煩悶」「神経衰弱」などは精神的欠陥としてひとくくりにされ、実業家には不向きとされた。同時期のわが国の精神疾患言説を分析した佐藤雅浩は、このころに「煩悶」や「神経衰弱」といった自律神経系の失調に似たごく軽度の精神疾患や、「過激思想」や「危険思想」といった逸脱的＝反社会的行為がすべて一緒くたに扱われるようになる過程を、「日常生活の医療化」なる概念を用いて跡づけているが、[47] まさにそのようなプロセスの進行を背景として、人物試験では精神面の精査がおこなわれるようになる。

大正中期あたりから「実業之日本」誌上では、例えば法学博士の浮田和民が「危険思想退治策」[48]を講じたり、社長の増田義一が「過激思想の侵入を防遏せよ」[49]と説いたりしている。その特徴は、「危険思想」「過激思想」の定義をせずに、その影響や防止策を議論することであり、また、それらをまるで感染症のように理解し、その対処策として医学的な認識をもとにしていたことだろう。

危険思想撲滅の方法は最も慎重の態度を以て研究す可《べ》き問題である。（略）譬《たと》へば人体に有毒黴菌《ばいきん》の侵入を予防し、又は之を駆除せんとするが如きものであるから、身体内部の各機関は生理上如何に防衛を為して居るか、また外部より之を保護せんとする医者は如何なる応急手段を施すかを研究すれば自然に危険思想退治の方策も案出せらるゝのである。（浮田和民[50]）

こうした認識が、今度は精神的な歪みや弱さと過激思想への「感染」を結び付けるような認識へと変化していく。

病的神経質の変り者が弱者に同情すると云ふ意味から遂に極端に走つて過激思想に感染するともある。故に此等の人に対しては警戒せなくてはならない。概して過激思想に感染するものは思想上の抵抗力ないためである、恰《かく》も虚弱なる身体は病菌に冒され易いと同一である。故に身体の抵抗力を養う必要あるが如く、健全なる思想を以て他の危険思想に打克つことを講ぜなくてはならない。即ち思想を以て思想を制するのである。（増田義一[51]）

今回の未曾有の世界大戦の為に世界の人民殊に交戦国民がその神経を使つたこと余りに強大なりしと、食料の不足若しくは節約の為に栄養不良となつて神経衰弱に罹つたものが非常に多い。単に神経衰弱に罹つたのみでなく、神経の健全なるものまでも変態心理に陥つてゐるかと思われる。若し果たして変態心理に陥つて居るならば、総ての問題は対して深き考慮を要するのみならず、思想問題の如きは特に反省しなくてはならない。[52]

④「健全なる精神は健全なる身体に宿る」

ここでは、身体・精神・思想の相互連関が生じているととらえられている。このころ「実業之日本」誌上には「健全なる精神は健全なる身体に宿る」という標語が頻出して市民権を得るが、身体の統御をもって精神を統御するという考え方が散見されるようになった。結果、増田はイギリスでの視察をもとに、思想問題の対策として運動競技の奨励を主張するようになる。

脳髄も肉体も精神の主人ではなくその臣僕たる可きものである。然るに不思議な事には、強健なる脳髄及び肉体の忠実に精神の意思を奉じ其の命令に従ふけれども、柔弱なる脳髄及び肉体に限りて精神の意志を奉ぜず主人の命令に服従しない。是は政治上の事実と全く正反対である。政治上では強大なる臣下は往々君主の命令に背き謀反の企《くわだて》を為すが柔弱なる臣下は決して謀反しない。肉体は全然之と反対である。故に肉体をして能く精神の忠僕たらしめんと欲するならば之を強健なるものとしなければならぬ。而して柔弱なる肉体は精神を支配し、結局これを柔弱ならしむるのである。(53)

彼ら〔イギリスの学生たち〕が運動競技に熱中するのは身体を健全にすると同時に、思想を混乱せしむるが如き不必要な読書の時間を奪ひ、或は不健全なる思想に浸るの暇を去る為めで、従て自ら彼らの精神や思想を健全に導き、思想的破産者たるを免るゝ所以であると云ふ。(54)

こうした認識は、実際に政策当事者にも共有されていた。戦間期日本のスポーツの政策的意義を分析した坂上康博によれば、「三・一五事件」以降、スポーツは学生・若者の思想善導策として急速にその正統性を調達し、国家的な奨励がなされていくことになる。(55)その根本には、文部省（現在の文部科学省の前身）のなかで体育を推し進めた官僚たちに以下のような認識が存在していた。

過激思想の如き不正常なる思想は、多くは体力の薄弱者、従って精神異常者の間に醸成せらるることが多い。殊に結核患者の自棄的気分と抱合し易い可能性を多分に持っている。

（山田敏正〔文部省体育研究所技手〕(56)）

不健康なる身体の所有者を可及的に減少せしむることは、同時に不健全なる思想の所有者を益々、減少せしむる一方策ともなり得る。（北豊吉〔文部省体育課局長〕(57)）

大正末期までに出現した思想問題は、しかし、まだ就職状況に影響を及ぼすまでには成長しなかったものと推察される。現に当該時期までは、「思想穏健なること」は採用重視項目に挙がってこない。ところが昭和初期になると、慢性的な不況状態のなかで日増しに激しくなる下層労働者や小作人を中心とした「同盟罷業（労働争議・小作争議）」を背景に、思想的に穏健であること、すなわち「左傾」や「赤」から距離をとっていることが採用の際に見極めるべき重要な要素して浮上してくる。

インテリゲンチヤの中堅たる卒業生の運命は、ブルヂヨアジーの藩屛《はんぺい》としのみ、僅に生活を支へるべく決定されてゐる。その習得せる技術と行政的或は事務的手腕によりて、資本階級の忠実なる家の子郎党として一切の行動を規律する時にのみ、生存を許されることを自覚しなければならぬ。この自覚と行動こそ、ブルヂヨアジーの注文であり、この注文を満たす性格は、従つて就職成功の第一条件でなければならぬ。(58)

⑤「思想穏健なる者」としての体育会系

昭和初期、「実業之日本」誌上では「思想問題に深い研究を持つた人を嫌う向きの会社もある(59)」

と言われるようになり、そうした思想に耽溺するイメージと対照されたのが体育会系だった。そこには、健康で、快活で、穏健で、従順であるという有用な身体のイメージが、すべてのマイナスイメージと対比されて刻印されていたのである。

近年非常な勢いで蔓延しつゝある共産主義に対してもスポーツマンは反対の立場にある。かつて三高が赤い学生を二拾名近く退学処分に付した時森高長《（ママ）》が学校を赤の手から救ふには運動を盛んにするより他ないといはれたがこれと同じ意味で近頃銀行会社ではスポーツが奨励され自然スポーツマンが歓迎されることになつたのである。(60)

4　「体育会系」と「教養系」

運動・スポーツの修養効果

大正末期、京都帝国大学で商法の教鞭を執った高根義人は、「愉快なる精神強壮なる身体の養成法」と題して運動の精神面への効用を次のように表現した。

運動精神とは積極的には事物に全力を尽すこと、正々堂々たること、勇気、忍耐、団結一致力、敵方に対する公平礼譲心を養ひ、其反対を排斥し卑劣野卑及び怯懦心《きょうだしん》の根絶に努力する精神である。（略）野外遊戯には必ず競争が伴ふもので、それに依つて競争心を非常に発揮し、従つて進歩向上の気風を養成するが、一面には手段を選ばず、只相手方に勝てばよいと云ふ傾向も生じ易いのである。これはより人情の通弊とも云ふ可きであらうがその心情に抵抗して、正々堂々と、自己の有らん限りの力を尽し、少しも卑劣な事をせず競争することに依つて、競技者はその人格を偉大にすることが出来るのである。[61]

体育会系とは、元来身体の頑健性を主張し、いわゆる「丈夫で長持ち」がセールスポイントだった。その後、「体育熱」の高まりとともに、スポーツの精神修養や社会性を高める効果が声高に叫ばれるようになり、体育会系はいつしか、実業界では全き有用な身体イメージへと昇華した。文部行政も企業もスポーツを奨励したが、それはただ単にスポーツの普及にあったのではなく、スポーツの普及による精神性の高揚、正々堂々、高潔で公正なスポーツマンシップの普及が意図されたのだった。

「教養系」の就職

一方、マイナスイメージを一手に引き受けた身体イメージも存在した。それは、文学部に所属する学生だったと推察できる。広範な統計資料と史資料を用いながら「教養主義」の没落過程を描いた教育社会学者の竹内洋によれば、文学部は「教養の奥の院」と呼ばれ、その在籍者は戦間期の学生のなかで最も勉強したとされる。[62] 文学部生は他学部の学生に比べて最も図書館を利用し、思想書や哲学書を読みあさった。彼らは経済学部や法学部のような「パンのための学問」から距離を置き、学問のための学問をひたすら追究したのである。

また文学部生は特にスポーツを「野卑なもの」として退け、自らの虚弱な身体を恥じるのではなくむしろ、文学部生であることの証しとして誇るようなハビトゥスを有したとされる。一連の分析のなかで竹内は、文学部生を「スポーツ嫌い」「不健康」「農村出身者が多い」ことで特徴づけた。農村出身ということは経済的に決して楽ではないということを意味し、あるいは必然的にスポーツへの参加が難しかったのかもしれないが、ともあれこうして、文学部生は思想書や哲学書に耽溺する虚弱な苦学生というイメージが確立していく。ここでは、こうした特徴を有する学生のイメージを竹内に倣って「教養系」と呼ぶ[63]。

スポーツを嫌い、虚弱な身体をもち、勉強ばかりして思想に耽溺してしまうとなると、前項までの議論からは企業への就職は難しくなると予想できる。はたして教養系の就職はどのような様相を呈したのだろうか。

大正期の『教育年鑑』から東京帝国大学の学部別の就職率を経年的に算出した（図表３―２）。文学部は全六学部中最下位ではあったものの、ほかの学部との差はさほど目立たない（図表３―２左）。だが、学校・教員関係の就職を除くと、文学部からの就職者のうち大部分が教職員になって、一般企業にはほとんど就職しなかったことがわかる（図表３―２右）。スポーツ嫌いで、虚弱な身体をもち、そして苦学によって歪んだ性格をもった教養系は、ビジネスパーソンとしてまったく不適格と見なされたのである。

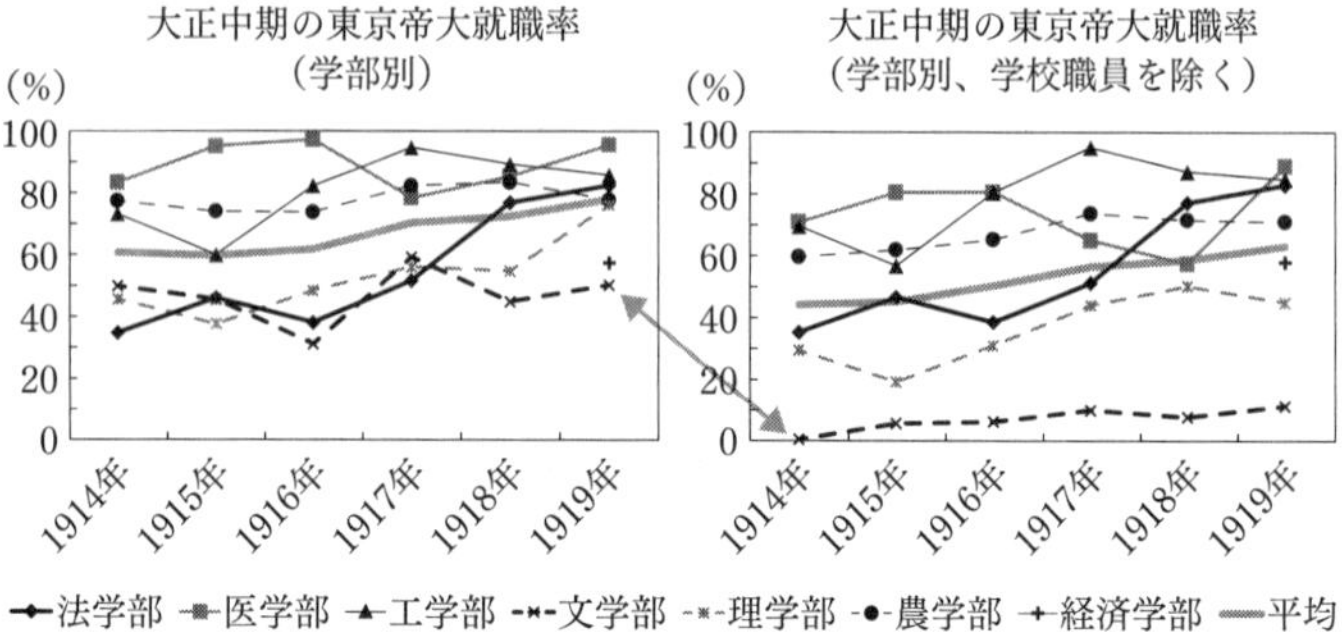

図表3-2　大正中期の東京帝国大学学部別就職率の推移
（出典：「教育年鑑」刊行会編集『教育年鑑 第1期』〔日本図書センター、1983年〕の第1巻〔大正6年版〕389ページ、第2巻〔大正7年版〕191-192ページ、第3巻〔大正8年版〕87-88ページ、第4巻〔大正9年版〕159-161ページ、第5巻〔大正10年版〕94-95ページ、第6巻〔大正12年版〕81-82ページをもとに筆者作成）

この傾向は、昭和に入ってさらに強化されたと推察できる。「実業之日本」誌上では増田が、こうした教養系への戦慄を、ハンガリーの社会批評家マックス・ノルダウの言を援用しながら次のように表現している。

ノルダウ氏の見る所によれば、近代の文学者には変質者が少なくないと云ふのである。即ち神秘主義、象徴主義、頽廃派、悪魔派の文士は多く変質者だと説いてゐる。変質者や病的神経から生まれた文学が、人を迷わし世を毒すること多大である。人は読み物によつて支配され、或はそれに中毒すると、意外な悪感化を受くるものであるから、深く注意すべきだ。[64]

増田はこのほかに、当時文学部卒業生が多かっただろう初等教育者に対しても、教育の場で社会主義思想を流布させることへの懸念を表明している。[65]教養系は自身の変質のために忌避されたばかりでなく、他者への感染力によっても二重に疎まれたのだろう。文学部を卒業して一般企業に就職しなかった教養系は、社会的に増殖する「赤」や「左傾」の病原と見なされたのである。

また一方で、教養系は姑息でもあった。就職活動を目前に控えると急に主唱を変えるという、いわゆる「就職転向」が横行する。

> モダンガールが最もよき母親となるが如く、学生時代のマルクスボーイは、最も忠実なる模範的腰弁にまで成長する。その方向転換は、鮮かなること競泳のターンを想わしめる。結局インテリゲンチヤ学生のマルキシズムは、かれら青年期にのみ特有なる範疇的熱病である。全快後は、愈々頑健なるのみならず赤化に対する免疫性さえ生ずる。[66]

教養系のなかにもこうして一般企業に就職する者もあり、そのときには信念を曲げ、あるいは主唱を覆してパンのために生きることを表明しなければならなかった。教養系は、正々堂々、公正さという観点からも劣位に置かれ、あたかも体育会系と対極をなすかのようなマイナスイメージを強化してしまうのだった。

日本の近代化を支えた体育会系

以上、体育会系神話に注目しながら、近代企業が求めた有用な身体を追求していき、体育会系神話の起源を描き出してきた。昭和初期の人材イメージをまとめて振り返ることで、日本の近代化を

図表3-3　昭和初期の人材イメージ

項目	有用な身体	非 - 有用な身体
スポーツ	する、できる	しない、できない、野蛮として退ける
身体	強壮、剛健、体格よし	柔弱、虚弱、貧相
健康	良好、体力あり	結核、花柳病、栄養不良、など
精神	堅実、正常	神経衰弱、煩悶、神経質、変態心理、など
性格	颯爽として快活、社交的、公正	陰鬱、自棄的、妙にひねる、理屈っぽい、姑息
学業成績	悪くない、良すぎない	良すぎる、勉強のしすぎ
思想	穏健、堅実、健全	過激思想、危険思想、左傾、マルクス主義
交友関係	広い	狭い
実務	できる	できない
結果イメージ	「体育会系」	「教養系」

担った有用な身体のイメージを提示しておく（図表3—3）。

大正初期、まだ体育会系への明確な気づきはなく、社会の競争に生き残るためには強壮なる身体を持ち合わせるべきだという信念だけがあった。大正中期、各会社の重役に体育会系が多いことが認識されるようになり、体育会系神話の萌芽がみられるようになる。そこには、実業界を席巻しつつあった「体育熱」の高まりを背景とし、①広告と②遠隔地での離職防止という二つの機能が明確に意識されるようになる過程が存在していた。大正末期になると、体育会系神話は確立される。体育会系ビジネスパーソンの活躍への気づきとともに、学力偏重採用への反省が背景になった。

昭和初期にはそれまでと異なる展開があった。体育会系就職のなかでも「プロ／アマ」

の区別が明確になり、アマチュア的要素が優位に序列づけられるなかで、あらためて公正高潔な精神性であるところのスポーツマンシップが有用な身体を構成する要素として浮上する。折しも慢性的な不景気から労働運動が激烈を極める時期にあって、マルクス主義、左傾、赤に対する警戒、すなわち思想問題が社会的に取り沙汰されるようになっていた。こうした文脈のなかで、身体的にも精神的にも問題を抱える「教養系」がマイナスイメージを一手に引き受けて企業から忌避されたものと考えられた。同時に、「体育会系」は発生時より何の変化もなかったために「思想穏健」のシグナルと認識され、採用上ますます重要な観点として了解されるに至ったのである。

体育会系は、その成立から昭和初期まで、いわば最良の人材イメージとして君臨してきた。近代企業は、その合理性を追求するなかで、体育会系の身体を有用な身体として認識し希求したのである。近代日本を牽引したのが近代企業だとすれば、体育会系こそが日本の近代化を支えた象徴的身体だったとも言えるかもしれない。

5　スーパーエリートとしての体育会系

戦前の高等教育機関数と進学率の推移を図表3―4にまとめた。学制を敷いて以来、経済とともに発展を続けてきた高等教育は一九三五年（昭和十年）で国公私立合わせて三百八校、総学生数約十七万人に上った。ただし、これには旧制予科、旧制高等学校も含まれていて、現在の新制大学の

図表3-4　戦前の高等教育機関数と進学率の推移

年度		高等教育機関数				高等教育在学者の割合（%）（注2）	学生数
		計	国立	公立	私立		
1895	明治28	63	16	3	44	0.3	
1905	明治38	84	39	4	14（注1）	0.9	
1915	大正4	108	45	7	56	1.0	
				（注3）			
1925	大正14	253	106	50	101	2.5	
1935	昭和10	308	104	61	143	3.0	169,030

（注1）ママ。「計」から逆算すると41だが、どのような経緯で誤記されたのかは不明。
（注2）「大学院在学者を含む。該当年齢人口は各年度により範囲を異にする。（付録参照）」と注記あり。
（注3）1918年（大正7年）「大学令」制定。1919年（大正8年）「帝国大学令」改定・公布。
（出典：文部省調査局編『日本の成長と教育——教育の展開と経済の発達』〔文部省、1962年〕をもとに筆者作成）

状況と比較するのは難しい。

総学生数に注目して試算すると、一九三五年（昭和十年）の約十七万人というのは、該当人口（二十歳前後の四—五学年分）の三%程度にすぎなかった。(67) 現在の二十歳前後の人口四カ年分の三%といえば約十四万四千人だが、それはちょうど二〇一七年の旧七帝国大学の学生総数（約十四万三千人）に近い。昭和初期の高等教育機関に通う学生はみな、現在の旧帝大生レベルに選抜されたエリートだった。このうち、運動部員率はわが国のスポーツ導入の先駆だった東大でさえ三四—四〇年（昭和九—十五年）間で七・五%から一〇%の間を推移したとされる(68)ことから、高等教育機関に在学する運動部員数は該当人口の〇・一%から〇・二%程度というところだろう。

また確認しておきたいのは、当時の罹病

率の高さだ。東大の一九三二年から三四年（昭和七―九年）の病気による休学者数は八百二十一人（年平均二百七十三・七人）、三一年から三三年（昭和六―八年）の病気による死者数は百四十八人（年平均四十九・三人）に上った。(69)本章第3節でもふれたとおり、結核は死の病であり、東大にかぎらない大学全体と大卒者を雇用する実業界全体としても対策を要する社会問題であった。

神話の誕生当初、体育会系学生は、該当人口のわずか〇・一％程度しか存在しない、旧帝大レベルの頭脳と強健な身体を併せ持つスーパーエリートであった。発展著しい官僚・企業組織にとって、わけてもスポーツ文化の担い手になった大企業にとって、体育会系は体育会系というだけで採用にたる理想的な人材と見なされたのである。

注

(1)「巻頭語 工場法ノ実施」「実業之日本」第十九巻第十二号、実業之日本社、一九一六年、一ページ
(2) 竹内洋『立身出世主義――近代日本のロマンと欲望 増補版』世界思想社、二〇〇五年
(3) 木下秀明『スポーツの近代日本史』（杏林新書）、杏林書院体育の科学社、一九七〇年
(4) 中澤篤史「大正後期から昭和初期における東京帝国大学運動会の組織化過程――学生間および大学当局の相互行為に焦点を当てて」「体育学研究」第五十三第二号、日本体育学会、二〇〇八年、三一五―三二八ページ
(5) 尾崎盛光『日本就職史』文藝春秋、一九六七年、麻生誠「就職の社会史」、中西信男／麻生誠、友田泰正編『就職――大学生の選職行動』（有斐閣選書）所収、有斐閣、一九八〇年、一八一―二二一

ページ、大森一宏「戦前期日本における大学と就職」、川口浩編『大学の社会経済史――日本におけるビジネス・エリートの養成』所収、創文社、二〇〇〇年、一九一―二〇八ページ、天野郁夫『学歴の社会史――教育と日本の近代』（平凡社ライブラリー）、平凡社、二〇〇五年、福井康貴「就職の誕生――戦前日本の高等教育卒業者を事例として」、日本社会学会編「社会学評論」第五十九巻第一巻、日本社会学会、二〇〇八年、一九八―二一五ページ、福井康貴「戦前日本の就職体験――人物試験における構造的権力と主観的・想像的権力」、ソシオロゴス編集委員会編「ソシオロゴス」第三十二号、ソシオロゴス編集委員会、二〇〇八年、一―一六ページ

（6）橋本求「東洋経済新報社（町田忠治）明治二十八年」『日本出版販売史』講談社、一九六四年、五九―六一ページ

（7）「実業之日本社（増田義一）明治三十年」同書六六―六八ページ

（8）馬静『実業之日本社の研究――近代日本雑誌史研究への序章』平原社、二〇〇六年

（9）宇野庄治「スポーツマンと就職戦線果たして彼は有能か」「帝国大学新聞」第四百七十号、一九三三年三月十三日付八面、『縮刷版』八八ページ

（10）「宇野庄治（うの しょうじ　一九〇三―一九七〇）昭和時代後期の野球人。明治三十六年八月三日生まれ。昭和五年読売新聞社にはいり、運動部長などをへて、二十三年読売ジャイアンツ球団代表。三十二年三度目の代表となり、長嶋茂雄、王貞治の獲得につくした。（略）兵庫県出身。京都帝大卒」（「デジタル版 日本人名大辞典 +Plus の解説」）

（11）安部磯雄「運動が青年の心身に及ぼす三大効果」「実業之日本」第十八巻第二十一号、実業之日本社、一九一五年、七一―七三ページ

（12）同誌

(13) 菊池晋二「優等生を実業界に採用するの疑問」「実業之日本」第十八巻第五号、実業之日本社、一九一五年、一一―一二ページ
(14) 記者「十五大会社々員採用物語（二）百種百態各会社の内幕卒業生就職の天機」「実業之日本」第十九巻第十一号、実業之日本社、一九一六年、三六―四〇ページ。事実、劣悪な公衆衛生環境のもと、わが国の若者の結核罹患率はきわめて高い水準にあった。池田一夫／灘岡陽子／倉科周介「人口動態統計からみた20世紀の結核対策」、東京都／東京都健康安全研究センター『東京都健康安全研究センター研究年報』第五十四号（二〇〇三年）所収、東京都健康安全研究センター、二〇〇四年、三六五―三六九ページ
(15) 碧堂生「新社員詮衡係実話　採用されたる青年　拒絶されたる青年」「実業之日本」第十九巻第十三号、実業之日本社、一九一六年、三二ページ
(16) ニコニコ山人「学科の選択を誤る勿れ――各学校新卒業生就職物語」「実業之日本」第十九巻第九号、実業之日本社、一九一六年、五八―六〇ページ
(17) 阿部泰藏「社員採用の際余は如何なる青年を選択するか」同誌六一―六三ページ
(18) 堀内彌二郎「体格検査特に人物採用身体検査に就て」「診療大観」第十号、興学会医学部、一九三五年、二三九―二八八ページ
(19) 寸鉄生「運動家出身の諸名士」「実業之日本」第二十二巻第二十二号、実業之日本社、一九一九年、五四ページ
(20) 月波楼主人「十年前に卒業した明大出身者総評」「実業之日本」第二十三巻第九号、実業之日本社、一九二〇年、六三ページ
(21) 飛田穂洲「実業界を中心として見たる名選手の行へ」「実業之日本」第二十三巻第十号、実業之日

本社、一九二〇年、五四―五七ページ
(22) 三田塁上人「実業界を中心として見たる名選手の行へ」「実業之日本」第二十三巻第十一号、実業之日本社、一九二〇年、六一―六四ページ
(23) 月波楼主人「十年前に卒業した慶應義塾出身者総評」「実業之日本」第二十三巻第七号、実業之日本社、一九二〇年、九三ページ
(24) 一記者「全国大会社商店の体育施設」「実業之日本」第二十二巻第十九号、実業之日本社、一九一九年、四二ページ
(25)「立教大学体育会水泳部の歴史―1」(http://www.rikkyo.ne.jp/sgrp/swim/history/historytext-1.html)[二〇一一年三月一日アクセス]
(26) 鷺田成男「白熱的高潮の会社銀行野球団評判記」「実業之日本」第二十三巻第二十三号、実業之日本社、一九二〇年、五三―五四ページ
(27) 前掲「全国大会社商店の体育施設」四三ページ
(28) 同誌四二ページ
(29) 同誌四四ページ
(30) 同誌四四ページ
(31) 記者「各社の新卒業生採用ぶり」「実業之日本」第二十六巻第六号、実業之日本社、一九二三年、四〇―四一ページ
(32) 記者「三井物産の採用ぶり」「実業之日本」第二十六巻第十号、実業之日本社、一九二三年、二一ページ、同「就職難の現在に於ける大会社の社員採用ぶり」同誌二〇―二七ページ
(33) 前掲「各社の新卒業生採用ぶり」四〇―四一ページ

（34）中村隆英『昭和恐慌と経済政策』（講談社学術文庫）、講談社、一九九四年
（35）「テニスマンと商売」「実業之日本」第三十巻第十一号、実業之日本社、一九二七年、四三ページ
（36）「各大銀行会社の明年度卒業生の採用ぶり（三）明治生命の採用標準――運動家が歓迎される理由は」「実業之日本」第三十巻第二十二号、実業之日本社、一九二八年、八五―八六ページ
（37）座談会の参加者は次のとおり。小林正直（三井物産常務）／加藤恭平（三菱商事常務）／乳井龍雄（三井銀行文書課長）／丹治経三（安田保全社秘書部長）／渥美育郎（大阪商船東京支店長）／山名次郎（慶應義塾大学）／坪谷善四郎（早稲田大学）／増田義一（実業之日本社長）。「学校卒業生就職問題座談会」、前掲「実業之日本」第三十巻第二十二号、三四―四四ページ
（38）北鎮生「財界スポーツ王国巡礼――三井三菱の巻／麴町」「実業之日本」第三十三巻第十七号、実業之日本社、一九三〇年、六八―七一ページ
（39）「就職エピソード――寸劇試験・えんま帳・これも一徳・タイピスト濫濫・高石選手の就職難」「実業之日本」第三十三巻第六号、実業之日本社、一九三〇年、四八―四九ページ
（40）前掲「財界スポーツ王国巡礼」
（41）「スポーツマン黄金時代」「実業之日本」第三十四巻第四号、実業之日本社、一九三一年、六八―六九ページ
（42）前掲「スポーツマン黄金時代」。傍点強調は原著者によるもの。
（43）河合君次「アマター・スポーツのプライド」「実業之日本」第三十四巻第二十一号、実業之日本社、一九三一年、九八―一〇〇ページ
（44）伊丹安廣「学校より社会」同誌一〇二―一〇三ページ
（45）加藤恭平「採用者側が打明けた就職必勝法」「実業之日本」第三十六巻第五号、実業之日本社、一

九三三年、五二―五三ページ
(46) 引用中「ハンデキャップ」は「アドバンテージ」の意味だと思われる。「新入社員は斯うして採る某デパート当事者の実際事情公開」「実業之日本」第三十六巻第三号、実業之日本社、一九三三年、三六―三七ページ
(47) 佐藤雅浩「戦前期日本における精神疾患言説の構図――逸脱と健康の系譜をめぐって」、前掲「ソシオロゴス」第三十二号、一七―三七ページ
(48) 浮田和民「危険思想退治策」「実業之日本」第二十一巻第九号、実業之日本社、一九一八年、二八―三二ページ
(49) 増田義一「過激思想の侵入を防遏せよ」「実業之日本」第二十二巻第十号、実業之日本社、一九一九年、六―一〇ページ
(50) 前掲「危険思想退治策」二九ページ
(51) 前掲「過激思想の侵入を防遏せよ」一〇ページ
(52) 増田義一「変態心理に感染する勿れ」「実業之日本」第二十二巻第十二号、実業之日本社、一九一九年、七ページ
(53) 浮田和民「第一流の執務家になる資格」、前掲「実業之日本」第二十二巻第二十二号、六五―七〇ページ
(54) 増田義一「学生思想の一転機」「実業之日本」第二十三巻第十八号、実業之日本社、一九二〇年、二一―六ページ
(55) 坂上康博『権力装置としてのスポーツ――帝国日本の国家戦略』(講談社選書メチエ)、講談社、一九九八年

(56) 山田敏正「思想国難に面して」「体育と競技」一九二八年六月号、体育学会、二七ページ。前掲『権力装置としてのスポーツ』二六〇ページから重引。

(57) 北豊吉「体育運動と思想問題」、大日本体育協会編「アスレチックス」一九二八年十月号、大日本体育協会、二―五ページ。前掲『権力装置としてのスポーツ』九四ページから重引。

(58) 経済史家の十河孝雄によれば、吉田は満洲国政府産業部鉱工司工政科長として満洲自動車製造株式会社の設立に関わった。十河孝雄「アジア・太平洋戦争期における満洲と自動車工業――満洲自動車製造株式会社を中心に」、『一橋経済学』編集委員会編「一橋経済学」第二巻第一号、一橋大学経済学研究科、二〇〇七年、五一―七一ページ、吉田荒次「一九三〇年の就職新戦術」「実業之日本」第三十三巻第七号、実業之日本社、一九三〇年、一八二―一八三ページ

(59) 名取夏司「百パーセント自己紹介法」「実業之日本」第三十三巻第二十三号、実業之日本社、一九三〇年、一四〇―一四一ページ

(60) 前掲「スポーツマンと就職戦線果たして彼は有能か」

(61) 高根義人「愉快なる精神 強壮なる身体の養成法」「実業之日本」第二十四巻第五号、実業之日本社、一九二一年、六二―六四ページ

(62) 竹内洋『教養主義の没落――変わりゆくエリート学生文化』(中公新書)、中央公論新社、二〇〇三年

(63) ただし、ここで言う「教養系」が、例えば「スポーツマン」や「運動家」のように、当世の人々に実在のイメージとして意識されていたかというと、そうとはかぎらないと考えられる。

(64) マックス・ジーモン・ノルダウ(Max Simon Nordau、一八四九―一九二三)。医者、文人、ジャーナリストで、反ユダヤ主義と戦うシオニズムのリーダーの一人。『変質論』『頽廃論』の著者。増田

はノルダウの言として「実業之日本」上で以下を引いている。「変質者の意識は外界の事物によって喚起されるのではなく、体内の現象によって惹き起された強迫観念と、衝動とを以て充たされる。その上意志が薄弱で、強迫観念に抵抗することが出来ない。衝動を抑えることも出来ない。外界現象に注意することも出来ない。道徳観も倒錯する。健全者が嫌悪戦慄するが如き行為に、却って心を惹き付けられる。従って罪悪に対して鈍感であるのみならず、更に罪悪に対する歓喜を生じてくる」（増田義一「憂慮すべき神経の尖鋭化」「実業之日本」第三十五巻第十一号、実業之日本社、一九三二年、二九―三一ページ）

(65) 増田義一「新に初等教育家に呼びかける」「実業之日本」第三十六巻第九号、実業之日本社、一九三三年、一〇―一二ページ

(66) 前掲「一九三〇年の就職新戦術」

(67) 内閣統計局「統計年鑑」（〔http://www.stat.go.jp/english/data/nenkan/pdf/yhyou02.pdf〕［二〇一一年六月十日アクセス］）から該当年、該当年齢人口から筆者推計。

(68) 澤井和彦「〝蛮カラ〟な運動部員の思想と身体」、寒川恒夫編著『近代日本を創った身体』所収、大修館書店、二〇一七年、九三―一二八ページ

(69) 中澤篤史「大学が期待した学生の身体」、同書所収、二七―六一ページ

第４章　体育会系就職の最盛期
——一九九〇年代の体育会系就職と企業スポーツ

ここまで、現代の体育会系神話が揺らいでいること（第1章）、実際に体育会系は量的に拡大してエリート体育会系とノンエリート体育会系に分化していること（第2章）、特に量的拡大の多くを占めると予想されるノンエリート体育会系は、ＵＮＩＶＡＳによる政策的支援の対象セグメントとして認識されつつあること（第1章）を確認した。他方、体育会系神話の起源にまでさかのぼると、体育会系は有用な身体というイメージを一手に引き受けるスーパーエリートとして誕生していた（第3章）ことが明らかになった。この間には、明らかなギャップがある。ここからは、この起源と現在のギャップが生じた背景・文脈について検討していく。

といっても、本書では、戦中・戦後、高度経済成長期を通じて現在に至るすべての段階をつぶさに観察することはしない。筆者の能力的な限界でもあり残念だが、本書の目的は、現在の体育会系神話の動揺やエリート／ノンエリートへの分化の背景を探り、日本の大学新卒労働市場で体育会系神話が成立する条件を解明することであるから、そのために、体育会系神話が揺らぐ前夜、エリート／ノンエリートの差異が意識され始めるころに照準を絞る。本章では、体育会系就職の最盛期とされる一九九〇年代初頭の大学新卒就職市場で、体育会系神話がどのようなものとして現れていたのか、当時の就職／採用当事者へのインタビューから描き出してみたい。

1　本章の対象と目的

では、体育会系就職の最盛期とされる一九八〇年代末から九〇年代初頭の大学新卒労働市場では、体育会系神話はどのようなものとしてあらわれていたのか。現在五十代前半の先輩たちを対象にインタビュー調査をおこなった。調査に協力してくれたのは、和井《カズイ》さん、叉野《マタノ》さん、秋元《アキモト》さん、竹生《タケジョウ》さんの四人である。和井さんは信頼する共同研究者の一人で、インタビュアーとしてすべてのヒアリングを共同で実施してくれた。各協力者の概要は図表4―1のとおりである。

事例の検討に入る前に、和井さんについて紹介しておく。和井さんは一九八四年四月に東海地方の進学校から旧帝大の理学部に進み、アメフト部に入部した。当時はちょうど甲子園ボウルで京都大学が日本大学を破って初めて日本一になった翌年でそれに影響を受けたことと、他者とのコミュニケーションが苦手という自覚があり、運動部にでも入らないと友達ができないと思っていたため、アメフト部への入部を決めたという。また実際、旧帝大体育会運動部のホモソーシャルで破天荒な

図表4-1　インタビュー調査協力者の概要

仮名	性別	年代	大学グループ	学部	現職	ヒアリング	初職
和井さん	男性	50代前半	旧帝大	理系	私立大学教員	―	旧帝大（助手）
叉野さん	男性	50代前半	関東伝統私学	文系	会社役員	2019/11/25	広告大手R
秋元さん	男性	50代前半	関西公立大上位	文系	会社役員	2019/12/4	広告大手R
竹生さん	男性	50代前半	関西伝統私学	文系	個人事業主	2020/09/30（Online）	広告大手R

「バンカラ」文化にはずいぶん鍛えられ、「体育会系というステロタイプが一時期の自意識を支えていた」と振り返る。(1)

和井さんは、卒業年度に就職活動をほとんどしていなかった。ある日、都市銀行（都銀）に勤める大学ＯＢから電話があり、「国立大の理系の体育会運動部出身者を探している」と呼び出され、リクルーターと面談（といっても食事とカラオケだけ）した。その後、二回目にはホテルの最上階の部屋に呼び出され、役員から「ここで〝うん〟と言ってくれたら内定を出す」と言われたという。この話を断って別の旧帝大の大学院に進むと同時に、当時社会人アメリカンフットボールリーグの強豪チームでプレーした（大学院生は社会人リーグでプレーするルールになっていた）。

大学院では順調に博士号を取得し、現在は都内の優良私立大学で体育実技とスポーツビジネスを教えている。和井さんの研究テーマの一つは企業スポーツであり、また当事者としてアメフト業界にも精通することからインタビュアーとして同席してもらった。

インタビュイーは、初職で大手広告・情報通信業R社に入職し、同社のアメフトチームでプレーした経験がある三人である。和井さんのアメフト人脈をたどったということもあるが、結果的にR社は当時の体育会系就職／採用の実態を描くにあたって必須で最適な調査対象企業だった。

理由は大きく二点。一点は、R社は社内に国内トップレベルの選手を抱える強化スポーツクラブを複数運営していた時期があり、企業スポーツの栄枯盛衰を経験していること。体育会系学生の採用／就職は、企業スポーツの状況に大きく依存していると考えられる。強化する意思をもってスポーツクラブを保持する大企業だけが、社員として選手を雇うことができたからだ。

大企業が自社チームの強化目的でスポーツ選手を社員として雇用するということは、すなわちアスリートのトレーニング環境と生活水準に加え、競技引退後のセカンドキャリアを企業の責任で保障することを意味した。企業スポーツの衰退はアスリートにとって有利な条件が失われることを意味し、したがって競技を続けたい体育会系学生にとっては有力な進路市場の一つが縮小することを意味した。日本全体の景気の低迷、それに伴う企業業績の悪化が、企業スポーツと体育会系の就職／採用にどのような影響を及ぼしたのか。R社の強化指定クラブ（ハイパークラブ）の一つだったアメフトチームの紆余曲折をたどることで、その実態の一部を明らかにしたい。

もう一点は、R社が一九六〇年代から情報企業として大学新卒就職市場を押さえ、そのマッチングビジネスを現在に至るまで牽引しつづけてきたこと、である。その期間は当然、本章が照準する九〇年代をまるごと含む。一点めの条件を満たす企業はほかにあっても、この条件を満たす企業は国内にR社しか存在しない。R社は二〇一〇年代半ばに東証一部に上場し、その後一九年には一時、

図表4-2　登場する大学名と特徴

大学	所在エリア	大学グループ	90's アメフト競技レベル	備考
a	南関東	トップ私学	学連エリア1部	c大とライバル関係にある伝統私学。
b	南関東	旧帝大＋α	学連エリア1部	最高学府のなかの最高学府といえばb大。
c	南関東	トップ私学	学連エリア1部	a大とライバル関係にある伝統私学、スポーツ多種目強豪大。
d	南関東	人気私学	学連エリア1部	付属校から強化、大学アメフトNo.1、東の横綱。
e	南関東	優良私学	学連エリア1部	ミッション系の伝統私学。
f	南関東	中堅私学		柔道や陸上で有名。
g	南関東	人気私学		1880年代からある伝統私学。実業系学部が有名。
h	南関東	優良私学	学連エリア1部	関東大学アメフト界ではd大の次に有名。日本一経験あり。
i	南関東	優良私学	学連エリア1部	スポーツ多種目強豪校で、アメフト部も強豪だが、重戦車FWを擁するラグビーのほうが伝統的に有名。
j	北関東	優良国公立	学連エリア1部	もともと都内にあったが北関東に移り、周辺は学園都市になった。国公立でもスポーツ推薦入学がある伝統的なスポーツ多種目強豪校。
k	関西	優良国公立	学連エリア2部	
l	関西	優良私学	学連エリア1部	アメフトではd大と大学日本一を決める甲子園ボウルでしのぎを削る。大学アメフト界、西の横綱。
m	関西	旧帝大＋α	学連エリア1部	大学としてはb大とライバル関係だが、アメフトではm大のほうが名門として認知されている。
n	南関東	人気私学	—	水泳や陸上で有名な在関東エリアの人気私学。
o	南関東	人気私学	—	サッカーや陸上で有名な在関東エリアの人気私学。
p	関西	優良私学	学連エリア1部	在関西エリアの優良私学。l大とライバル関係にあり様々なスポーツ種目でlp戦をおこなうが、アメフトではl大のほうが有名。
q	関西	優良私学	学連エリア1部	在関西エリアの優良私学。伝統的にラグビーのほうが有名。
r	関西	優良私学	学連エリア1部	在関西エリアの優良私学。アメフトでは関西でl大に次いで有名。大学日本一経験あり。
s	南関東	トップ私学	—	カトリック系の高偏差値大学。

時価総額七兆円（東証一部十位）を記録する日本を代表する超優良企業になったが、一九九〇年代初頭の認知度は大手商社や金融に及ばず、大学新卒就職市場でも最も優秀な層を集めるには苦労したという。そうした事情が体育会系の就職／採用にどのような影響を与えたのか。本章は、実際にバブル絶頂期と金融危機の時代に活躍した元R社員フットボーラーの語りに耳を傾けながら、当時の体育会系就職／採用の実態を記述し、その文脈を形成する企業スポーツと大学新卒就職市場のダイナミズムをとらえる仮説を提示する。

なお、記述のスタイルは、読者に話者のたたずまいや場の雰囲気を感じ取ってもらうために、言い回しや独特な表現などもできるだけ忠実に再現した。大学名は登場順にアルファベットの小文字で示し、それぞれの特徴を所在エリア（地方）、第1章の分析で使用した大学グループ、アメフトの競技レベルから図表4―2にまとめた。

2　事例――インタビュー調査から

ソーシャル・キャピタルの力――叉野さんの事例

まずは和井さんと同時代のa大アメフト部のOBで、一九九一年にR社に入社し、和井さん擁するASスターと社会人リーグで対戦もしていた叉野さんに話をうかがった。当時のエリート層の体育会系の就職／採用について、その具体的な手法などを時代的な雰囲気の概要も含めて話してくれた。

叉野　Rには、人事の新卒採用にも、営業と同じで目標があるんです。〝Aランク○人、Bランク○人を採用する〟そんな明確なミッションが下りてきます。〝足りなかったら電話かけて集めろ〟と。目標人数に達していなくても、二回目の呼び込みの際には、Aランクと、Bランクの学生にしか電話しないんです。一緒に話を聞きにいった仲間が、「オレには電話かかってきてないよ」と言うのを聞いて、「あれ、きてないの?」なんてことも。いまだと完全にブラックですが、当時は名簿を集め、若手社員が、上からb大、a大、c大あたりの学生に電話かけまくるんです。(略)ただ、〔R社は〕いい意味でも悪い意味でも学歴だけではなく、b大や、aの経済〔学部〕でも、〝地《じ》頭《あたま》〟がいいだけではダメで。対人力、コミュニケーション能力を重視しています。あとは、営業の会社なので、お客さん受けするか、バイタリティがあるかという視点でみています。学生時代の強烈な面白い体験とかを〝しゃべれるやつ〟を、人事は求めてましたね。「アマゾンで川下りしました!」みたいな話には、「きみ、面白いなぁ!」と食いついて、そういう話をもっと引き出すわけです。「なんでアマゾンいったの?」「いやぁ、僕こんなこと考えてまして」という話で盛り上がると、合格に近づきます。自分の場合は、アメフトだけでなく、プロレスの話が刺さりました。「プロレスは相手を倒すのが目的ではなく、観客を喜ばすために闘うんです」という話をしたら、人事の人が前のめりになってくれた。そういうふりをしてくれたのかな?　そして人事の担当者はそんな話をすべて、課長や、部長に報告してるんですよね(笑)。

和井　当時個人情報もそこまで厳しくなかったかもしれませんが、名簿をもとに学生に電話をかけていたんですか？

叉野　〔最初は部活が〕わからなくても、まず呼び込んで会話するっていうのが、Rのやり方なんです。名簿を見て若手社員が、学生の自宅に電話をかけまくってました。当然親が出てくるケースもあります。

他社はOB訪問で、学生がくるのを待ってますが、〔R社では〕そこに採用予算を何十億円とつけて、営業のように呼び込むんです。その予算で呼び込んだ学生とご飯食べたり、研修旅行と称してヨットに乗せたりとか（笑）。

筆者　これは八〇年代末ですか？

叉野　ちょうど九〇年前後ですね。当時は景気がよく人手不足だったので、いい人材は取り合いでした。Rが欲しかった人材は、N證券、S銀行、D通あたりとかぶっていたようです。〔いまで言うと〕ブラック系というか、打たれ強さが必要な会社……（笑）。

筆者　なるほど。ありがとうございます。叉野さんご自身の就活体験はどのような感じでしたか？

叉野　自分の場合は、いわゆるa大の体育会なんですが、アメフトって人数がすごく多いんです。空手部や柔道部は、一学年五、六人しかいないのに、アメフトは四十人もいる。だから、周りの同期の動きがよく見えますし、情報交換もできるんです。「あそこの会社では焼き肉ごちそうになった」とか、「あそこの会社はつまらなそう」とか。あとはOBの数が圧倒的に多いのも強みですね。いきたい会社には、誰かしらOBがいるんです。僕らのときは九一年でバブル採用の最後の絶頂期。

体育会系採用も黄金期だったかと。アメフト同期の就職はほぼ全部業界ナンバーワン企業。商社で言うとM商事三人、S友商事、M紅など。D通三人、テレビ局三人。T海上六人。N生命など。本命に入れなかった人が都銀で負け組。

筆者　a大だから〔旧財閥の〕M系が多いんですか？

叉野　ほぼなんだかんだで〔旧〕財閥系が多いですよね。そんななかで、R社を選ぶというのは〝異端〟というか、かなり珍しがられました。まわりからは「財閥系じゃないの？　ずいぶん思い切ったね？」みたいなことを言われました。自分の場合、人と違うことをするのが好きだったので、あえてみんなが選ばなかった会社を見てみようと。たぶんいちばん人気だった商社やマスコミもいけたと思います。まわりはやっぱりOBや親の影響もあって、財閥系のブランド企業にいくのが主流でした。給料がよさそうなのと安定性。そこにいけばみんな安心みたいな感じ。しかも体育会の文系は、メーカーにはいかないんです。メーカーは給料が低いイメージがあって、〔アメフト部同期〕四十人いて、ビール会社に一人入ったくらいですかね。やっぱり金融系、商社、マスコミ、でほぼほぼ……。

叉野さんが就職活動をおこなっていたバブル絶頂期にはR社よりも大手の商社、広告代理店、保険会社などのほうが圧倒的に人気が高かったようだ。そんななかで、a大体育会アメフト部で引く手あまただった叉野さんがR社を選んだ理由を尋ねてみた。

筆者　そのなかで、就職先をRに決めた理由は？

叉野　学生時代にRのバイトをしたことがあるんです。Rの社名は、世間を騒がせた事件で知っていたものの、何をやっている会社かはまったく知りませんでした。「学生意識調査のアンケートのアルバイトがあるみたいだ！」と友達に誘われ、会社にいったら社員が楽しそうに仕事をしているのが印象的でした。「バイト料も高く、こんな楽な仕事でこんなにもらっていいのか？」と思いました。就職活動時に、なんとなく興味をもったのも自然な流れだったんです。Rにはa大のアメフトのOBは二学年上に一人だけいました。OBはその人しかいなかったんです。「興味あるんで話を聞かせてください！」と、その先輩に連絡をとったところ、「飯でも食おう」ということに。会社の雰囲気や長所、とにかく「若いうちから仕事を任されること。営業の仕事は大変だけど、やりがいがあって面白いよ！」と熱く語ってくれました。あとになって思うと、〝任される〟ということは、それだけ責任もあって大変なんですが（笑）。そして「俺の同期にc大のアメフトのキャプテンだった男がいるので、そいつの話も聞いてみたら？」とつないでくれました。c大とは何度も試合をしていて、その方はca戦でも活躍されていた有名な選手でした。そんな方に親身になって会社や就職のことを語っていただき、R社には、アメフトチームがあって、「仕事とアメフトの両立は大変だけど楽しいよ！」という言葉が、安心感と親近感につながりました。あとになってわかったのは、c大のキャプテンの方は、人事のエースでした。「仕事もアメフトも一緒に頑張って日本一めざそう！」。それが採用時のクロージングの決め台詞でした。自分が大学四年の関東の決勝の試合で、d大に負けて悔しい思いをしたことをわかっていたうえでの、口説き文句だったかと

（笑）。これは私見ですが、a大の体育会アメフトは、〝カッコイイ、モテたい、就職に有利〟という動機でやっている人間が多く、社会人になってまで本気でアメフトやりたいと考える者は少数派でした。でもRでは、アメフトに力を入れていて、チーム強化のためにアメフト採用枠があったんです。ちなみに九一年の採用は全体でたしか七百七十人、そのうちアメフト出身者は二十五人くらいいいてビックリしました。

［a大アメフト部の］主流派はみんな商社、金融、マスコミ、財閥系にいきます。たぶん親が許さないんでしょうね。自分も「なんでR社なの？　もっとほかにいい会社あるでしょう？」と母親に泣かれました（笑）。母親が泣いた理由は、「財閥系でないと親戚に自慢できない」ということのようでした。a大からR社に入るのは、これくらい勇気のいることなんです。いま思うと、OBが誰もいなかったら、いくらよさそうな会社でも入らなかったと思います。そういう意味ではやっぱり上にOBがいるっていうのは、体育会系の学生にとってはすごい安心材料になります。a大の人が何人いるとか、a大出身の人が社長やってるとか。逆に体育会系のOBも、体育会系の後輩をほしがるんですよね。それはa大だけなのか、ほかの大学の人たちはわかりませんが。

叉野さんは先輩がいるというアドバンテージを「安心感」という独特な言い回しで表現した。では、そもそも一般的にはどうやって後輩がつながるのか。叉野さんの場合はアルバイトがきっかけだったようだが、そこから後輩を引き入れる「偶然」が多発するなら、それは「必然」と言い換えてもいい制度や慣習があることになる。具体的な方法を尋ねた。

叉野　アメフトのc大a大戦は毎年開催されます。定期戦なので、毎年パンフレット作るんですよね。そこに広告を協賛するかたちで、錚々たる会社が〔並ぶ〕、名刺広告みたいなものになります。T海上とか、M商事とかが、「アメリカンフットボール応援してます！」みたいな感じで、そこに○○年卒と書かれたOBの顔写真が載った誌面が並ぶわけです。D通さんなんて、毎年アメフトの幹部クラスを採用していて、それが代々脈々と続いているのがわかります。就職活動が始まると、入社二、三年目くらいの若手OBから、「うちの会社に興味ある人いる？」と、相談会がもちかけられます。だいたい同じポジションの先輩が、顔の見えている後輩に声をかけるケースが多いかと。そんな情報がどこからともなく回ってきて、「あ、じゃ、T海上いきます」と希望者十人くらいで食事会が開催されます。そこでさらに「興味あるやつ、いる？」と、また二回目、三回目、に続く……、（略）そんなパターンですよ、昔の就活は。

こうしたOBリクルーターは、当時の一般的な企業の採用戦略に位置づいていた。第2章で提示した「ネットワーク仮説」の有効性を示唆するものと考えられる。

続いて、R社でのアメフトチームのあり方と採用活動との関係について尋ねた。

筆者　企業スポーツチームとしてはかなり有力だったんですか？

叉野　自分の就活時は、R社は、社会人アメフト一部リーグに昇格直後。会社からの支援もあったようで、チーム的には勢いがありました。当時は景気がよかったから、野球とかラグビーとか、企業スポーツ全体が盛り上がってましたね。でも、野球とかラグビーでは後発のＲ社で、ＯＢもいないし、強化するのに時間もかかる。そういう意味で、「アメフトであれば比較的強いチームを〔短期間で〕作りやすい」というような事情は、ほかの企業にもあったと思います。

和井　その段階ではアメリカンフットボールの部を作るというのは、目的としては、広告ではなかったんですか？

叉野　Ｒの場合は、純粋にアメフトをやりたいという人たちが、何人かいて、彼らが「社内でアメフトチームを作りたい」と会社に提案したそうです。「だったら、やりたいやつがやれよ！」というＲの社風もあって予算もついたので、「アメフトの採用から本気でやっちゃおう」という話になってスタートしたようです。という意味で、当初の目的では広告ではなかったように思います。

和井　福利厚生みたいな感じですか？

叉野　そうですね。予算がついたんで、結果的にはそうなったと思うんですけど。当時一部リーグに上がったタイミングで、なんと完成したばっかりの東京ドームで試合が組まれるようになったんです。就活のタイミングで、〔前述の〕ｃ大の主将から「ドームで強敵ＡＳスターと試合をするから応援にきてくれよ！」と言われて観にいきました。Ｒの全社員が一丸となってドームで盛り上がって応援するのを見たのも、入社の動機につながったかもしれません。当時はまだ一部の下のほうだったんですが、ハワイから外国人コーチを連れてきたり、プロのトレーナーを雇ったり、総務がアメフトを全面的にバックアップしたり。Ｒ社は、仕事も全部そうなんですけど、すごく合理的で、

「勝つためにどうするの?」っていうのを常に問われるんです。やるんだったら、勝たなきゃいけないし、業績・コミットメントを達成しなきゃいけない。仕事もアメフトも、常に結果を求められます。「やるのはいいよ、じゃ、結果は?」みたいな。自分は五年間プレーし、翌年チームは日本一になりましたが、バブルが崩壊してアメフトで優勝しても業績にはプラスにならないということで、自分の引退から数年後にチームはR社からなくなりました。社員の福利厚生よりも、業績重視という厳しい現実、世の中の流れを実感したのはあとの話です。

和井　アメフトのチームを作るところは、採用と関連していたんですか?

叉野　自分の入社時は明らかに採用と関連していました。人事のエース〔元c大アメフト部キャプテン〕の仕事は、アメフトで優秀な選手を集めると同時に、会社から言われているAランクの人材を例えば三百人集めるというのが、ミッションになっていたわけです。「そのうちの二十人はアメフトでいいよ」というような会社との握りのなかで、会社の新卒採用とアメフトのチーム強化を両立させるわけです。ですから彼のモチベーションは高く「日本一のアメフトチーム作るぞ!」というような思いが、一般の学生にも伝わってくるので魅力的なんです。

筆者　R社は、c大a大レベルが多かったんですか?

叉野　アメフトのc大a大出身者は少ないですよ、関西の大学出身者が多かったです。関西のイケイケノリのほうが社風に合うのかもしれません。ちなみに自分のアメフト同期二十五人のうち、関西出身者は二十人でした。関東はa大、c大、e大、f大、g大のたった五人。自分の代では、d大、(2)h大、i大など関東の強豪校の出身者はゼロでした。体育会以外のc大、a大の採用数も多くはなかったです。やはり親の反対で断念する人も多かったと聞いています。
和井　甲川さん〔仮名〕ってご存じですか？
叉野　よく知ってますよ。j大出身ですよね？　Rアメフトチームの立ち上げメンバーです。最初は多摩川の河川敷とかで十人くらいで始めて、強いチーム作りたいよなという話になって、そこから少しずつ、一部校の有名プレーヤー〔選手〕が入るようになり強くなっていったんです。会社もアメフトも採用が大事だというのがよくわかります。余談ですが、社会人のアメフトはd大の選手が多くいくところが強いんです。いちばん最初は、〔衣料系の〕Rウンですよね。d大出身のエースQBの乙岡さん〔仮名〕、丙木さん〔仮名〕の活躍で日本一になりました。その後がOワード、Aビール。d大のエースクラスがいきだして強くなりました。その後はK建設とR。Rは、自分の一年下から、エース級のd大の選手が三人入ってから強くなりました。

ここから、チームの強化と採用、そして競技引退後のキャリア形成の話題にまで話が展開する。

和井　チームが強くなってくると、学生の入社希望者も増えるんですか？
叉野　増えますよね、やっぱり。Rにいちばん最初に入ったd大の選手、超有名選手の丁田〔仮名〕。彼はなぜかRに入ってアメフトをやりたいと。束縛されたd大のフットボールの反動で、「自由な雰囲気のなかでアメフトやりたい」と考えていたようです。ところが有名なd大の戊丈監督〔仮名〕は、選手の就職先も全部決めるんですよ。「銀行だけは絶対ダメだ」とか。もちろん、R

ウン、Oワード、K建設はOK。「R？　なにそれ？」みたいな感じだったかと。聞いた話ですが、前述の甲川さんや、アメフト部の顧問の会社の役員が、d大の合宿所に肉をたくさん差し入れにいったら、〔戊丈監督が〕「R、いいぞ」って（笑）。

筆者　わかりやすいですね。監督が差配すると？

叉野　そう、要するに、就活に個人の意思はないんですよ。〔戊丈監督の口調で〕「お前ら××なんだから銀行なんかいくんじゃねぇ！」みたいな、そういう雰囲気だったようです。

和井　おそらく、戊丈監督なりのお考えがあったんですよね？

叉野　たぶんそうだと思います。

和井　フットボールでいくけど、その後の仕事〔人生〕のことを考えてのことですよね。

叉野　結局、〔銀行だと〕a大、b大、c大が上にいくじゃないですか。「d大の選手がいっても、ソルジャー（兵隊）のように使われるだけだ」と監督はわかっていたかと。でも、バブルのときは、銀行が〔d大のアメフト出身者を〕メチャクチャ採用してたんですよ。d大の選手たちだって、銀行に入れるのであれば世間体とか、お給料とかで入りたいと思いますよ。

和井　八〇年代後半から九〇年代頭くらいですよね。R〔アメフトチームの成長期〕とかぶってるんですけど、お話伺ってるとRは内部から自発的に始まったようですが、ほかの銀行のチームはどうだったんですかね？

叉野　当時の大手都銀には、ほとんどアメフトチームができましたね。M菱、S友、S和、M井、T海。当時の銀行チームは、企業イメージと認知度アップ。それも護送船団の横並び的に増えていたような。

和井　そう、全部ありました。都銀が全部フットボールチームを作って、みんなお金かけてたので、一部が銀行リーグになったこともある。あれもやっぱり採用目的なんですかね？

叉野　当時は人手不足で大量採用時代でしたので、採用目的もあったかと思います。

和井　基本的にやっぱり、アメフトの場合は体力がある……？

叉野　当時は「二十四時間戦えますか？」の時代だったので、銀行でも、体力ある学生は大歓迎だったのかもしれませんね。

ここでも当時のR社の企業ブランドはいまほど高くなく、トップ私学の体育会系の採用がいつもうまくいくとはかぎらなかったことがわかる。また、重要なことは、非体育会系であれば難しいと考えられる大企業への就職が、優秀なアメフト選手だったことで実現したかのように語られることである。d大・戊丈監督のパターナリスティックな介入の真偽や是非はおくとして、このような語りと解釈の枠組みのなかで、体育会系神話は維持強化されたものと推察できる。

さらに、R社アメフト選手の働き方と企業スポーツの盛衰、そしてアメフトとリーダーシップについて話が及んだ。

筆者　本業のほうをどうやって評価されてたんですか？

叉野　Rのアメフトは、水曜日＝練習日（特別休暇）というのを「会社から」勝ち取ったんですよね、そのかわり選手たちは、月・火・木・金の四日間で普通の人がやる五日分の仕事をクリアしなきゃいけない。そこには妥協は許されないので。「お前水曜日休みだから、目標八〇％でいいよ」とはならないんです。現場の上司が理解がないと、営業成績がよくなくて、「水曜日も仕事しろ！」と言われて、練習に出てこられないメンバーも実際にいました。

和井　水曜日は休みでアメフトしていい、ということですか？

叉野　そうなんですよ。「水曜日はアメフトデー」と言うと、ほかの人からうらやましがられるんですが、水曜日練習やって、土・日は練習とか試合があって、ほぼほぼフル稼働。〔大学〕体育会のほうがまだ月曜日休みだったりするから休めます（笑）。「好きでやってるんでしょ？」って言われたらそのとおりで。アメフトやりながらも、仕事のクオリティやパフォーマンスも求められます。ハードといえばハードですが、時間の使い方や、〝仕事力〟みたいなものは、逆につきますよね。でもやっぱりハードすぎるのと、遊べないという理由で、一、二年で辞める人も多かったです。

筆者　平均継続年数なんてわかりますか？

叉野　平均はバラバラですね。自分は明らかにアメフトより仕事重視でRに入ったのですが、アメフトが好きすぎて、途中からアメフトメインになる人もたくさん現れました。つまりプロコーチになったり、鍼灸師の資格とってトレーナーになったり。クラブチームになってからは、仕事の大変なRを辞めて、〔ほかの〕仕事をやりながら、アメフトに打ち込むみたいな働き方。自分の場合は五年で引退し、そのあとはRの営業の仕事一本で二十四年続けました。かなり長く勤めたほうかと。二〇〇三年にOビックっていう会社にチームごと引き受けてもらって、〇五年のライスボウルでは日本一を果たしました。Oビックの会長さんがアメフトに理解があって、いまもチームは存続しています。しかしいまでは、体育会採用というよりは、毎年トライアウトによる入団がおこなわれていて、入部＝プロのアメフト球団と契約するような感じかと。

和井　Rとして、アメフト採用ができたのは何年くらいまでなんですか？

叉野　自分がやめた年が九五年なので、その数年後、一九九七年くらいだと思います、バブル崩壊や金融ショックの影響で。〔新卒自体の〕採用の枠も減った就職氷河期。企業もアメフトどころじゃなくなってしまったんですよね。

和井　そのときに、あれだけ〔一部に〕いた銀行がなくなっちゃいましたよね、銀行どころかほかの実業団チームも。

叉野　いまはほとんどクラブチームになってますね。一社単独でアメフトの六、七十人の選手を社員で維持するというのは、大企業でも難しい世の中になってきたのかと。

和井　〔企業チームは〕F通とPソニックだけですね。

筆者　残ったのはメーカーということになりますか。

叉野　結果的にそうですね。

和井　比較的まだ安定してるというか、アメフト選手を採るメリットを感じてくれてるのか……。

筆者　現在の若手も、会社に所属してクラブにも所属する、というかたちですか？

和井　会社とクラブは別。だからAビールとSスターは別。ただ、これにもいろいろパターンがあって、IBムとかTガスとか、ELコムとか、Sニーなんかも、そのへんはクラブチームなんだけど会社の名前がついていて、会社がスポンサーでついてる。チームに社員がまだ何人かいるわけですよね。登録六十人くらいのチームに十人とか二十人とか社員がいて、その社員のための福利厚生費〔という名目〕で〔スポンサー料＝運営費を〕出してる。だから僕は「準企業チーム」という呼び方をしているんです。会社の建前は一応福利厚生、グラウンドも貸してあげて、練習もさせてあげる……。

叉野　優しいですよね。

和井　でも選手は、もう社員だけじゃなくていいよ、と。ほかのところ〔＝企業〕から入っても。そのほうがチームも強くなるし、いいんじゃないかなってことで、やっている。コーチはプロでやってたり、最近外国人選手を採る……〔そのための強化費が〕基本的には会社から出てる。でないとほかから出ないから。親会社が大口スポンサーで、そのほかはスポンサー〔料〕をほとんど取れない、アメフトでは……。

叉野　R社も苦労していました。スポンサーがつかなくなったときは、それこそファンクラブで会費集めたり。試合するだけで何百万とか協会に払わなきゃいけないんで……。

和井　優勝するまでに三、四千万かな、協会にお金を払わないといけない。要は勝てば勝つほどお金払わなきゃいけないんです。東京ドームで今度試合する、っていったら、参加チームから、ま、一千万ずつくらい、出してくださいね、みたいな。企業スポーツの名残というか。

叉野　〔野球の〕都市対抗みたいな感じですかね。

筆者　賞金…は？

和井　ないない、ない！（苦笑）……なに言ってるんだよ！（笑）　企業スポーツで賞金があるのなんてないよ！　あれはもう、東京ドームに社員を呼ぶのが目的だから。会社、出場チームが一千万とか二千万とか払ってます。で、連れていく従業員のバス代から、お弁当お菓子代から、お茶代ビール代まで全部もって、みんなで応援して、盛り上がって帰ってくるっていう。

叉野　それだから上場企業になると、そんなにお金を使って業績や株価にプラスになるの？って話になってしまうので。そこを腹くくれる経営者じゃないと……。

和井　バブルに限らず、体育会系の人材っていうのが、会社のなかで一定の評価をされてきてるんですか？　僕の印象では、Rの体育会系のアメフトの方なんて、体育会系のなかではすごくいい人材、だと思うんですよね。体育会系就職でもレベルがあって、競技力だけではなくて、〔学業〕成績もある程度いいとか、頭がいいとか、コミュニケーションスキルがあるとか、主将とか副将とか主務とか、部内の役職つくレベルだとみなさん採っていくじゃないですか。スポーツだけじゃなくて、コミュニケーションスキルが高くて、ただ単に〔上役の〕言うことを聞くんじゃなくて、ちゃんと話もできるし、頭も使える、主体性もあるような方がわりとR社に集まっていると。〔世の中には〕そうでない体育会系もいるわけですよね？

叉野　そうですね。そうでない部分までは自分も言えないですけど。一つ面白い話があって、アメフトやってる人間は、リーダーシップがあると言われてます。アメフトの内輪で言ってる話なので、どこまで本当なのかはわかりませんが（笑）。例えば野球と比べて、アメフトはヘッドコーチだけでなく、選手たちみんなで考えて作戦とかプレーを作るんですよ。ミーティングでビデオを見ながら。それこそさっきの話じゃないですが、〝勝つためにどうするか〟っていうのを、自分たちのなかから「こうしよう」「こういう作戦でいこう！」というのを考えるんです。野球はどっちかと言うと、ノムさんのID野球みたいなのがそうですが、監督が全部決めて、コーチに伝え、「ここは送りバントだ」とかっていうのがあるじゃないですか。そして〝指示どおりできたやつが偉い〟みたいな。アメフトは、「こういうときはこうしよう」っていう意見を現場から上げて、メンバー間やコーチとすり合わせながら実行するんです。そのプレースタイルの違いみたいなものは、仕事をするときにも結構影響があるんじゃないかなって。個人スポーツと集団スポーツでも違うでしょうし、ラグビーとアメフトも違うと思うし。そういう刷り込まれたDNAみたいなものが、たぶんあるという気がしてます。

「仕事で限られた時間のなかで営業成績を上げて成果を出す」のと、「アメフトで決められた試合時間のなかで結果を出す」のは、感覚的には似ているんです。営業だと常にマーケットの環境や、お客さんのニーズなどを確認し、それを上回るプランを提供する。アメフトも相手のチームや、目の前にいるプレーヤーの情報を収集し、勝つためのプランを考え実行する。そのためにミーティングやトレーニングで事前準備をする。それを理解して行動している人は強いと思います。

R社の社員フットボーラーは、仕事とアスレティックなスポーツ生活、これにスポーツ以外のプライベートを加えた労働・競技・私生活の鼎立が求められる環境のなかに身をおいた。社会的にはバブル経済が崩壊し、景気の低迷が続くなかで、R社ではスポーツに対してサポーティブではない社長の登場によってアメフトを続ける環境は悪化し、企業スポーツの枠組みの変更が迫られた。体育会系に限らず、労働者としての真価が問われる時代になったのである。

仕事もフットボールも日本一！　ザ・サラリーマンアスリート——秋元さんの事例

続いて秋元さんの事例だ。秋元さんはk大学アメフト部出身、R社には一九九一年に入社した。k大学のアメフト部は関西二部で強豪というわけでもなく、また秋元さん自身が留年やけがを経験していたこともあり、当初は入社後にアメフトを続けるつもりはなかったという。ところが、R社に入社してからの秋元さんはアメフトを継続し、社会人一部リーグでリーディングレシーバーになる大活躍を見せるだけでなく、トップ営業マンとしても何度となく社内報をにぎわせた。いまはR社で立ち上げた事業を事業ごとほかの会社に移籍させ、その移籍先企業の幹部を務める。体育会系ワーカー、あるいはサラリーマンアスリートのモデルとも言えるキャリア形成の背後にどのような過程があるのか。自身の就職活動プロセスを振り返るところから話を伺った。

秋元　時代的には、「バブル絶頂」という頃だったと思います。就職に関して、基本的にはアメフトの先輩がいらっしゃるところにコンタクトして話を聞きにいく、というスタイルでした。〔自分の所属していたアメフト部は〕関西にある公立大学だったんですけど、そんなに強いわけじゃない、l大とかm大とかみたいなところではなく二部リーグだったんで。でも〔先輩方が〕それなりにいろんな企業へいってらっしゃった。その先輩の話を、基本的には飯食わしてもらいながら聞き、

「で、どや？」みたいな話になり、「ううん、ちょっと考えます」みたいな感じで順番に回る……。

こっちは完全にもう選ぶ側というか、あんまり深く聞かれるというよりは、「どや？」みたいな感じでした。私としては「何がやりたいっていうのは、ようわかりません」というような話のなかで、でも何となく「男は営業やろ」と思っていて……それこそ若手の方からある程度ベテランの方まで、お願いすれば会わせてくださった時代だったので、いろんな方のお話を伺いました。

お会いしてると、ある程度の立ち位置で頑張っていらっしゃる方々ってどの会社でもまた優秀だし魅力的なんですよ。それぞれ聞くたび面白いなと思うんですけど、結局入社三年目で何人か面白そうだなっていう方と会うと、Rの三年目が全然違ったんです。自分で考えて自分で行動してっていう感覚がめちゃくちゃ強い。仕事の説明をするときの説明の仕方から、要は悩みながらこうやったああやったとか、ものすごく〝自分で考えて動いてる感〟がめちゃくちゃ伝わってきた。ほかの企業の三年目ぐらいの人はあんまりそういうトーンが伝わってこない。〔R社は〕それこそ最初から現場に出てやれみたいな世界で、〔新入社員向けの〕教育研修があるってわけでもないので。なので、逆にそれが印象に残りました。どっちかというとやっぱり私も早く試合に出たほうが成長するっていう、体育会系の考え方があったので。自分も〔所属大学のアメフト部が〕小さなチームだったので、一年生から試合に出てたんですよね、ずっと。だからこそ伸びた部分っていうのはすごくリアルにあります。「こっちのほうがよっぽど上だよな」っていうのは思ったんですよね。なので結局何をやってる会社かようわからんけど、いちばんの理想やと思って決めた、そんな経緯です。

筆者　そのほかにも選択肢としてメーカーとか、銀行とか、そのほかの金融企業もありましたか？

秋元　そうですね、一応話を聞きながら、最後で悩んだのはN證券だったね。N證券にも先輩がいて、なかなかの激しめな営業スタイルでやってた。それはそれで鍛えられるなとは思ったんですけど、もうちょっとオープンで、若手のうちの自由度がRのほうが圧倒的に高そうな感じがしたので、N證券じゃないいな、と。うちのクラブ〔秋元さんの大学のアメフト部〕からいく先が、金融が比較的多かったですね。だから銀行とか証券とかが話を聞く中心になって、それからメーカーの人の話もいくつかは聞いて。メーカーはちょっとやっぱり堅そうやな、という印象もあり……。

筆者　私は十年ほど前に秋元さんの大学のラグビー部だった方にお話を伺ったことがあるんです。その九五年卒のラグビー部の方によると、就職活動の時期になると卒業した先輩が部活にきて、「お前はまじめやからメーカーいっとけ」とか、「お前はガンガンいけそうやから商社紹介したる」とか、インフォーマルに斡旋をおこなうようなことがあったとか。そのような方は当時のアメフト部にはいらっしゃらなかったですか？

秋元　そうですね、お前はどこやなそこやな、とかっていうのはなかったですね。個人的に一年生のときに四年生だった方々とかとは、卒業されたあとも比較的近い存在として、会話してました。夏合宿に来ていただいたりするなかから、「どないすんねんお前、ちょっと話聞くか？」「お願いします！」と、そんなふうに個別に声かけていただくような感じでした。

秋元さんは、確かにOBネットワークを利用してRに入社した。しかしそれは、先輩が後輩を紹介したり、自身の会社に引っ張るという採用側にイニシアティブがあるものとしてではなく、秋元さんが自分のキャリアを見据え、入社先企業を選ぶプロセスで、先輩をビジネスパーソンのショーケースやカタログとして利用するという、求職者側にイニシアティブがある形で進められた。そうした仕事観や就職先選びの考え方自体、R社の新卒採用基準ともともと親和性が高いものだったのかもしれない。その親和性の高さは、当時のR社の新卒採用手法や実態についての語りから、秋元さんが採用担当者として求職学生と接する際の選考基準や、本性をさらけ出させるコミュニケーション技術に感じることができる。

筆者　ご自身が卒業してから先輩として後輩を誘いにいったことは？

秋元　私は人事に配属されたので、採用担当として一年ほど。それこそd大のグラウンドに行ったこともありますし、ほかの大学の部室にも行きました。そういうスポーツの採用活動もあれば、一般の学生の採用活動もやってましたけど。基本的に〔R社では〕体育会とか関係なくて、b大から何人、a大から何人みたいにして、大学ごとに〔新卒採用者数の〕目標を設定してたんです。大学別に採用チームを組んでやってたんですけど、その〔大学〕枠とは別でというか、クロスしてアメフト。当時、〔R社ではアメフトチームのことを〕「ハイパークラブ」って呼んでたんです。

筆者　大学の強化指定クラブみたいなものですね。

秋元　はい、要は会社としても力を入れる、強化するという。そのハイパークラブには「〇人採用する」みたいな目標は確かにありました。それは通常の基準とそんなに大きくは乖離しないようにしてたんですけど、でも実際には、やっぱりプレーヤーとしてすごいと多少「ゲタ履かして、採れ！」ということはありましたね。

筆者　大学と同じように、アメフトや野球の監督（指導者）から依頼があるんでしょうか？　また ポジションなどがありますよね？　今年はどうしてもいいピッチャーがほしいとか……。

秋元　監督というか、会社としての方針があって、採用の方にその情報がきて、採る、といったことはありました。〔アメフトの練習が週一であるのに対して、野球はもっと練習日が多かったことから〕野球のほうは〔仕事と比べて〕野球の比率が結構高いので、もう完全にその、「チームをどう組み立てるから、誰を」っていうところで〔採用計画を〕組んでたと思います。その詳細については私もわからないんですけど。でもアメフトはあんまりその「ポジションが……」というよりは、とにかく〔目標として設定された〕数を〔満たそうとしていた〕。もちろん〔人数をそろえた〕あとでポジションを見てたとは思いますけど。

筆者　強化クラブ、ハイパークラブを設置したR社としての目的は？

秋元　いわゆる企業ブランド的なことが一つ。で、もう一つは応援にいくことで社員が交流というか、一体化すること。レクリエーション的な部分で。[3]アメフトの試合も平日の夜が多かったんですけど、野球の試合がないときにドームでやると、社員が結構きてくれてたんです。「一緒に働いてるメンバーが試合に出るぞ！」、と。ほとんど試合など見ずに飲んで騒いでるみたいな感じなんですけど、でも盛り上がる。その社員同士の交流ってのは、目的としてあったと思います。野球が、だからちょっと「アメフトに比べて」仕事の分量が少ない分、みんなで応援にいくっていうのは弱かったかもしれないです。つまり、野球部は専門性が高すぎて、[4]都市対抗とか「みんなで応援いくぞ！」っていうのは、アメフトより少なかった。わりと普通に、〔仕事を〕同じようにやってる人たちが出てるから、比較的アメフトのほうにきてくれてたような気がします。

和井　野球はプレーヤーとしての活躍を期待されたかもしれないけど、営業マンとしての活躍はそれほど期待されていなかった、ということか……。アメフトのほうには〔体育会系だからこその〕営業マンとしての期待みたいなものもあったんでしょうか？

秋元　やっぱり野球は特に日本でいうとレベルが高い、世界と張り合えるレベルなので、ある程度本腰入れてチーム作りしないと勝てない。一方、アメフトはまだ新興のスポーツなので、レベルもそこそこ。なので、「仕事やりながらでも日本一なれるやろ？」っていう、「〔仕事とアメフト〕両方日本一や！」みたいな、そんな感じでやってたんですよね。でも結果的に、毎週出る営業マンランキングのトップになってるアメフトの選手って、結構多いんです。だから〔結果的に〕そういう〔営業マンとして優秀な〕人も多かったっていうのもあって、〔社内的に〕「ある程度はええんちゃうか」、と。ただ〝ゲタ履かしてる人間〟もいるので、そうじゃない人たちもまじってる、という感じでした。

　そういう意味では私が人事にいたときの採用活動でも、「ヨット部に結構ええやつおるで」とか、あと「ボート部ええやつおるぞ」みたいな、要は現役社員の部活[5]のルートを使ってその体育会系に会いにいって、会社の説明してよさそうなやつをピックアップして、個別に一対一でフォローする、っていう商流は結構大事にしてたんですよ。それは「優秀なやつがおる」っていう意味合いではアメフトもそういう〔営業マンとして優秀な人材を採るという〕狙いで採ってくるやつと、どっちかというとプレーヤーとして優先して採ってくるやつと両方いた、みたいな感じかもしれないですね。

筆者　その〝ええやつ〟っていうときの〝ええ〟っていうのの中身は、何ですか？

秋元　時代もあるかもしれないいんですが、基本的にさっきの「自分で考えて自分で動ける」っていうことはすごく大事にしていました。その学生のその〝根っこ〟にあるもんは何なんやって。〝根っこ〟って言葉ってやたら使うんですよ、Rでは。〝根っこ〟にもっている、表面に表れてくるところじゃなくて、〝根っこ〟にあるのは何か、「これがあってそう動いてんだ！」みたいなものを、掘って掘って掘りまくる。そのなかで「ここがちゃんと自分のなかにあるエネルギーだ！」という、要は外的な要素で出る力やなくて、内から湧いてくるエネルギーとして、「なかから湧いてくるエネルギーどんだけもってる？」っていう。だからべつにずっとこの会社にいても、いなくてもいい、と。ある一定期間このフィールドを使って力をつけて〔R社を出て〕いく、そんなので全然ええ、みたいな話になる。〔R社では社員はみな〕ここの腹のなかというか「〝根っこ〟のエネルギー」っちゅうのをいちばん大事に、それをもうベースとして自律的に動こうとしてるので。あとは〝素直さ〟とか、〝吸収していく力〟……学生のところで完成してるわけじゃ決してないので、社会人になってやっぱりいろんなこと行動しながら吸収していける、その素直さ。あと、いうても〝地頭〟がある程度ないと組み立てへんから、成長がどうしても遅くなるので……そんな感じですかね。で、それがそろってくると「〇《マル》！」いうて、よく付けてましたね。

このように、秋元さんは自身が採用する立場になっても、体育会系だから採用する、部活の後輩だから紹介する、というようなことはなく、内発性、自分で考えて自分で行動を起こすという考動力、地頭、素直さといった要素からなる「営業マンとしての成長可能性」を常に念頭においた選考・採用活動をしていた。R社の場合、仮に体育会系の採用が多かったとしても、それはあくまで成長可能性という採用基準に基づいて選考した結果、体育会系に「〝ええ〟のが多かった」ということだと認識していた。

和井　〔ハイパークラブ以外の〕体育会系の、そういう〔成長可能性が高い〕運動部員を特に採りにいこうっていう方針はあったんですか？

秋元　さっき言ったようなこと自体はまさにそうですよね。体育会系の……地頭、自分で考えて話す、とか。大学もある程度、大学ごとに目標があるので、その目標を達成するために体育会を狙いにいく。だからあるレベルの地頭があるなかで、自分で考えて行動するエネルギーがあり、素直さがあって……みたいなやつは、結構体育会に多いね、というのはありましたね。Rの採用もいまは大分変わってると思うんですけど、当時はある程度方針決めて、そこに向かってワーッと考えながら走っていくので成果がもう出てるというか、見えてたので。そういうのを大量に採る。いまはもっとアタマっていうかね、カシコイ子たちがたくさんきてるみたいですけど……。

和井　数値目標みたいものはあったんですか？　例えば何パーセントは体育会で採るとかっていうのは……？　もうざっくりと、イメージでいいですけども。会社によってはほんとに八〇％とか七〇％とかっていうのを聞いたりはするんですが。

秋元　それ〔数値目標〕は結果的になかったです。大学〔別〕では〔数値目標が〕ありました。基本的に営業の会社、「営業でバンと採る」、という感じなので。そういう意味ではやっぱある程度〔体育会系の〕比率は高かったんじゃないかな……七、八〇％までじゃなかったと思いますけど、半分ぐらいはいたんじゃないですかね。

筆者　体育会系は現在で大学生総数の一〇％程度です。当時の優良私学でもおそらくその程度だとすると、約五〇％というのは多いですね。

和井　体育会系で入れて、実際会社のなかでどうですか？　なかなかあんまりそういうのは意識することはないと思うんですけど、体育会はやっぱり伸びるな、とか、あるいはちょっと意外とあれ？〔伸びないな〕とか……。

秋元　難しいですよね、そこらへんは。体育会じゃない人でもさっき言った条件で採ってるので。でも〔体育会系のなかに〕基本的には考えすぎて足が止まっちゃうっていう人は少ないかもしれないです。まずはやってみる、すると、傾向としてはいろいろ経験を積みやすい。だからそのぶん成長しやすいっちゅうのあるのかもしれないよね。

R社では、採用時は大学や性別で目標を設定しても、その妥当性の検証はなされなかった。営業成績や企業の成長という意味での「結果」が出ていたからかもしれない。ひとたび一緒に働く同僚となれば、大学や性別といった属性で人を判断したり評価したりせず、ただただ本業の業績によって評価がなされた。ただし、ハイパークラブの選手としての活躍が期待されて入社した人材にとって、一九九〇年代は競技との向き合い方も含めたキャリアの岐路になる。九〇年代初頭のバブル崩壊から終盤の金融危機にかけてR社本体の経営基盤が揺らぎ、それに伴ってハイパークラブ自体が外部化（クラブ化や他企業へ売却）されていく。

和井　ハイパークラブのチームの人ってその後どうなったんですか？

秋元　それで言うと、バブルが崩壊して、R社の経営が難しくなりました。〔当時の流通小売最大手の〕Dエーに買われたところで、野球チームがLソンになったりDエーになったりして……野球では、そのへんのタイミングで辞めていく人がほとんどでしたね。野球でメシを食うっていうか、野球の道で生きていくっていう感じ、サラリーマンとしてRでいろいろ力をつけていくっていうよりは、主が野球人生なので。だから、辞めていく人が多かったです。

筆者　アメフトのほうは、つまり六大学クラスの方でアメフトもやるということで入社された方と、d大n大o大g大といったところからアメフトメインで入社された方もいらっしゃるじゃないですか。R社もバブル後の苦しい時期もあって、チームが変わる、クラブ化するっていう段階になったときに、後者のアメフトメインで入られた方々はどうなったんですか？

秋元　基本的にはすぐ辞めるってことではなく、サラリーマンとして仕事〔を継続〕、〔直後は〕そのままやっている人たちがほとんどですね。ただそもそもRって会社自体が普通にスピンアウトしていく〔人が多い〕ので。印象としては、〔アメフトに〕特別多いというよりは、普通〔の社員と同様〕に転職したり、辞めたりするかたちで抜けていった感じがあります。仕事の面での評価として大学のレベルで分けたときに、その活躍具合がどこまで差があるのかっていうと、多少差はあったのかもしれないですけど……でもね、確率でいうと多少はあるかもしれないですけど、b大いってもあんまりあかんやつもおるしね。Rって、あんまりだから大学どこっていうのは特にわからない会社なんです。

〔アメフトでは〕特にバブルが終わったあとにハイパークラブとしての採用を強化していったので。バブル期真っただ中のとき〔＝八〇年代後半からバブル崩壊直前〕って、アメフトのハイパークラブ枠ってなかったんですよ。だからその〔ハイパークラブ枠がなかった〕ときの人たちはめちゃくちゃ優秀ですよね、ほんとにみなさん。バブル期ぐらいの採用のアメフトの人はみんな優秀でした。

一九九〇年代のバブル絶頂期から金融危機までの期間、野球とアメフトには選手としての採用枠があった。体育会系の採用はOBネットワークを介しておこなわれた場合が多かったが、それでも秋元さんは地頭×根っこ＋素直さ＝成長可能性というR社としての採用基準に沿って選考するなかで、結果として体育会系が多くなったと見なしていた。日本経済や企業業績の低迷と連動してR社内でのハイパークラブの地位が揺らぎ、野球部の強化目的で〝ゲタ〟を履かせてもらって入社し、野球特化型として社内キャリアを築いていた人材はRを去ったが、アメフトではそもそもアメフト特化型としてキャリアを築くことは許されておらず、結果としてほかのR社人材と同じようなプロセスでR社からスピンアウトしていった。

社会人で日本一を経験、アメフトでの人材育成に取り憑かれた男——竹生さんの事例

竹生さんは関西のp大−l大q大r大グループの一角、p大アメフト部の出身で、一九九一年にRに入社した。R社のアメフトチームで九六年、九八年と選手権を二度制覇、さらに他チームへの移籍後二〇〇〇年、〇一年と国内や社会人選手権で優勝しつづけた。〇二年から一〇年まではRからチームごと異動したOビックSガルズでコーチを務め、〇二年、〇五年、一〇年と同様に国内や社会人レベルで優勝を飾っている。まさにアメフト界の優勝請負人といっても過言ではない人物である。

激動の一九九〇年代、竹生さんは、Rの社員でありアメフトチームの選手でもあるという立場で採用にも関わってきた。まずはその、体育会系アメフト人材の採用の実態について話を伺った。

筆者　体育会系アメフト人材の採用活動に関わっていたとお聞きしました。

竹生　一九九一年入社なので、僕は最初は誘われたほうの立場です。〔アメフト人材の採用に関わって〕チームの勧誘を部分的にサポートしていた時期っていうのは、バブルがはじけただいぶあとですね、九五年から九八年、それぐらいの期間でした。当時、僕はRの人事部じゃなかったんですけど、総務部のなかにあった〔アメフト〕チームの運営事務局の一員として、メインのミッションとしてチームのリクルーティングを担っていました。いま、日本のプロサッカーリーグのチェアマンをやってる己井さん〔仮名〕っていう方が当時Rの人事部長で、僕はその己井さんのところに足

しげく通って「こんな学生いるんで面接してやってください」ってお願いしてました。基本Ｒ社は、「フットボールやってるから採る」っていうスタンスがない会社だったんで、平気で日本代表クラスの学生を面接で落としたりしてたんです。とはいえ、こっちからもあの手この手で熱意を見せることで、ちょっと片目薄目つぶってもらう、ぐらいの〝ゲタの履かせ方〟をしてもらったことはありました。その仕事をしていたのは、入社してくる学生の年度で言うと、九六年四月入社の代から九九年の四月入社その代の間ですね。ＲＳガルズの最後の方[6]です。

　九九年の最後の方っていうのは、社長が庚野さん〔仮名〕に代わったタイミングで、「もうスポーツのチーム要らない」って話になって……当時、それなりの予算をもらって活動していたのが、まずランニングクラブですよね、辛森さん〔仮名〕だったり、壬出監督〔仮名〕だったり……。あとうちのアメフトと、野球部があったんです。野球部は当時ＲがＤエーの傘下にあった関係もあって、Ｌソンに引き取ってもらうかたちになってＬソンの野球部になった。ランニングクラブはなくなって、フットボールはたしか……僕が当時知ってた情報でいうと、執行猶予期間みたいな感じで二年間、一応Ｒ社がメインスポンサーの〝クラブチーム〟として活動する期間を会社から与えられた。それが二〇〇〇年、〇一年っていうタイミングで、Ｒ冠なんですけど、もともと「ＲＳガルズ」だったのが「ＲクラブＳガルズ」っていう名称で活動した。だから底がもう見えてきていた。その会社に〔選手＝人材を〕引っ張ってくるっていうことがなくなってしまったので、僕は要は仕事がなくなったんですよ。〇二年、結局Ｒのスポンサーが打ち切りになった翌年は、メインスポンサーが見つからずに冠なしで一年間活動し、その翌年の〇三年からＯビックさんに〔メインスポンサーとして〕ついていただいた、というかたちです。

筆者　なるほど。一九九一年に竹生さん自身が採用されたときは、もうアメフトチームで活躍するっていうことが前提の採用だったという理解でよろしいですか？

竹生　そうですね。ただ、いわゆるR社も大量採用していた時期の僕の一個下の代ですね、平成四年〔一九九二年〕までが大量採用の年で。そのときも特にフットボール枠っていうのはなかったはずなんですけど、いわゆる採用グループのなかにフットボールもやっている社員が何人かいた。そこで、チームとしての意志をもって積極的にフットボールやってる人材にも声をかけると。で、体育会系の人材のなかでフットボールの選手がわりと優遇……じゃないな、評価されることの一つの理由は、普通に勉強して大学に入ってる学生が多いってことだと僕は思ってます。それこそ私たち、和井さんとか僕らの時代っていうのはm大が強かったりとか、地方に行くと間違いなくだいたい県名の名前がついてる国立大学が強かったりするっていう、そういう時代だったので。比較的会社〔＝R社〕の採用がしやすかったんじゃないかなと思っています。

和井　結構じゃあ、当時は地方の国立大学のフットボール、アメフト部の選手もいたりしたんですか？　竹生さんご自身で声かけにいくとか？

竹生　そうですね。結果的にそういう選手がすごくプレーヤーとして活躍するかっていうと、またそれは当たりはずれが結構あるんですけど。たしか僕らの代、その一個下の代は、だいたい二年間続けて十五人以上ぐらいいたと思います。初めてうちのチームにいわゆる強豪私学のスター選手が入ってきた時代です。そこはたぶん会社的には〝ゲタ履かせた〟っていう感覚がだいぶあったと思います。でも表向きは絶対それを言わないですけどね。会社としても〔必ず採用するという〕約束はしないんですよ、面接受けるとき、絶対採れるよ、とは言わないんです。

筆者　秋元さんみたいな、公立のすごく優秀な大学からいらっしゃる方と、どっちかっていうとプレーをメインで考えて入ってこられる方と、両方入ってくる頃だったということでしょうか？

竹生　そうですね。秋元は、チームが強くなかったので、全国的には知られてなかったですけど、実は、当時リーグ内では相当すごい選手だったんですよ。だからそういう選手がいたらもう、チームとしてはめちゃくちゃほしいんですよ。会社としても。もちろん会社もべつに偏差値だけで判断するっていう会社じゃなかったんですけど、とはいえ〝出現率〟ですよね。で、考えると、仕事もちゃんとやってくれそうで、いわゆる〝地頭〟、Rでよく言う〝地頭〟がよくて、行動力があるタイプの人間、彼のような人材はすごく好まれるんです。結局そういう選手は、競合となる会社が、アメフトの強豪チームじゃなくて、いわゆる商社だったり、当時だったら金融だったり、という、フットボールと全然関係ないところで取り合いになるんです。おっしゃるとおりで確かにそういう選手と、どちらかというとフットボールの選手としての評価が高い選手っていうのは二つ、ちょっと分かれた感じはありました。

和井　Rの人事部のなかで、もちろん大学そのものが地方の国立大学とか、いい大学っていうこともあったと思うんですけど、「フットボールだから」っていう期待というか「フットボーラーいいよね」っていうような、そういう評価はあったんですか？

竹生　それ、働き手としての期待値ですよね？　あんまりそういう話をちゃんと人事の人としたことはないんですけど、どうなんだろうな……いま、僕自身がアメフトを教える側の立場で、大学生の〔特定のポジションの〕選手を集めて指導しています。いまのかたちで仕事をしはじめて今年で十年目なんですけど、個人法人合わせて年間数百万ほど協賛いただいてるんですね。そのときに〔受講学生に対しても、協賛企業に対しても〕一応宣伝文句で言うのは、「学生たちは実質チームの経営的なことやってるメンバーですよ!」「ベンチャー企業の経営者みたいなことを彼らは経験してます!」っていう話をしています。Rが期待していたのも、どちらかというと高校からアメフト推薦で入ってフルタイムのプロコーチがいて、っていうチームの学生よりも、未経験で大学に勉強して入って、新しいスポーツに出会って、勧誘も自分たちでめちゃくちゃ頑張ってやって、チーム作り、チームの練習プラン作ったり、それこそド素人のフットボールを知らない学生にフットボールを教えたり、面白さを伝えたり、みたいなことしながら戦力に育てていってという経験をもった選手〔=学生〕だった。ということは、本当に「世の中のいろんな企業がやってることと一緒ですよね!」って話を、両方、学生にも企業にもしています。僕たちのプログラムはそういう学生たちがよりリーダーシップを効率的に発揮できるように、いろんな研修プログラムをおこないながらフットボールを指導していますっていうことアピールしてるんです。ということで、そこ〔フットボール選手に対する働き手としての期待〕に関しては、きっと同じような認識があったんじゃないかなと思っています。

筆者　採用の話に戻ります。具体的にどのような手法で勧誘されてましたか?

竹生　そうですね。当時だと大きく〔〝食事会〟と〝一本釣り〟の〕二種類か……。いわゆるRがほしいような人材の出現率が高そうな、いわゆる高偏差値大学(7)に対しては、アメフト部の学生を集めて〝食事会〟をやってました。〔対象学生の〕人数が多ければ何人かRの社員でアメフトをやってる同僚に参加・協力してもらって、彼らの部活動に関する相談にのったり、いろいろと就活に関しても彼らが気になってることの相談にのったりしました。その時点ではそんなに積極的に誘うって雰囲気を出しすぎずに……。で、終わったあとにですね、ちょっとミーティングして、会社としても「一緒に働きたい！」と思えるようなタイプの学生をリストアップしていく。その選手が特にフットボール選手としても優秀であれば、声かけにいくところの優先順位は上がっていく。生々しいですが、エクセルでリスト作って、会社≒ビジネス視点での〝ぜひ一緒に働きたい度合い〟みたいなものと、アメフトのプレーヤーとしての魅力の両方をランクづけて、優先順位をつけたら、その後は個別に誘っていく。そして、いわゆるエントリー、採用選考に進んでもらえるようにいろいろ動いていく。で、ちょっとマイナーな学生で面白そうな選手を見つけたりすると、〝一本釣り〟。会社としては、そんなに積極的にほしいタイプじゃないだろうなっていう大学の、優秀な選手なんかは、〝一本釣り〟、個別に連絡をとります。それは先輩がいれば先輩から後輩につないでもらいますし。本当にチームに直接コンタクトを取ることもあります。

和井　そういう選手ってどうやってみつけてくるんですか？　口コミとかあるいは結構大学の試合とかも見にいったりしてたんですか？

竹生　口コミもありますが……ただ、和井さんもよくご存じのとおり、〔大学と社会人の試合の〕時期がかぶっちゃうんで、なかなか直接見にいけない。だから、Rは当時、結構会社から潤沢な予算もらっていたので、ビデオ撮影を専門にやるようなスタッフが一人いたんですね。そのスタッフに本当に全国飛び回ってもらって、ビデオをいっぱい撮ってきてもらうんです。それで、事務の職員、社員の方に各リーグのメンバー表を渡して、それを全部エクセルにしてもらいます。学校名、学年、身長、体重、出身高校……だいたい、公式のパンフレットとか、イヤーブックに載ってますよね。それでエクセル表を全部作って、ポジションでソートかけて、各ポジションのコーチ[8]にビデオダビングしまくって「気になる選手がいたら教えて」と言って渡す。もちろん僕自身もいろんなうわさとか聞いて、その選手を探しにいくっていうケースもあるんですけど。ただ、s大とかいくとそんなにチームとして強くないから、いい選手の発生率が低かったと思うんですよね。ある程度選手としての粒がそろってるところで、関西だとわりとわかりやすくてp大とか。ただちょっと難しかったのは、p大とかm大の子たちは、フットボール選手として誘われることを超いやがるんですよ。「フットボール就職するやつと一緒にするな!」っていうプライドがすごくある。だから彼ら〔に対して〕は、あえて最初は僕たちは表に出ずにいました。一応p大とかm大のアメフトっていうのはRとしても〔選手としてでなくても〕十分採用対象、魅力的な層なので、会社のほうの〔予算や対応〕があって、食事会みたいなこととしてもらったりしました。

和井　なるほど、会社に入ってもらって、会社に来ることになってから〔アメフトに〕口説く感じですか?

竹生　そのへんは、実はすごく〔採用担当者同士で〕情報交換をしていました。「こういくと逆効果だぞ」とか、「こいつはアメフト部の先輩のことをリスペクトしてるから、そいつと一緒に行くといいかも」みたいな話です。口説くときは必ずトップ営業マンの写真とか載ってる社内報をもっていきます。アメフト部の選手がたまに載るんですよ、秋元とかも出るわけです。そうすると「俺らはアメフトやるために会社入るんじゃないよ」って言って、「仕事もアメフトも結果出すんや、見てみぃ、この社内報」言うて。「秋元いうのはな、リーディングレシーバーやけどトップ営業マンなんや。こういうの、めっちゃかっこええやろ？」とかって啓蒙活動をする。内定が出るまで一切アメフト部は出ていかないってこともありました。実際に〔入社してくれても〕入部を断られるケースもありました。会社としてはべつにフットボールやってようがやってなかろうが、採りたい人材を採ってるので、その〔フットボールをやる〕意思がなければ、仕方ないですね。今年p大の監督になった癸村監督〔仮名〕なんかはその一人です。Rに入ったけどフットボールはやってくれなかった。

筆者　叉野さんも秋元さんもおっしゃってたんですが、d大n大o大g大ぐらいから採用するようになったらアメフトチームが強くなったとか。そういう感覚が竹生さんにもあるんでしょうか？

竹生　あります。僕の代が初めてそういう代で、当時のf大のキャプテン、g大のキャプテン……一個下の代で初めてd大の選手が三人入って。h大もそうですよね。僕の年が一部に上がった二年目だったけど、そのへん〔＝一九九一年度〕からそれこそASスターさんとかと渡り合えるようになってきた。ただ、特にグラウンド内は、当時まだチームがすごく弱かったし、いろんな意味で未熟だったので、さんざんチームの文句を言いまくって早々に辞めたやつも多かったです（苦笑）。強豪大学から鳴り物入りで入ってきた選手たちの一部がかなりチームに対していろいろと、「こんなんで日本一めざすなんて言わないでください！」って感情むき出しに言ったりして。僕とか秋元とか叉野とかっていうのは、大学時代そんなに日の目を浴びてない選手なんですが、意外とその雑草系は残りましたね。p大で日本一を経験したI上とか、［大学時代に］本当に日本一を真剣にめざして戦っていたレベルの選手が入ってきて、選手のフットボールに取り組む意識っていうのはすごく変わってきた、と僕は認識しています。だから、彼らがいなかったらやっぱり勝てなかったと思いますし。でもなんだろう……。すごくそういう意味で言うと、それこそ多様性があったなって……。

筆者　そのような、d大n大o大g大クラスからフットボールメインで入ってきた方々っていうのは、仕事の面でも立派なR社員に成長されたんでしょうか？

竹生　なるほど。それに関して言うと、僕は、普通の社員がそうであるかぐらいのバラツキがもちろんあったと思っているんです。エントリーマネジメントのところで少なくとも心意気の部分では、「仕事もトップをめざすチームだ」ということをすごく熱く語って［入ってきて］いるので。フットボールをプロに近い状態でできるチームはほかにもあったし、そこにまったく響かない人は入ってこないんですよ。そこはその［仕事と競技を両立する］生き方のかっこよさを説きまくって、本当に響かなかったら追っかけるべきじゃないな、という感覚がありました。特に僕らのチームがASスターさんに勝ち始めたりして強くなっていくプロセスっていうのは、当時のコーチ陣がめちゃくちゃフットボールをやることの面白さを伝えてくれたので、仕事よりもフットボールが面白くなっちゃったやつがいたんですよね。実際に僕自身もその一人だったんです。本当に、コーチのマネジメント力によってフットボールに対するモチベーションがどんどん上がっていく。だから結果的にＲに入ってみて、「〔会社に入っても〕フットボールしかするつもりなかったのに……」とか、「仕事に専念したかったのに……〔話が違う！〕」ということはなかったと思います。ただ、もちろん職場からちょっとね、文句言われるような選手もいました。当時のコーチはプロコーチなので、彼らは選手の仕事の業績出す出さへんに関係なく勝ちたいわけですよね、当然。だから、会社に対してよりたくさんの練習ができるようにめちゃくちゃ交渉してました。最終的には相当な日数練習をしたんですよね。そのプロセスのなかでやっぱり……。

筆者　ちなみに練習はどの程度増えたんですか？

竹生　僕が入社した一九九一年は、練習が土・日と水曜日の午前中、昼から出社だったんですけど、最終的に、初めて日本一になった六年目、九六年、僕の記憶に間違いがなければ、秋のシーズンは試合の土・日、プラス試合の三日前から〔休めること〕になった。例えば日曜日が試合だったら、土曜日はもともと休みですけど、木・金は会社を休んでもいい、となってました。当時は平日の試合がたまにあったので、水曜日の晩に試合があるともう、月・火と会社に行かなくてもいい。

付け加えておくと、それは通常の有給とは別枠の特別休暇って扱いになって、給与面、休暇面の部分では補償されるんですけど、そのことによって業績には何も考慮がされない。なので、べつに日本一になっても社員としての評価は上がらない、逆に査定の点数が下がるやつもいました。でも、そのなかでめちゃくちゃ工夫して結果出してるやつは、休み多い少ない関係なく評価してもらってたと思います。結局、彼らのヒューマンスキルっていうか……。例えばよく言ってたのは、日曜日試合があったり、もしくは月曜日の晩に東京ドームで試合があったりすると、「チーム内で」「絶対次の日朝いちばんに会社に行こう！」ということ。朝早く来てるやつは絶対尊敬されるじゃないですか（笑）、「えっ、きのう試合してたのに今日こんな朝早くから来てるの？」って。で、そういうふうにして味方を増やしていったら、自分じゃなくてもできる仕事を代わりにやってもらえる、とかね。社内の身近な同僚に協力者を増やしていくことによって、自分たちがフットボールしやすい環境を作っていくことを、上手な選手もやってたなって思います。

筆者　大学生にも伝えたい話ですね。

最後に、アメフト以外の体育会系出身者も同様の力を培ってきていたのか、尋ねた。

筆者　R社には体育会系出身者がそれこそ、バスケもバレーもサッカーもラグビーも……って、ほかにもいらしたと思うんですが、そういう方々が体育会系でやってきたからこそのリーダーシップや、仕事に対する真摯さや独創性を身につけてきてるな、というのは、竹生さんとしてはお感じになっていましたか？

竹生　そうですね。R社に関して言うと、いろんな人がいました。スポーツをやってた人もたくさんいたと思いますが、いわゆる体育会じゃない人もたくさんいて、それぞれがいた環境のなかで何かしらとんがった、リーダーシップとか独創性だったり、何かしらの部分で突き出た部分や要素をもってる人が多かったように記憶しています。

一昔以上前の僕らの時代で言うと、たくさん社員がほしいっていう環境のなかで、少なくとも四年間そこそこ体力的にも厳しかったり上下関係が厳しかったり、というところでやってきた人間。そういう観点で、企業的には評価する雰囲気があった気はするんですけど……。でもなんとなく、いまの時代ではそういうことって重要性を失ってきている気がします。いま、協賛していただいている会社に一人、伝統的チームスポーツの体育会系運動部出身の若手社員がいるんですね。その〔体育会系出身の若手〕社員の彼のことを役員の方が話したときに、「こいつはリード、Rのほうのリード〔Read：読む〕力はあるんだけどLのほうのリード〔Lead：統率する〕力はない。××部はわりとそういうの多い……」って言われて。監督というか、上司の様子を見て、空気読んで、みたいに、懇親会とかですごく立ち回るんですよ。われわれ世代はどっちかというと、Rのほうのリードができる人はそれなりに評価もされて、出世できたような気もするんですが、これから求められていく人材って、どっちかというとLのほうのリードなのかな、と。その意味では、まだまだスポーツがそう〔＝リーダーシップを育てる組織に〕なってないところもたくさんあるんじゃないかな……スポーツそのものが、ではなく、やりよう〔＝取り組み方次第〕だなって思います。

筆者　昨今の大学運動部では、組織によっては二百人、三百人の大所帯がザラに存在します。こうなるともう上澄みしか公式戦に出られないので、スポーツに本気で関わる機会を剝奪されてしまう。スポーツ推薦で入ってきた学生[9]なんかは特に……。そういう学生がスポーツを奪われてしまうとあとはもう、ひたすら腐っていくというかですね、ちょっと見るに堪えない感じになっちゃうんです……。

和井　就職活動までガマンしてる感じですよね……××部がその〔部に所属しているという〕属性で売ろうとするっていう。まさに竹生さんのおっしゃることはすごくよくわかります。その意味では、アメリカンフットボールってすごく対極な感じですよね。先ほどおっしゃってましたけど、専任のプロコーチもいないなかで学生が主体的にやってるっていうチームはいまでも多いと思うんです。

筆者　あと最近人気なのは、ラクロスですね。日本では一九八〇年代に競技団体ができたという新興のスポーツということになりますが、そういう競技市場として未成熟なラクロスで、男女ともに就職がいい[10]。竹生さんが話してくださった状況にかなり、いやすごく似ているのかな、と。

竹生　わかります。そんな話、僕も同じような話を別の方からも聞いたことがあって。今年、その〔竹生さんが展開する〕リーダー研修に実験的に複数のラクロスチームから入ってもらったんです。ある程度僕が信頼できる方から紹介していただいたチームの幹部なので、やっぱり意識も高かったし、入ってもらってよかったなって思います。本当に似てますよね、大学から競技を始める子たちが多いから、勧誘から頑張らないといけない状況です。大人が本格的に介在できない状況なので、学生が自主的にチーム作りをしてる。僕らのころ、m大がすごく強くて、それで結局ほかの私学が力を入れちゃったんですよね（苦笑）、特に関西のそこそこの私学は推薦枠作って、専任コーチ置いて、っていうふうにした。もしかすると、僕らのころよりも競技としては素晴らしいことかもしれないんですが、結果的にはそれで人間力みたいなものが育つ環境・土壌としては、若干悪くなったような気はします……。

筆者　教育機関でありながら、大人がお膳立てをすればするほど教育力が低下していくという逆説が……。
和井　マネジメントの経験が限られてしまうってことですね、むしろ。
竹生　そうです。おっしゃるとおりです。和井さん、よくわかると思うんですが、フットボールって、もともとトップダウンのスポーツじゃないですか、アメリカだと。だからフットボールっていうスポーツが本当に人材育てるのにいいスポーツかどうかって、たぶん違う気がしていて……。〝ほどよくマイナースポーツ〟だからいまはいいんじゃないか、という気がしてます、幸か不幸か（苦笑）。だからぶっちゃけ推薦枠の選手がほとんどで、ほぼほぼプロコーチが常駐するようなアメフト部員たちよりは、明らかに僕が直接指導している二部リーグ三部リーグの子たちのほうが、ビジネス視点では評価されるような経験をたくさんしてると思います。

3　社会文脈に埋め込まれた企業スポーツと体育会系就職／採用

以上、本章は、バブル絶頂期から金融危機に活躍した元R社員フットボーラー、体育会系就職／採用の体験者の語りに耳を傾け、当時の体育会系就職／採用の実態と、その文脈を形成する企業スポーツと大学新卒就職市場のダイナミズムの一端を記述した。整理しておこう。

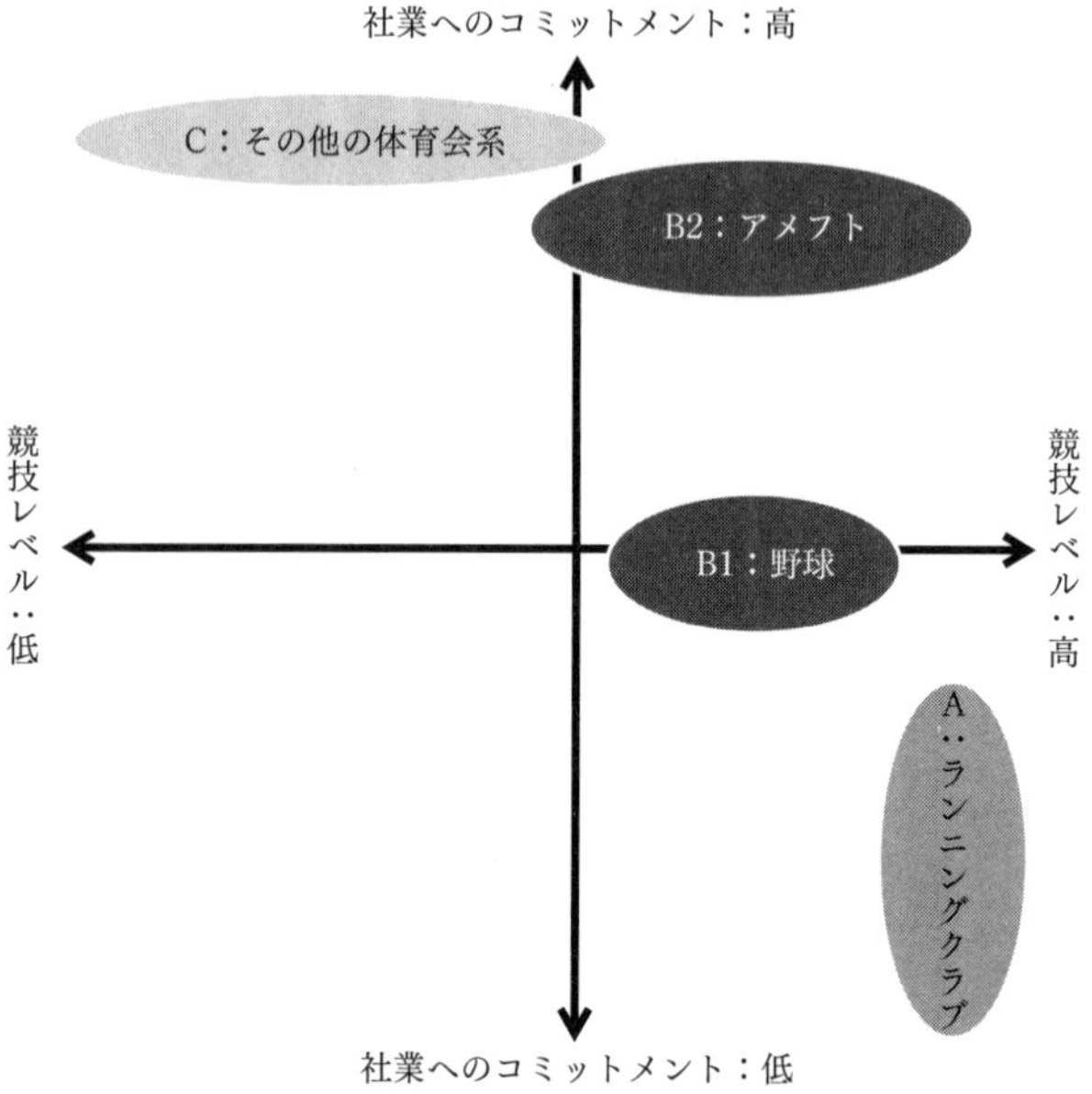

図表4-3　1990年代前半のR社の体育会系人材の競技レベルと社業へのコミットメントの関係（イメージ）

R社の体育会系採用

まず、R社のアメフトに限り、体育会系就職／採用は存在した。だがR社の場合、例えばただ単に「大学時代に運動部に所属していたから」という理由で採用が決定するものではなく、仕事面と競技面でさまざまなレベルが混在していた。数値的な裏づけがあるわけではないが、大学体育会系の比率は営業社員の約半数を占めるほど高かったという（秋元さん）。だが、ここに体育会系ということで採用の数値目標があったわけではなく、R社の採用基準（地頭×根っこ〔内発性＋考動力〕＋素直さ＝成長可能性）で求人した場合、結果として体育会系の比率が高くなったのかもしれない。他方、大学名による採用の数値目標（○○大学：十人、××大学：五人……）は厳然と存在し、採用担当者は常にR社の採用基準を満たす人材の〝出現率〟を意識していた。大学名は多くの学生が「地頭」条件をクリアしているだろうという、シグナル[11]として利用されたのである。

スポーツの競技レベルと社業へのコミットメントの関係で言えば、Ⓐ：国際レベルの大会での活躍を期待され、ほとんど社業に従事しない実質プロのような層（陸上長距離選手）から、Ⓑ：業務に従事しながらもハイパー（＝強化指定）クラブでアスレティックに活動する層、そのなかでもⒷ1：休みが多く一般社員と同じ基準で評価されないセミプロのような層（＝野球部）とⒷ2：一般社員とまったく同様に目標が設定され、同様の基準で評価される層（＝アメフトチーム）、さらにはⒸ：そうした指定クラブではないがたまたまR社の採用基準を満たしたから採用された層（その他の体育会系）まで、さまざまだったと考えられる（図表4―3）。

アメフト部の体育会系採用

ハイパークラブだったアメフトチームでは、仕事と競技の両方で日本一を追求するという目標の下、アメフト選手枠が設けられ、採用戦略の一環に位置づけられていた。ただし、前述のとおり、「働き手としての能力」を度外視して競技力だけで採用選考をおこなうのではなく、それはあくまでR社の採用基準（地頭×根っこ〔内発性＋考動力〕＋素直さ）を満たすことが前提とされた。まず、スカウティング専門スタッフが全国の大学の試合を行脚して集めてきた映像をもとに、出身校、競技歴、体格、ポジションといったアスリートとしての情報をリスト化する。次いで、食事会や説明会をおこなって学生本人とのコミュニケーションのなかで「一緒に働きたい度合い」を把握し、リストに落としていく。リストには大学日本一レベルの選手もいて、入社後は高い水準でのスポーツパフォーマンスの発揮が期待されるものの、本来の採用基準に到達していない候補者も含まれている。そのような競技力優位な候補者には、アメフトチームのリクルーティング担当者が社の人事部長に日参して熱意を示し、多少「ゲタを履かせる」ことができた。だが、アメフトチームとしては、エントリーマネジメントで徹底的に「仕事もアメフトもトップをめざす」という価値を説き、その価値観に共感できない候補者までをも無理にチームに誘うことはしなかった。

学生へのアプローチには先輩後輩関係、OBリクルーター、アメフトつながりの経路を利用することもあれば、そうでないこともあった。だがこのアメフト人脈についても、誰々の紹介だから採用されるのではなく、会社としての基準を満たすから採用されたのであって、あくまでコミュニケーションの頻度や質を高めることに寄与する程度だった。採用担当者間ではめぼしい候補者の性格や就職に対する姿勢などの情報を共有していて、ひとたびアメフト人脈が候補者のエントリーにネガティブに作用すると感じられたら、むしろアメフトが前面に出ないように注意深くアプローチされた。

「R社」の「アメフト」が置かれた当時の社会文脈

R社のアメフトチームは社内報に掲載されるような多くの優秀な営業マンを獲得し、また社長が交代しスポーツへの予算配分が減らされるなかでも複数回にわたって日本選手権を制するという、まさに「仕事も競技もトップを！」という価値を実現した。では、なぜそれが可能になったのか。

それは、当時のR社とアメフトという競技が置かれた社会文脈に依存していたと仮説できる。すなわち、当時のR社が最優良企業として認知されていなかったこと、それと当時のアメフトがいわゆる高偏差値大学で多く実施されたマイナースポーツだったことが、当該価値の実現の前提条件になったと考えられるのだ。二点を強調して指摘しておこう。

第一は、アメフトが企業スポーツのブルーオーシャンだったことだ。R社は一九八〇年代末に世紀の贈収賄スキャンダルの当事者になり、あらゆる面で企業イメージの回復を図らなければならなかった。秋元さんにRがハイパークラブをもった理由を尋ねた際、まず「いわゆる企業ブランド的なこと」と返ってきたのはそのような事情からだったかもしれない。R社がスポーツを通じて企業イメージの向上を図ろうとしていたことは、八九年の野球部創設の際の報道からも見て取ることができる。[12]

秋元さんが口にした「企業イメージの向上」と「社員の交流促進によるモラルの向上」は、一九八〇年代から九〇年代末期にかけての日本企業が社内スポーツクラブをもつ理由としては、ごく一般的なものである。だがそれだけに、野球やサッカー、ラグビー、バスケットボールといったメジャースポーツには多くの企業が参入した。確かに、アメフトでも銀行などが大量に参入したが、伝統的で人気があるメジャースポーツの比ではなかった。競技人口も多く、市場が成熟したメジャースポーツで日本一を実現するには、人的にも資金的にもきわめて多くのリソースを投じる必要がある。試合で結果を出すために、社員アスリートはスポーツに特化した勤務形態になっていくが、そうすると一般社員との距離が乖離し、同じように働く同僚を応援することによって果たすべき社員の交流促進機能、モラル向上機能が十全に果たされなくなる、というジレンマも生じてしまう。つまり、メジャースポーツはレッドオーシャン、マイナースポーツはブルーオーシャンなのだ。「程よくマイナースポーツ」（竹生さん）だったアメフトは、メジャースポーツと比較して早い時期に、低いコストで目的を達成できるフィールドとして適していたと言える。

また、アメフトが威信ランクの高い大学で多く実施されたマイナースポーツだったことは、R社の採用基準を満たす人材の出現率を高めた。竹生さんの表現を借りると、具体的には「〔アメフト〕未経験で大学に勉強して入って、新しいスポーツに出会って、勧誘も自分たちでめちゃくちゃ頑張ってやって、チーム作り、チームの練習プラン作ったり、それこそド素人のフットボールを知らない学生にフットボールを教えたり、それこそフットボールの面白さを伝えたり、みたいなことしながら戦力に育てた経験がある学生である。「世の中のいろんな企業がやってること」をすでに経験した学生を集めやすかったことは、社内報で取り上げられるようなトップ営業マンを輩出しつづけたこととも無関係ではなかっただろう。秋元さんが「その〔ハイパークラブ枠がなかった〕ときの人たちはめちゃくちゃ優秀ですよね、ほんとにみなさん。バブル期ぐらいの採用のアメフトの人はみんな優秀でした」と述べたように、当時アメフトを強化している高校など数えるほどしかなく、大学でもスポーツ推薦や指導体制が未整備な状況で、〝地頭〟×〝根っこ〟〔内発性＋考動力〕＋素直さを併せ持つ人材が育つ土壌、「仕事力」（叉野さん）や「人間力みたいなもの」（竹生さん）が培われる環境があったものと推察される。

これに関連して、近年のラクロスが男女ともに優良企業からの内定獲得率を高めているという第

2章の議論を思い出してほしい。現在のラクロスも高校で強化している部が少なく、スポーツ推薦や指導体制が十分に整備されている大学はまだまだ少ない。部員はまずしっかりと受験勉強して大学に入学し、そこで出会う新しいスポーツのチーム強化とマネジメントに自ら取り組まざるをえなくなっている。現在のラクロスとの比較からも、働き手として優秀な体育会系人材を育てるのは、特定のチームスポーツの見た目やルールの類似性にあるというよりは、学生アスリート自らが自律的に組織の強化やマネジメントに関わる経験を積める社会文脈にあるか否か、その類似性にあると仮説される。

そして、R社がそのような働き手としても優秀な多くの体育会系人材を吸収できた理由は、当時の社会文脈でR社が「異端」（叉野さん）だったという事実と関係するだろう。当時のR社は、財閥系の金融や商社と比較すると、黙っていても最優秀の人材が集まってきて採用できる企業ではなかった。社会人になっても「フットボールをプロに近い状態でできるチームはほかにもあった」（竹生さん）なかで、本気で仕事とフットボールの二兎を追えるという魅力が、優秀な人材を引き付ける強力なフックになったのかもしれない。なお、R社が当時の社会文脈で異端だったことが、優秀な女性社員の獲得にも寄与したものと推察できるのは、第2章末尾で論じたとおりである。

R社は、大学新卒就職市場で「異端」であり、アメフトは「程よくマイナースポーツ」だったことで、多くの優秀な体育会系人材（と女性社員）が集まる稀有な企業になった。[13] しかし一九九〇年代末から二〇〇〇年代初期にかけて、社会全体の景気と企業業績の低迷に伴ってスポーツチームは外部化され、アスリートとしての活躍を期待されるような新卒採用枠もなくなった。R社の体育会系就職／採用はこのように、企業と企業スポーツの栄枯盛衰によって多分に影響を受ける、きわめて文脈依存的な現象だったと考えられる。であるならば、第1章で提起した現在の体育会系神話の揺らぎや第2章で確認したエリート体育会系とノンエリート体育会系への分化は、このころから意識されはじめ、以降の社会的文脈の変化によって生じたと仮説することができる。第5章では、日本社会のしくみを根底から規定する雇用慣行、その雇用慣行に規定される高等教育、そして景気と企業業績に依存する企業スポーツの文脈変化をたどることにする。

注

(1) この旧帝大体育会の雰囲気については前掲「〝蛮カラ〟な運動部員の思想と身体」に詳しい。
(2) d大アメフト部は一九九〇年代の時点ですでに、大学アメフト界では別格の名門クラブとして評価が定着していた。
(3) 日本では伝統的に福利厚生の一環として社内レクリエーションがおこなわれてきたが、それは職員同士の紐帯と企業へのロイヤリティを強化する目的でおこなわれてきたと認識されている。
(4) アメフトよりも野球のほうが練習量が多く、ほかの営業マンとは明らかに勤務体系が異なっているように意識されており、同僚というよりは、企業が抱えているスポーツ選手、という認識になってしまっていた、ということ。
(5) 当時R社にはハイパークラブではないものの、ヨット部やボート部と称したサークルが存在した。

ここでは、ヨット部やボート部に属する現役社員の後輩で、〝ええ〟学生がおるという情報を得て会いにいっていた、という意味。

(6) のちにも出てくるが、「Sガルズ」はR社のアメフトチームの名称で、二〇〇〇年から企業スポーツチームからクラブ化して「RクラブSガルズ」に改称。〇三年から情報通信企業の「Oビック」がメインスポンサーになるタイミングで「OビックSガルズ」に改称した。

(7) 具体的に、本書の大学グループにおける「トップ私学」から「優良私学」くらいまで。ただし、優良私学グループの大学のなかには、指導者の方針で「社会人でフットボールをやらせない」という特殊な大学があり、その大学を対象とした食事会は開催できなかったという。竹生さんはまた、「d大n大o大g大までいくと、ちょっと食事会する感じじゃなかったですね、そこは一本釣りな感じでした。ああ、d大はまたちょっと特殊だったので、当時は、チームの試合のチケット買ったりして説明会させてもらいにいくっていうようなところだった」と続けた。

(8) アメリカンフットボールはポジションごとの専門性が高く、レベルが高くなればなるほど、各ポジションに専門のコーチングスタッフが必要になる。ちなみに、ここに登場したビデオ撮影専門のスタッフもR社アメフトチームの契約スタッフであり、「普段、練習のビデオも撮ったりするし、試合のビデオも撮ってくれる」という。

(9) 現在の大学スポーツ、特にスポーツ推薦入試制度が来たす現状については、束原文郎「〝スポーツ推薦体育会系〟の実像――〝一般受験体育会系〟との比較から」(日本体育学会編「体育の科学」第七十一巻第二号、杏林書院、二〇二一年、九三―一〇二ページ)に詳しい。

(10) 第2章を参照のこと。

(11) 市場シグナル (market signals) とは、「意図的にまたは不意に、他人の印象を変えたり、情報を伝える個人の属性または行動」とされる。労働経済学者の小野によれば、「企業が採用前に応募者から得たい情報とは、能力、生産性、意欲といった素質である。しかし、これは観察できない(unobservable)ため、企業としては観察できる材料(observable)から判断するしかない。観察できるものには、履歴書に記載された学歴などの個人情報、また面接場面において面接官が直接応募者から観察できる身だしなみ・様相などが含まれる。この状況から観察できるものを観察できないものに代替したものがシグナル」であり、特に教育社会学者が「学歴」の機能を議論する際の有力な理論枠組みとして用いられてきた。小野浩「労働経済 スペンス『市場でのシグナリング活動』」「日本労働研究雑誌」第五十八巻第四号、労働政策研究・研修機構、二〇一六年

(12)「リクルート社に野球部」「毎日新聞」一九八九年十一月十六日付

(13) そのとき入社した社員の多くはすでにR社を去っているが、女性も含めて元R起業家や経営者として社会にその名をとどろかせる人も少なくなく、またR社自体も日本を代表する優良企業に成長した。「キャリハイ転職」「起業家輩出企業リクルート出身の女性起業家12人」二〇二〇年(https://www.recme.jp/careerhigh/entry/businesswomen)、笹本裕/竹村俊助「「元リクルートのビジネスマンはなぜこんなに強いの?」…30代前半でも退職金1000万円!?——ツイッター社長に30の質問 #14」二〇二〇年「文春オンライン」(https://bunshun.jp/articles/-/40099)[二〇二〇年十一月三十一日アクセス]、参照

第5章　日本社会のしくみと体育会系神話

本章では、第2章から第4章までに得た知見を俯瞰するとともに、体育会系神話が成立する条件について議論する。

1　本章の目的

体育会系就職の現在

そもそも体育会系が就職に有利であるという現象は、現代の大学新卒就職市場でも観察できるのか。第2章では、便宜的に東証一部上場企業（T1企業）を優良企業とし、優良企業からの内定獲得にスポーツ種目が与える影響を考察した。サンプルには、体育会系限定の就職支援企業が展開するポータルサイトに登録された二〇一三・一四年度就活生プロファイルデータ〔有効：男性：八千二百四十七人〔五六・三％〕、女性：三千七百三十七人〔五二・八％〕〕を使用した。①有効サンプルのうち男性：二千三百四十一人（二八・四％）、女性：七百八十九人（二一・一％）がT1企業から内定を得ていた。一四年の大卒者約五十六万人のうち、T1企業への内定者数は約十一万人（約二〇％）であり、女性では大きな差異がみられない一方、男性は有利な結果を得ていた。②多変量解析の結果、男女ともに威信が低い大学に所属することは優良企業への内定率を有意に低減させる。③男性は剣道／薙刀、アメリカンフットボール、サッカー、競漕／サーフィン、硬式テニス、ラグビー、ラクロス、野球、バスケットボールで、女性は硬式テニス、ゴルフ＋スキー＋スケート、陸上、水泳、ラクロス、アメフト、競漕／サーフィン、チア＋応援団で、内定獲得率を有意に高める効果をもった。

以上から、現在の体育会系が大学新卒就職市場で有利になる条件とは、「威信が高い大学」の「伝統的チームスポーツ」部に属する「男性」と抽象した。これは、就活で優位を維持する「エリート体育会系」と、どちらかと言えば不利な立場に置かれることもある「ノンエリート体育会系」へ分化が生じていることを示唆していた。

体育会系神話の起源

第3章では、「体育会系神話」がわが国でいつから、なぜ、どのように発生したかを明らかにした。主な史料として、明治期から昭和初期に流通したビジネス雑誌「実業之日本」の記事を用いた。

大正初期、まだ体育会系への明確な気づきはなく、実社会の競争に生き残るためには「強壮なる身体」を持ち合わせるべきだという価値観だけがあった。大正中期、実業界を席巻しつつあった「体育熱」の高まりを背景に、①広告と②遠隔地での離職防止という二つの機能が意識されるようになる過程で各会社の重役に体育会系が多いことが認識されるようになり、体育会系神話の萌芽がみられるようになる。大正末期になると、学力偏重採用への反省を背景として「体育会系神話」が確立された。

その後、昭和初期には、体育会系就職では「プロ／アマ」の区別が明確になり、アマチュア的要素が優位に序列づけられるなかで、あらためて公正・高潔な精神性であるところのスポーツマンシップが有用な身体を構成する要素として浮上する。身体的にも精神的にも問題を抱える「教養系」がマイナスイメージを一手に引き受けて企業から忌避される一方、体育会系は何の変化もなかったために「思想穏健」のシグナルと認識され、採用上ますます重要な視点として了解されるに至った。

体育会系の初期イメージとは、該当人口のわずか〇・一％程度しか存在しないような、旧帝大レベルの頭脳と強健な身体を併せ持つスーパーエリートだった。

最盛期の体育会系就職

第4章では、第2章と第3章のギャップの背景に迫るべく、一九九〇年代、つまり、バブル経済の最盛期に体育会系就職／採用を経験した元R社アメフトチームの男性三人（＋和井さん）に、当時の実態を回顧してもらった。まず、R社では体育会系就職／採用は厳然たる事実として存在した。

体育会系は約半数を占めたとも想定されるが、明確な数値目標があったわけではなく、また、ただ単に大学時代に運動部に所属していたから、社員とつながりが強い後輩だから、などの理由で採用が決定するものでもなかった。R社の採用基準（成長可能性＝地頭×根っこ〔内発性＋考動力〕＋素直さ）で求人した場合、結果として体育会系の比率が高くなったのだと考えられた。

一九九〇年代のR社のアメフトチームは、社内報に掲載されるような多くの優秀な営業マン兼選手を擁し、複数回にわたって日本選手権を制した。まさに理想的な企業スポーツ強化、そして体育会系採用の成功モデルと言えるが、その実現の前提条件として、当時のアメフトがいわゆる「威信の高い大学」で多く実施された「マイナースポーツ」だったことが考えられた。アメフトはまだ競技として市場が成熟しておらず、企業スポーツのブルーオーシャンだったことで、成果としての競技成績を出しやすかった。また、高校段階で強化している部が少なく、ほとんどの大学でスポーツ推薦や指導体制が未整備だったことにより、部員はまずしっかりと受験勉強して大学に入学し、そこで出合う新しいスポーツのチーム強化とマネジメントに自ら（自主的／自律的／自発的に）取り組まざるをえなくなっていた。すなわち、アメフトの学生アスリートであればおのずと組織の強化やマネジメントに関わる確率が高くなる社会文脈にあり、それが結果としてR社の採用基準を満たす人材を育む土壌になったと考えられた。このように、最盛期にあっても体育会系就職／採用は、企業と企業スポーツの栄枯盛衰によって多分に影響を受ける、きわめて文脈依存的な現象だったと仮説された。

本章の目的

現在の体育会系就職の実態としては、エリートとノンエリートの分化がみられる。では、この変化がいつ、なぜ、どのように生じたのか。常にエリートだったところから一部が没落し、それが体育会系神話の揺らぎになってあらわれたのかというと、そうではないだろう。勝敗のあり方が変わったのは、戦力分布が変わったのではなく、またゲームのルールが変わったわけでもない。変わったのはゲームの前提だ。体育会系を取り巻く環境、体育会系神話が埋め込まれた社会的文脈が変わったのである。

別の言い方をすると、エリート体育会系であることの条件、「威信の高い大学」「伝統的チームスポーツ」「男性」というカテゴリーは、以前の体育会系神話では意識されなかった。「体育会系」でひとくくりにしてよかったからだ。では、現在の体育会系でそれらのカテゴリーが意識されるようになったのは、なぜか、そうした社会的了解はいつ頃から、どのように醸成されてきたのか。本章では、第1章で掲げたゲームの成立や前提を問う作業に取り組むことにしよう。

結論を先取りすることになるが、体育会系神話の揺らぎや変容は、日本特殊的な雇用慣行、高等教育（＝大学）、企業スポーツの社会的文脈が変化したことによって生じたと推察される。以降、高等教育の様態を根本から規定する日本の大企業型雇用慣行、少子化と大学の経営問題、そして成長経済の限界と企業スポーツの変容という観点から考察する。

2 「体育会系神話」成立の社会学的前提

高等教育の様態を規定する日本の大企業型雇用慣行

①日本の雇用慣行と生き方の対応

まず、日本社会のあり方を根底から規定する雇用慣行について、社会学者・小熊英二の『日本社会のしくみ』[1]に基づいて概観しよう。小熊は、日本社会に生きる人々の生き方を、「大企業型」「地元型」「残余型」の三つのモデル（理念型）のいずれかに分類されるものとして理解しようとした。[2]「大企業型」とは、「大学を出て大企業や官庁に雇われ、「正社員・終身雇用」の人生を過ごす人たちと、その家族」であり「カイシャ」に足場がある。一方、「地元型」とは、「地元の中学や高校に行ったあと、職業に就く。その職業は、農業、自営業、地方公務員、建設業、地場産業など」、すなわち、「卒業して地元から離れない生き方」であり「ムラ」に足場がある。「残余型」は、「生まれ育った地域を離れたあと、一つの企業に長く勤めることもなく、企業にも地域にも足場を作らなかった」人々である。

小熊の記述に沿って三つのモデルの特徴を図表5―1にまとめた。近年では、大企業型二六％、地元型三六％、残余型三八％と推計される。戦後を通じて地元型の割合は減り、残余型が増加してきていて、それが都市部の高齢者や一人親世帯の貧困、同一労働賃金格差、地方の急激な高齢化・

図表5-1　小熊英二による日本社会の生き方のモデルとその特徴

	大企業型	地元型	残余型
現在比率（推計）	26%	36%	38%
収入と支出 （職場／賃金） （住宅） （生涯賃金）	多くなりがち ・大企業／高賃金 ・住宅ローン負担 ・年齢とともに上昇（右肩上がり）	少なくなりがち ・中小企業・自営業／低賃金 ・持ち家、親からの相続 ・一定（右肩上がりではない）	多様
人間関係 （育児） （政治へのコミット）	会社内に限られがち ・育児困難、公共サービス頼み ・低くなりがち（転勤多し）	地域に張り巡らされる ・地域包括育児 ・高くなりがち	多様 ・低くなりがち
年金 （高齢就労の割合）	厚生年金（多額） ・低い	国民年金（少額） ・高い	多様
不満	・労働時間が長い ・転勤が多い ・満員電車／狭小住宅 ・保育所が足りない	・過疎化 ・高齢化 ・高賃金の職がない	不明
1950年代生まれ	34%		
1980年代生まれ	27%		
増減トレンド	減少〜横ばい	減少	増加

過疎化といった諸問題の背景になっている。なぜなら、日本では大企業型（カイシャ）と地元型（ムラ）によって大部分が包摂されるという前提でさまざまな制度や慣習の束（しくみ）が組み上げられ定着していたが、その構成比が大きく変わってきたからだ。

例えば、日本の社会保障は、大企業型が厚生年金、地元型が国民年金になって、前者が多額、後者が少額になりがちだ。それは大企業型が物価の高い都市部で行政サービスを受けながら老後を送らなければならないのに対し、地元型自営業者は死ぬまで働き、収入の不足があれば血縁や地縁といった社会関係に基づく相互扶助（ソーシャル・キャピタル）(3)によって補われることから、多額の年金を必要としないだろうという想定のもと組まれた。どちらにも包摂されない残余型の増加が、制度疲労としてさまざまな社会問題の前提を供給している。

その大企業型の雇用慣行が規定している社会領域は、健康保険や年金といった社会保障だけではない。教育、特に大学を含む高等教育のあり方に及ぼしている影響は甚大であり、それこそが体育会系神話の現在、すなわち、エリートとノンエリートの分化とエリートがオーセンティックな要素で占められるという現象の前提を供給していると考えられる。

②日本の大企業型雇用慣行＝メンバーシップ型

第1章でもふれたとおり、日本の一般的な初職入職の方式は、高卒でも大卒でも新卒一括採用だが、これは他国でみられない日本特殊的な慣行・文化だと言える。この新卒一括採用は、使用する企業にとっても入社する学生にとっても重要だからこそ、学生・生徒側の学校生活のあり方に小さくない影響を与えている。なぜなら、企業内組合のもとで終身雇用を前提とする大企業側にとっては、職務や勤務地が変わっても素早く適応・対応できる潜在能力が高い〝メンバー〟を確保する必要があり、そうしたジョブローテーションや転勤を受け入れながら会社に勤続することが社内での昇進・昇給の根拠とされる労働者（学生）側にとっては、何としても学校卒業時点で大企業のどこかの〝メンバー〟になっておく必要があるからだ。

小熊は欧米の雇用慣行と日本の大企業型雇用慣行を対比させながら、前者が「初めに職務ありき」であるのに対し、後者は「初めに職員ありき」であることにその特徴があることを指摘している[(4)]。労働政策学者の濱口桂一郎も、前者に「ジョブ型」、後者に「メンバーシップ型」と命名し、それぞれ、「仕事があって、それに対して人を選定するという欧米型。就職すると言われるように、まずは職ありきの考え方」と、「人を決めておいて、仕事を人の強みに合わせて割り当てる日本型。入社する、と言われるように、その会社のメンバーになること[(5)]」と説明している。

加えて、企業規模による賃金格差[(6)]と、中小企業から大企業への転職が事実上閉ざされている「封鎖的労働市場[(7)]」の条件下では、なおさら新卒一括採用時の大企業入社の成否の重要度が増す。大企業は新卒一括採用をやめられないからジョブローテーションや転勤を命じながら人材を育成せざるをえず、ジョブローテーションや転勤による人材育成をやめられないから新卒一括採用でポテンシャルが高いとみられる人材を確保せざるをえないのである。

③メンバーシップ型雇用での人材の採用と育成

それでは、企業は労働者の潜在能力の高さをどのように評価するのか。日本の現状としては、大学までの学（校）歴が有力な基準として機能している。人材コンサルタントの海老原嗣生は、「企業は新卒採用者の選抜にあたり、卒業大学のランク〔本書でいう威信〕を重視している。企業がそれによって評価しているのは、「地頭のよさ」「要領のよさ」「地道に継続して学習する力」といった「ポテンシャル（潜在能力）」だ」「この三つの能力があれば、どの部署に配置してもマジメに努力し、早く仕事を覚え、適応することが期待できるからだ[8]」とした。

小熊はこれをふまえ、大学までの学（校）歴が評価されるという事態の傍証として、経団連（日本経済団体連合会）が一九九七年から毎年おこなう「新卒一括採用についてのアンケート」で「選考にあたって重視した項目」の上位に「コミュニケーション能力」「主体性」「チャレンジ精神」「協調性」「誠実性」など性格的な要素があがり、「語学力」「履修履歴・学業成績」「留学経験」などの職務遂行や専門性に関わる要素が下位にとどまる傾向があること、「仕事に必要な学歴よりも自分の学歴のほうが高いと思う人の割合」がOECD加盟国中最多だったこと、二〇〇六年以降は大学院進学者が減少傾向であること、などを指摘している。どういうことか。

学習内容と具体的な職務の関連が低いメンバーシップ型採用では、専門性が評価されない。だから、採用に際して性格的な要素が重視され、すなわち学習内容の価値が低く感じられ、結果として学位取得のインセンティブが低下する。文部科学省の資料をもとに、日本、アメリカ、ドイツ、フランス、イギリス、韓国、中国の近年の博士号取得者の変化を図表5―2にまとめた。

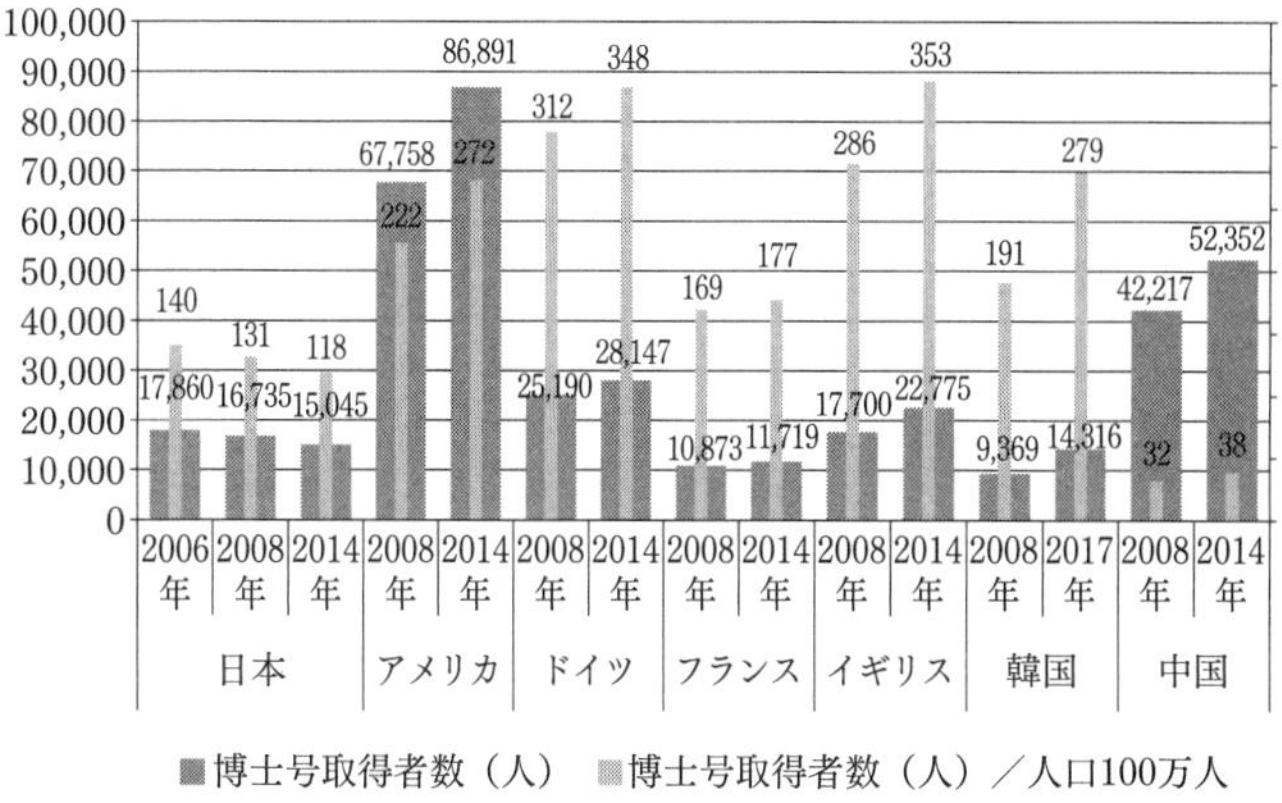

図表5-2　近年の国別博士号取得者の変化
（出典：文部科学省科学技術・学術政策研究所「科学技術指標2018」をもとに筆者作成）

ジョブ型をとる欧米で、職務に対応した学習内容や学位が好待遇につながるため博士号取得者が増加（つまり高学歴化）していることと対照させると、日本の雇用慣行の特殊性と高等教育への影響力の大きさが際立つ。

「〔日本の〕企業が重視するのは、大学や大学院で何を学んだかよりも、どんな職務に配置しても適応できる潜在能力である。その能力は、偏差値の高い大学の入学試験を突破したことで測られる」。そして「日本で大学入試のランキングが重視されるのは、企業や官庁が、修士号や博士号を重視していないからである。「博士号・修士号・学士号」という序列が機能していないから、「A大卒・B大卒・C大卒」という序列が重視される」ことになる。こうして、日本の大企業型雇用慣行は、学習内容よりも大学威信（大学入試ランキング）に固執する、世界的にみれば特異な教育慣行（いわゆる〝学歴主義〟[9]）を生み出して強化していくことになった。

高等教育のマス化と体育会系の生存戦略

大企業型の雇用慣行が教育の様態を規定している。体育会系は、大企業型雇用慣行と学歴主義の対応というゲーム盤の上で一九八〇年代までは有利を維持してきたものと考えられる。戦後の高等教育と大学新卒労働市場のダイナミズムを図表5―3にまとめた。これに基づいて議論を進める。

①大学のマス化

戦後の大学教育は、一九六〇年代から七〇年代にかけてエリート教育段階からマス教育段階へ移行する。一度目の東京オリンピックに重なる進学ブーム（一九六四年進学率：男性二七・九％、女性一一・六％）を除くと、男性は六六年の二〇・二％（四大：一八・七％、短大：一・五％）から七五年の四三・六％（四大：四一・〇％、短大：二・六％）まで、女性も六六年の一一・八％（四大：四・五％、短大：七・三％）から七六年の三三・六％（四大：一三・〇％、短大：二〇・六％）まで、進学率は一貫して上昇した。だがその後、男性は九〇年の三五・二％（四大：三三・四％、短大：一・八％）まで低下し、女性は八六年の三三・五％（四大：一二・五％、短大：二一・〇％）までの横ばいから九〇年の三七・四％（四大：一五・二％、短大：二二・二％）と上昇傾向を維持した。短期大学を含む大学数はこの間、六〇年：二百四十五校、六五年：三百十七校、七〇年：三百八十二校、七五年：四百二十校、八〇年：四百四十六校、八五年：四百六十校、九〇年：五百七校と、二倍強になった。(10)

大卒労働市場を対象にした歴史社会学者の福井康貴は、エリート教育からマス教育への移行の特徴として、私立文系学部学科の増加と女性進学率の顕著な上昇を指摘した。[11]福井が「学校基本調査」をもとに作図した「大学入学者の分野別構成比（男女計[12]）」によれば、一九六〇年代末から八〇年代の私立大学入学者の約七〇％が人文社会科学系とみられ、その割合は二〇〇〇年代に入っても大きくは変化していない。

他方、学歴主義社会では一般的に、ひとたび学歴上のジェンダーギャップが縮小したら、雇用のジェンダーギャップも同様に縮小するはずだが、日本ではそうならなかった。つまり、女性の高学歴化の大企業正規雇用に対する効果は限定的だったとみられる。女性の高学歴化の三分の二（全体の三〇％としたときの二〇％）が短大進学だったから、というだけではなく、大企業にとって、女性はもともと基幹社員として企業の未来を担う人材と見なされず、一般的な事務や補助的な業務を担当する存在、いわゆる縁辺労働力と見なされていた。非正規社員ではなくても（つまり、正社員であっても）、男女別定年（女性にだけ適用される結婚定年あるいは三十五歳定年）などがあり、企業の人件費抑制に利用された。一九八五年に成立した男女雇用機会均等法以降も、多くの大企業で総合職／一般職の区分が導入され、従来どおり性別による不平等な扱いが制度化された。女性の不利は続いていた。

②学校の職安機能

一九六〇年代から七〇年代に大学教育のマス化（学生数：一九六〇年約七十一万人→八〇年約二百

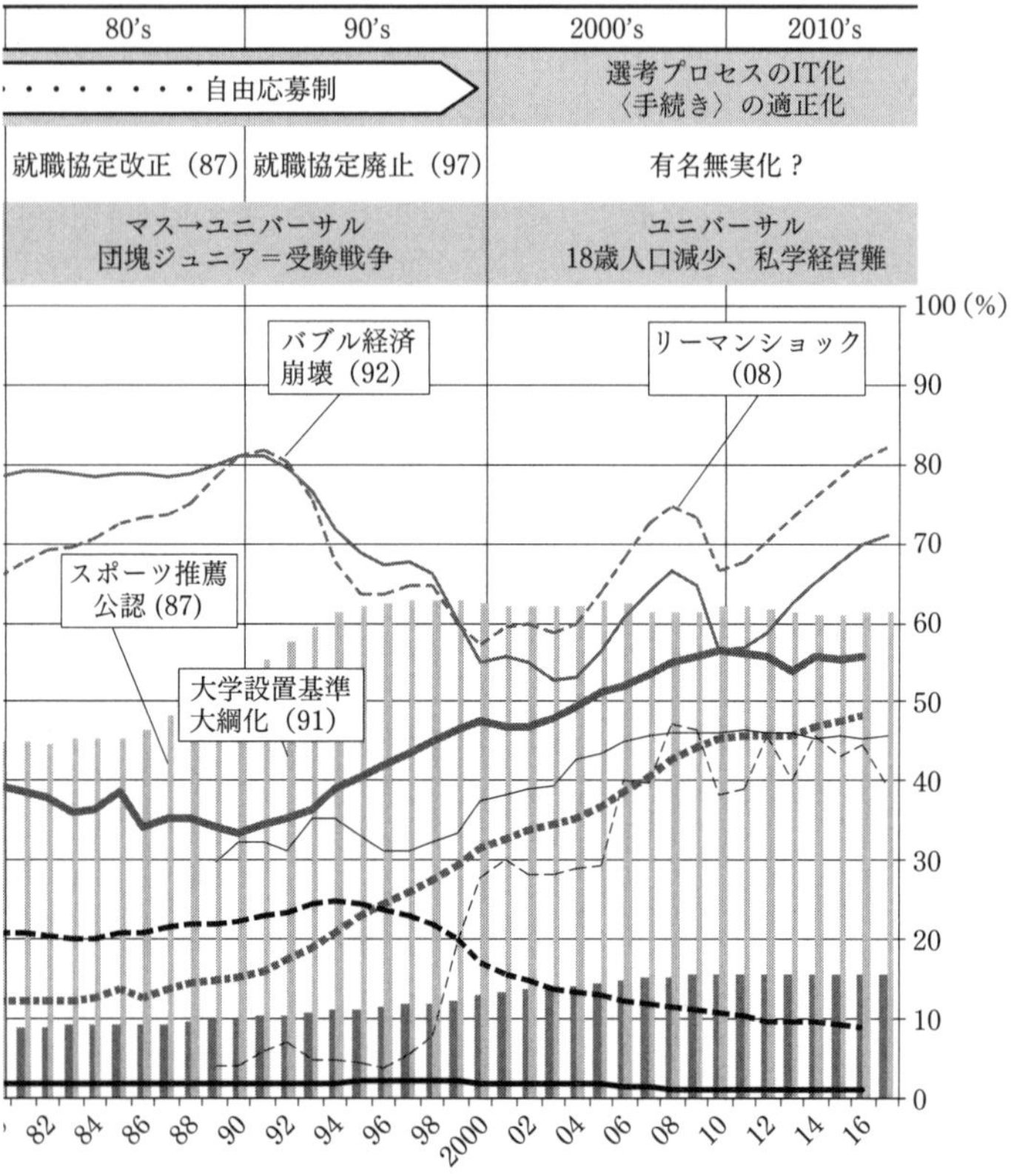
80's
90's
2000's
2010's
・・・・・・・・・自由応募制
選考プロセスのIT化
〈手続き〉の適正化
就職協定改正（87）
就職協定廃止（97）
有名無実化？
マス→ユニバーサル
団塊ジュニア＝受験戦争
ユニバーサル
18歳人口減少、私学経営難
100（%）
90
80
70
60
50
40
30
20
10
0
バブル経済
崩壊（92）
リーマンショック
（08）
スポーツ推薦
公認（87）
大学設置基準
大綱化（91）
82
84
86
88
90
92
94
96
98
2000
02
04
06
08
10
12
14
16

	～1950's	60's	70's
大卒新卒市場	職業安定法（47） 同法改正（49）	学校推薦制・・・・・・・・・・・指定校制・・・	
就職協定	就職協定（52）	日経連「野放し宣言」（62）	接触規制（73）
大学	エリート→マス 女子進学率上昇、私立大学数増加、社会科学専攻増加		

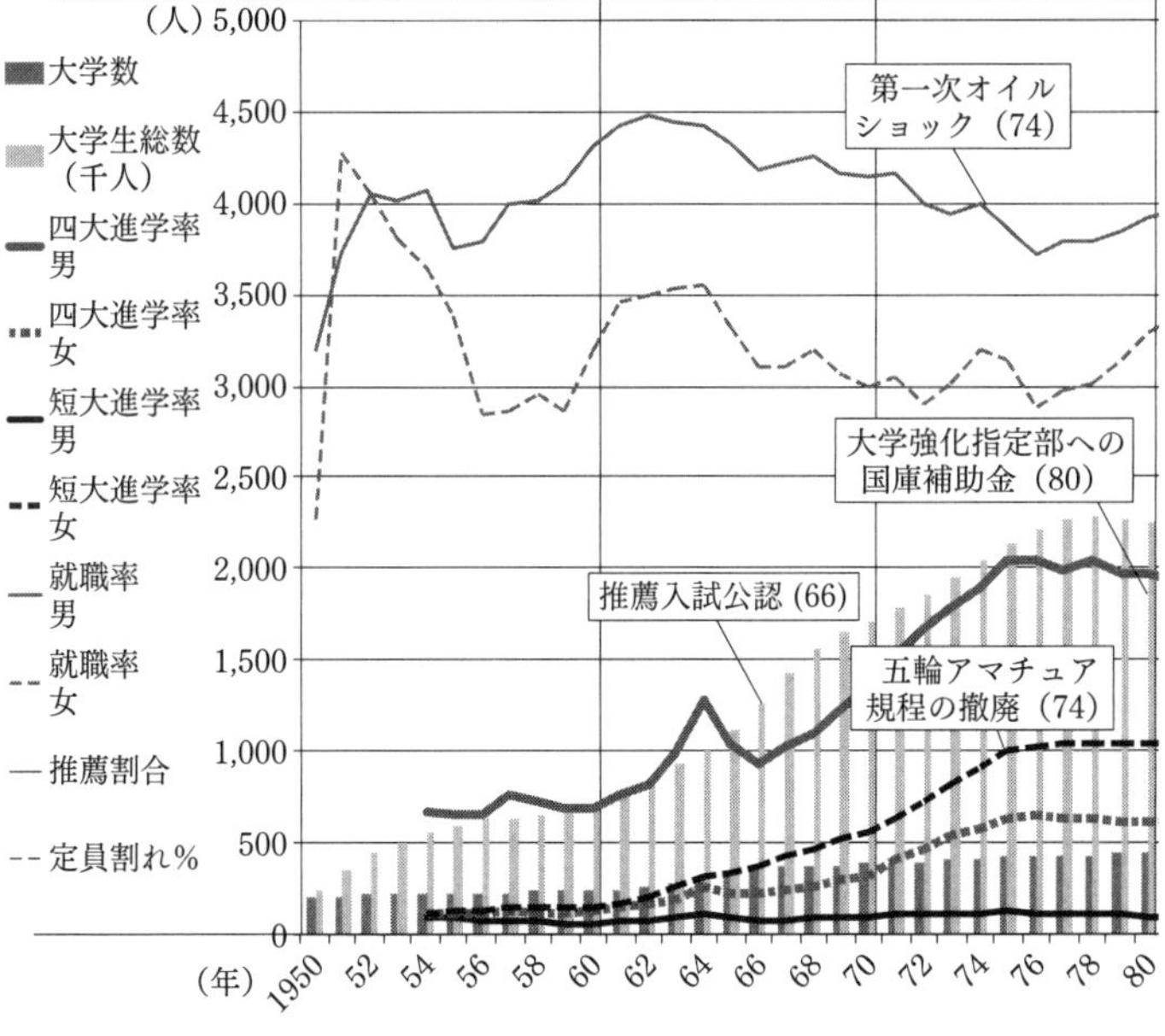

図表5-3　高等教育と大学新卒労働市場のダイナミズム
（出典：福井康貴『歴史のなかの大卒労働市場――就職・採用の経済社会学』〔勁草書房、2016年〕、文科省「学校基本調査」、東原文郎「エリート神話の成立と崩壊　学歴差・男女差・競技差を直視せよ」〔「中央公論」2018年10月号、中央公論新社〕をもとに筆者作成）

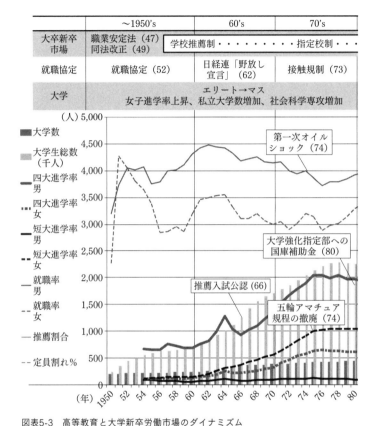

二十五万人）が進んでも、大卒者を採用する大企業側に大きな混乱はなかっただろう。なぜなら、有力大企業のほとんどが採用にあたって学校推薦や指定校制を利用したからだ。学校推薦制は文字どおり大学が学内選考をおこなって応募者を絞り込んでから企業に推薦するのに対し、指定校制は、企業が特定の大学（・学部・学科）を指定することで応募者の母集団形成の時点で事実上の制限を加えることである。

大学は、一九四七年の職業安定法と四九年の同法改正を経るまでもなく、戦前から学生の紹介・斡旋を繰り返しおこなうことで、事実上の職業安定機能を担っていた。[13] 教育社会学者の苅谷剛彦は、こうした「継続的な取引関係のなかで、信頼を基礎に確実性の高い情報の交換によって雇用―採用―職業紹介の安定化をはかるネットワークであり、関係の継続性のなかで一方の行動を他方が制御する規範を伴った関係」を「実績関係」[14]と呼んだ。両者が継続的で安定的な需給関係＝実績関係を保っていれば、企業にとっては学生についての「確実性が高い情報」に基づいた選抜・採用が、大学にとっては景気に左右されることなく卒業生の優良で安定的な雇用先の確保が、それぞれ低コストで実現できる。

メンバーシップ型の雇用が前提になる日本では、優良大学と大企業の間に築かれた実績関係は、双方に多大なメリットをもたらす排他的互恵関係だったのである。

③学歴競争の激化

受験者の側としては、こうした排他的互恵関係の内側に包摂されるべく一部の優良大学をめざすようになる。社会全体の進学率が高まればいいが、一九七五年以降九〇年代初頭まで、男女ともに進学率の上昇は認められない。男性に至っては下降している。これは、オイルショック後の七五年の私学振興助成法の成立とそれに伴う私立学校法の改正によって、大学・学部・学科の新・増設や収容定員の変更が原則不許可になったことに帰因する。[15]八五年まで続く、いわゆる入学者数の総量抑制である。

個々の大学の定員数が許認可で規制され、かつ定員超過に対して補助金の削減による経済的サンクションが与えられるようになった。私立大学は規模拡大を停止して教育環境の充実に力を入れ、悪化する財務状況の改善に補助金を頼ることになった。その結果、「学生数の総量抑制という公的規制は、私学助成との組み合わせによって私学経営の危機的な状況を著しく改善した一方、大学間の規模による経済格差を温存させ、学生の教育費負担〔授業料〕が高まった[16]」という。

大学威信の序列を維持しながら、私立大学は業界として経営を安定させた。総量規制はあったが、それまでであれば大学に入らなかった層（高卒者あるいは専門学校進学者、そして女性）を取り込んだ。それにもかかわらず、大企業への就職は一部の優良大学に限られるという事態に直面するため、受験戦争は激化していった。

一方で、先の実績関係、すなわち大企業側の学歴による排他的な選抜方式は、新興の私立大学に進学した学生からすれば、あからさまな学歴差別に映った。小熊は、一九六〇年代末、大学を出れば就けると期待した企業に入社できないことを悟った学生たちの怨念が、学園闘争として噴出したと分析する。[17]

学園闘争ほど極端な形態をとらなくても、一九六〇年代後半から八〇年代にかけて、大企業の採用手法に対して学歴偏重という批判が社会的に高まったのは事実だろう。学（校）歴によるフィルタリングは、文部省が七〇年、七五年、七八年と三度にわたって、「学歴偏重の社会的風潮を是正するために、新規大卒者の就職における排他的指定校制の実態を中心に、企業における学歴評価等の実態を把握する」目的で、「民間企業の新規学卒者の求人および応募者受付の方針[18]」を調査したことからもわかるとおり、社会的な関心事だった。

④体育会系の生存戦略

そうした学（校）歴による排他的選抜制度だと問題視された学校推薦制や指定校制によっても、またそれらへの批判をかわすために導入された自由応募制の下にあっても、結局は体育会系の有利が維持される方向に作用したと考えられる。戦前にあった体育会系のエリート性はもはや失われていたが、教育社会学の蓄積[19]からは、大学新卒就職市場での体育会系は、実績関係の下で学内推薦を獲得するため、あるいは選考で事実上の大学枠を獲得するため、同じ大学の学生に対する差異化機能を果たしたものと推察できる[20]。

一九七三年の就職協定で学生―企業間の接触規制が敷かれ、その結果活躍することになった「OB・OGリクルーター」は、指定校制への対抗措置として導入された自由応募制の趣旨を骨抜きにした。「青田買い」の解消が課題だった八二年、企業による大学生への早期接触を監視する立場にあった職業安定局長・関英夫が「協定違反は夏休みごろの学部ゼミの同好会、あるいはスポーツ関係のクラブ友好会等々に先輩がくるあたりから始まるのですから、これは非常にわかりにくい」[21]と嘆くとおり、企業はOB・OGをリクルーターとして大学に派遣し、より有為な人材をいち早く囲おうとした。自由応募を謳ってはいたが、大企業ではA大学〇人、B大学△人……というように募集定員を大学ごとにあらかじめ決めていて、OB・OG訪問時からリクルーターによる実質的な選考をおこなっていたために、求職側ばかりでなく求人側にとってもスポーツを介して＝装って接触できる体育会系にアドバンテージがあったものと推測できる。[22]その具体的なありようについては第4章で確認したとおりだ。

一九八〇年代から九〇年代初頭にかけて、厚生労働省が三年に一度企業に対しておこなっていた採用管理調査、新卒採用重視項目には、「専門知識・技能」や「一般常識・教養」などの能力に関連する項目から「積極性」「創造性」「協調性」という資質に関する項目までが並ぶなか、「運動部で積極的に活動していた」という質問項目が設定された。

学生を対象として実施された複数の学術調査でも「体育会系運動部での活動」[23]「体育会やサークルの活動」[24]などが質問項目に必ず登場した。[25]教育社会学者の平沢和司は、一九九〇年代初頭に就職内定先の企業規模に与える大学生活の影響を調査し、課外活動の指標として「体育会」を取り上げているが、その理由を「就職に際して体育会に所属していると有利である、あるいは体育会出身者は別枠で採用される、といったことが一部で喧伝されているので、その真偽を確かめるため」[26]と明確に述べている。優良大学と大企業との安定的な対応関係が前提になるなかで、学生からすれば同じ大学の学生に勝つ必要があり、体育会系は学内競争でのわかりやすい差別化戦略の一つになったのである。

スポーツの様態を規定する日本の大企業型雇用慣行——企業スポーツの隆盛

一九八〇年代までの体育会系優位を支持する要因として、企業スポーツの好調もあげられる。日本のトップアスリートは、野球など一部のプロスポーツを除いて、公務員や企業の従業員として生計を立てながら競技会に参加するいわゆるアマチュアだった。バブル経済崩壊以前の企業スポーツは、アスリートの競技力向上支援と生活保障という二つの機能を果たしていた。

一九一二年から二〇〇八年夏季オリンピック日本代表選手団までの所属組織と最終学歴を集計したところ、五六年のメルボルン大会までは中・高生を含む学生選手の比率が学卒選手のそれを上回っていたが、六〇年のローマ大会からは学卒選手の比率が学生選手のそれを上回り、以後、七〇%から八〇%程度を学卒選手が占めるようになる[27]（図表5—4）。

時代によって変動はあるが、日本の場合、アマチュアリズムを堅持していたＩＯＣ（国際オリンピック委員会）が一九七四年にその憲章から「アマチュア」の文字を削除し、八八年ソウル大会で女性テニスプレーヤーのシュテフィ・グラフがプロアスリートとして参加しても、「九二年バルセロナ大会までは、八幡製鉄（現・日本製鉄）や日本鋼管（現・ＪＦＥホールディングス）を中心とした鉄鋼産業、ユニチカ（旧・大日本紡績、ニチボー）や東レ（旧・東洋レイヨン）、旭化成、リッカーミシンといった紡績関連企業が多くの〔国際レベルの〕アスリートの生活を保障してきた[28]」（図表5—5）。

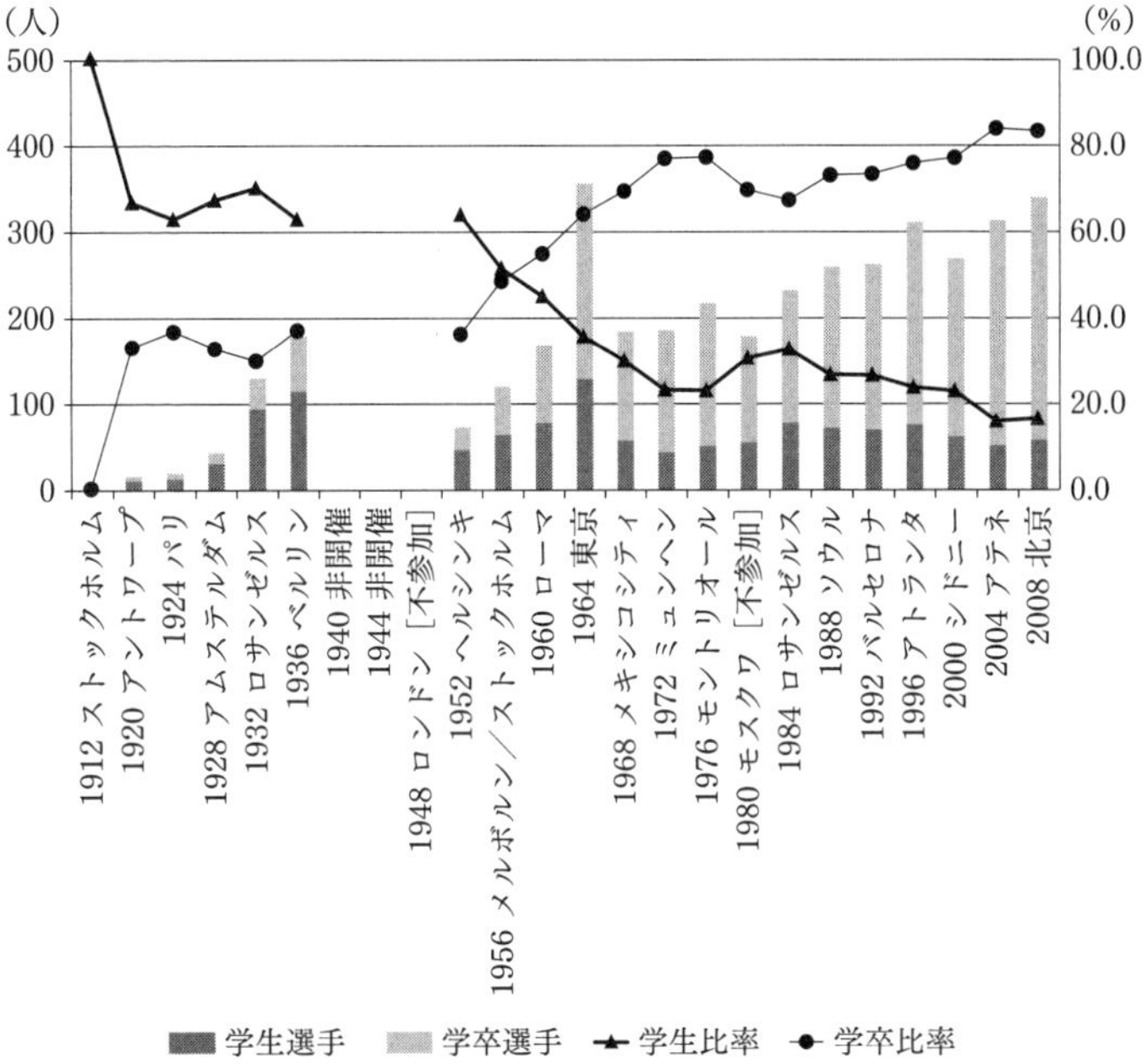

図表5-4　夏季オリンピック日本代表選手団の学生／学卒別選手数の割合の推移
（出典：東原文郎「1912年―2008年夏季オリンピック日本代表選手団に関する資料——所属組織と最終学歴を中心に」「スポーツ科学研究」第10号、早稲田大学スポーツ科学学術院、2013年、248ページ）

1996 アトランタ	
社名	人数
自衛隊体育学校	8
日本電信電話	7
ジャパンエナジー	6
シャンソン化粧品	6
旭化成工業	5
日本石油	5
太陽誘電	4
プロサイクリスト	4
ユニチカ	4
読売西友ベレーザ	4
乗馬クラブクレイン	3
ダイエー	3
ミキハウス	3
リクルート	3
清水 FC エスパルス	3
ジュビロ磐田	3
鈴与清水 FC ラブリーレディース	3
日本電装	3
フリー	3
プリマハム FC くノ一	3
三菱自動車工業	3

2000 シドニー	
社名	人数
日立製作所	11
ミキハウス	8
自衛隊体育学校	7
ミズノ	7
旭化成工業	5
日本競輪選手会	4
井村シンクロクラブ	4
ガンバ大阪	3
関東自動車工業	3
三洋電機	3
新日本製鉄	3
ダイキ	3
日本生命保険	3
東日本電信電話	3
富士通	3
横浜マリノス	3

2004 アテネ	
社名	人数
ミキハウス	11
ジャパンエナジー	9
ルネサステクノロジ	7
ソニーイーエムシーエス一宮テック	6
TASAKI ペルーレ	5
ミズノ	5
旭化成	4
井村シンクロクラブ	4
関東自動車工業	4
三洋電機	4
自衛隊体育学校	4
綜合警備保障	4
日テレ・ベレーザ	4
日本電気	4
日本競輪選手会	3
FC 東京	3
ダイキ	3
三井住友海上火災保険	3
ヨネックス	3

2008 北京	
社名	人数
綜合警備保障	6
富士通	6
自衛隊体育学校	5
セントラルスポーツ	5
朝日生命体操クラブ	4
学校法人了徳寺学園	4
ルネサステクノロジ	4
サントリー／サントリーサンバーズ	4
ソニーイーエムシーエス一宮テック	4
中日ドラゴンズ	4
東洋大学	4
ミズノ	4
日本テレビフットボールクラブ	3
日立製作所ソフトウエア事業部	3
ミキハウス	3
埼玉西武ライオンズ	3
三洋電機	3
清水エスパルス	3
千葉ロッテマリーンズ	3
中国電力	3
東レ／東レアローズ	3
日本体育大学	3
阪神タイガース	3
久光製薬／久光製薬スプリングス	3
福岡ソフトバンクホークス	3

図表5-5　夏季オリンピック日本代表選手団の3人以上の学卒選手を輩出する機関一覧

1956 メルボルン	
社名	人数
八幡製鉄	4
田辺製業	3

1960 ローマ	
社名	人数
リッカーミシン	5
旭化成工業	4
日本鉱業	4
日本通運	4
八幡製鉄	4

1964 東京	
社名	人数
八幡製鉄	18
自衛隊	16
リッカーミシン	12
大日本紡績	9
東急電鉄	8
日立製作所	8
警察官	6
巴工業	6
古川電工	6
旭化成	5
BS タイヤ	4
大昭和製紙	4
日本鋼管	4
日本体育大学	4
松下電器	4
東洋レーヨン	3
日本鉱業	3

1968 メキシコ	
社名	人数
自衛隊体育学校	11
八幡製鉄	9
日立製作所武蔵工場	6
実家営業	5
日本大学	5
自由業	4
東洋工業	4
日本鋼管	4
ヤシカ	3
古河電気工業	3
東京スポーツ商会	3
日本体育大学	3
三菱重工	3

1972 ミュンヘン	
社名	人数
自衛隊体育学校	11
日本鋼管	7
ユニチカ	7
住友金属工業	5
松下電器	5
自営	4
新日本製鉄	4
日本体育大学	4
大崎電気	3
日立製作所	3
ヤシカ	3

1976 モントリオール	
社名	人数
自衛隊	13
日立製作所	12
ユニチカ	8
立石電機	5
日本鋼管	5
新日本製鉄	4
大同製鋼	4
日本体育大学	4
警視庁	3
ジャスコ	3
住友金属	3
大昭和製紙	3
本田技研	3

1984 ロサンゼルス	
社名	人数
自衛隊体育学校	22
日立製作所	9
本田技研	7
和歌山県教育委員会	7
富士写真フイルム	6
大同特殊鋼	5
湧永製薬	5
エスビー食品	4
日本体育大学	4
旭化成工業	3
朝日生命	3
国士舘大学	3
自営	3
島野工業	3

1988 ソウル	
社名	人数
自衛隊体育大学	13
日本体育大学	7
富士写真フイルム	7
日立製作所	6
マツダオート東京	6
本田技研工業	6
大崎電気工業	4
関東自動車工業	4
新日本製鉄	4
日本電気	4
和歌山県教育庁	4
湧永製薬	4
旭化成工業	3
エスビー食品	3
東芝	3
プリンスホテル	3
マルニ	3
トヨタ自動車	3

1992 バルセロナ	
社名	人数
自衛隊体育学校	8
東京ドーム	5
日立製作所武蔵工場	5
新日本製鉄	4
日本電信電話東京資材調達センター	4
ヨネックス	4
旭化成工業	3
インテック	3
ミキハウス	3
リクルート	3
サントリー	3
日本生命保険	3
日本石油	3
日本電気	3
日本電信電話	3
富士通	3

（出典：同誌252ページ）

国際レベルだけではない。実業団スポーツの隆盛は、日本の企業スポーツの広汎で厚みのある発展を示している。[29]野球、駅伝をはじめ、バスケットボール、バレーボール、ラグビー、サッカー、アメフトなどは、一九八〇年代まで企業がアスリートを従業員として雇用すること、つまり競技生活だけでなく、競技引退後の労働者としての生活を保障することで成立していたのである。[30]

明治末期から大正期にかけて大学の成立とともに渡来したスポーツは、体育会系が卒業後に就職した官公庁や大企業間で対抗戦がおこなわれるようになることで発展した。[31]また、第3章で明らかにしたように、大正期には盛んに組織間対抗戦やトーナメントが開催されるようになって（「体育熱」が高まって）いたからこそ、大卒就職市場では体育会系の優位が確立された。大正末期から昭和初期、大日本帝国政府と大企業がその勢力を極東アジアに向けて展開しようともくろんだ時点から、日本のスポーツの発展も基礎づけられていたのである。[32]

大企業型の雇用体系は、教育だけではなく、スポーツの様態も規定していた。一九六〇年代から八〇年代にかけて進行した高等教育のマス化に際しても、制度化された学（校）歴フィルタによって選抜コストを抑えながら、体育会系の優位は基幹社員になる有望人材を効率よく採用したい大企業と、その希望に添うことで有力企業に卒業生を輩出しつづけることが可能になる優良大学の排他的協調行動（「実績関係」）によって維持された。企業（実業団）スポーツの発展も、体育会系が大企業に就職しやすい環境を維持する方向に作用した。体育会系側の主体性を前提にするなら、体育会系であることは、実績関係や就職協定といったルールの制約に適応しながら、あるいは企業（実業団）スポーツ選手というルートを巧みに利用しながら、与えられた環境で最も有利なポジション（大企業正社員）を得るための積極的な生存戦略だったと見なすこともできるだろう。いずれにせよ、大学新卒労働市場では、「高学（校）歴男性、その典型として有利を享受する体育会系」の構図は八〇年代まで崩れなかったと考えられる。

一九九〇年代の大変動

一九九〇年代にその構図が大きく変容していく。引き続き図表5―3を参照しながら、教育界、経済産業界、スポーツ界に起きた変化を順に確認する。

①教育界

教育界では、一九七三年から七五年生まれを頂点とする団塊ジュニア世代の大学進学に備えるため、七五年の私立学校法改正から十年続いた総量規制が、八六年に解除された（「臨時定員増」）。九一年には大学設置基準が大綱化され、大学、特に私立大学の経営の自由度は格段に上がった。大学は、「規模の経済」を追求せざるをえないという経営体としての特質をもつ。[33] その大学の入学者数に対する規制緩和は、即座に、学生数確保を争点とした市場環境の成立を意味した。より多くの団塊ジュニア世代を取り込むべく、大学（・学部・学科）は新設ラッシュになって（一九九〇年：五百七→二〇〇〇年：六百四十九、約一・三倍）、学生数（一九九〇年：二百六十七万人→二〇〇〇年：三百十二万人、約一・二倍）、進学率（一九九〇年：三六・三％→二〇〇〇年：四九・一％、約一・四倍）の

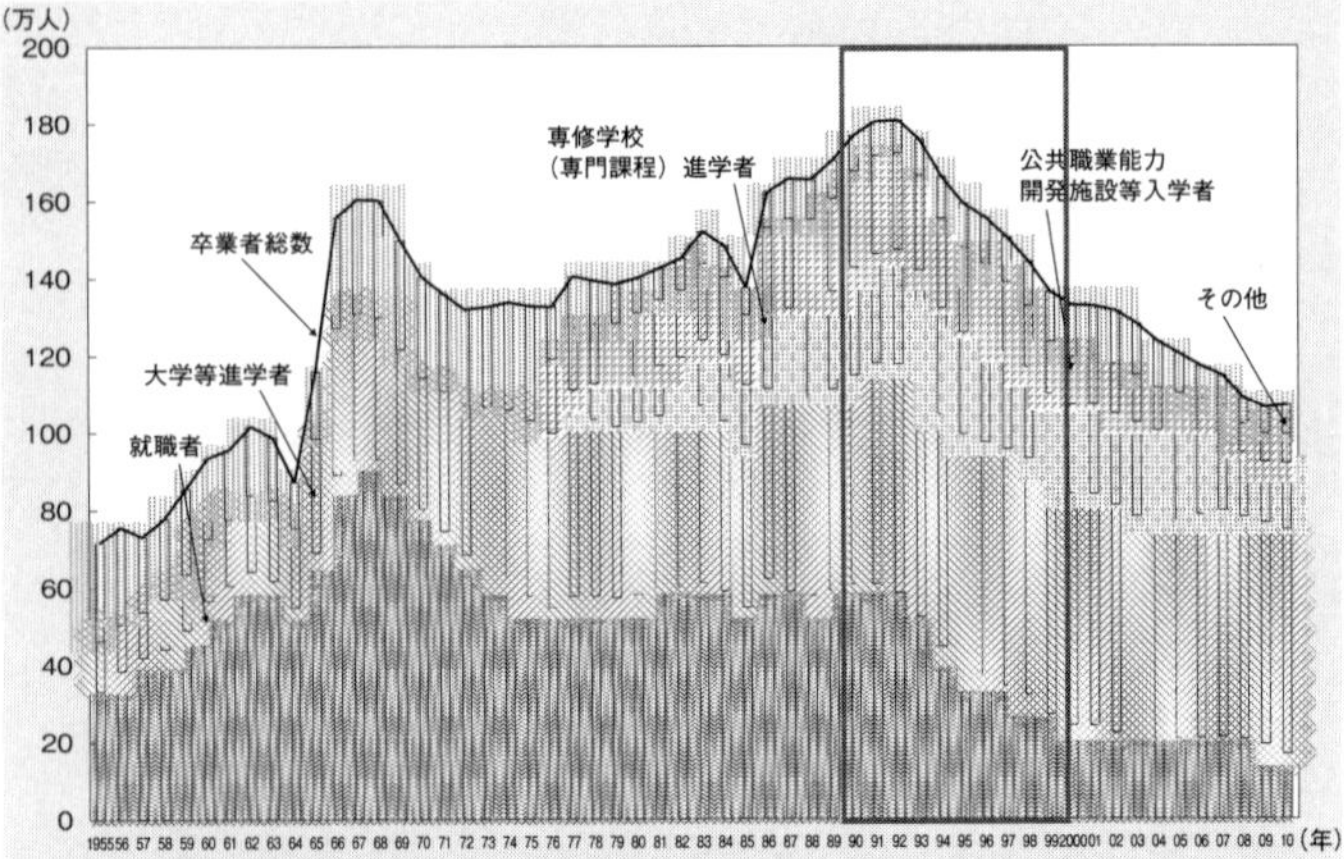

資料出所　文部科学省「学校基本調査」

（注）1）大学等進学者とは、大学の学部・通信教育部・別科、短期大学の本科、通信教育部・別科、高等学校等の専攻科への進学者を指し、進学しかつ就職した者を含む。

2）公共職業能力開発施設等入学者は、専修学校（一般課程）、各種学校及び公共職業能力開発施設の入学者を指す。

3）1975年以前のその他は、公共職業能力開発施設等入学者を含む。

4）その他は、一時的な仕事に就いた者、死亡・不詳、家事手伝いをしている者、進路未定が明らかな者等が含まれる。

図表5-6　高校卒業者の進路の推移
（出典：厚生労働省『平成23年版 労働経済の分析』厚生労働省、2011年、117ページ。1990年代の枠の強調は筆者）

いずれもが急速に拡大した。

特に女性については、それまで高等教育機関への進学率の大半を占めていた短大進学率（一九九〇年：二二・二%）と四年制大学への進学率（一九九〇年：一五・二%）が、一九九六年に逆転（短大進学率二三・七%、四大進学率二三・七%）、その後は四大進学が主流になる（二〇〇〇年：短大一七・二%、四大三一・五%→一〇年：短大一〇・八%、四大四五・二%）。私立大学は、経営のために女性を取り込んだのだ。

また、バブル崩壊後から一九九〇年代末までに顕著だったのは高卒就職者の減少だった。九二年の男性：二十九万九千人、女性：二十九万九千人から、二〇〇二年の男性：十二万五千人、女性：九万九千人へと約三分の一に縮小した。[34]「就きたい職業があるから」、あるいは「学習の中身や学位に応じて待遇が変わるから」という積極的な理由ではなく、「高卒では就職口がないから」という消極的な理由によって大学進学が選ばれた（図表5―6）。つまり以前であれば高卒で就職していただろう成績下位の生徒が大学に進学することで、大学進学率の上昇がもたらされた。[35]

しかし、高度成長期に重なった親世代（団塊第一世代）とは異なり、大企業の正社員数が拡大するわけではなく、大学新卒就職率は大幅に下落（一九九〇年：八一・〇％→二〇〇〇年：五五・八％）した。団塊ジュニア世代が「ロスト・ジェネレーション（失われた世代）」あるいは「就職氷河期世代」の別名をとるゆえんである。小熊はその現象を、「九〇年代に起きたのは、若年者の非正規雇用の増大と、大学進学率上昇の同時発生だった」[36]と、端的に指摘した。

さらに、大企業と優良大学の間には「実績関係」の名の下に排他的な労働者需給慣行が残存していて、結局は優良大学に入学しないかぎり大企業への就職は開けなかった。結果として、大企業就職へのルートだった受験競争は緩和されるどころか過熱した。

②経済産業界

周知のとおり、一九九一年末にバブル経済が崩壊した。その後の金融危機[37]も通じて大企業の業績は悪化の一途をたどり、多くの企業にとって人件費の抑制が課題になった。その手法の中心は、「出向」「非正規雇用への依存」、そして「女性の活用」だった。

図表5-7　企業規模別平均出向・転籍先企業数および平均出向・転籍者数

企業規模	出向・転籍先企業		出向者		転籍者（1997年）	
	サンプル数（社）	平均（社）	サンプル数（社）	平均（人）	サンプル数（社）	平均（人）
合計	184	92.6	176	1,006.5	174	49.6
999人以下	33	10.7	32	39.4	32	3.9
1,000〜4,999人	88	39.1	82	250.4	82	11.6
5,000〜9,999人	28	100.1	28	753.8	28	14.1
10,000〜19,999人	17	152.5	16	2,399.6	16	150.9
20,000人以上	18	435.8	18	5,324.7	16	296.3

（出典：日本労働研究機構「出向・転籍の実態と展望」「調査研究成果データベース」〔https://db.jil.go.jp/db/seika/2000/E2000060011.html〕［2019年10月6日アクセス］）

日本労働研究機構の調査によれば、関連会社への出向は、従業員規模が大きな企業であればあるほど大規模に（図表5―7、図表5―8）、年長者であればあるほど大規模に（図表5―9）、一九九〇年代が深まれば深まるほど大規模に（図表5―10）おこなわれている。[38]

また、一九八四年には六百四万人、全雇用者の一五・三％にすぎなかった非正規雇用は、九九年には千二百二十五万人で二倍強、全雇用者の二四・九％に達した（図表5―11）。それでも、男女別内訳をみると男性が八四年：百九十五万人から九九年：三百二十三万人と約一・七倍であるのに対し、女性は八四年：四百八万人から九九年：九百三十四万人と約二・三倍、非正規雇用の男女比は男性一対女性二から男性一対女性三に拡大していた。[39]男性も増えたが、女性はもっと増えていた。女性は進学率の上昇、すなわち私大経営の安定・拡大に貢献する一方、労働市場では相変わらず不利な状況が続いていた。

日本企業は、欧米のような同一労働同一賃金を導入

図表5-8　企業規模別出向・転籍先企業、出向者および転籍者の動向

(%)

	企業規模	企業数（社）	増加	変化なし	減少
出向・転籍先企業	合計	181	56.9	36.5	6.6
	999人以下	33	42.4	51.5	6.1
	1,000〜4,999人	86	52.3	38.4	9.3
	5,000〜9,999人	26	73.1	23.1	3.8
	10,000〜19,999人	17	58.8	35.3	5.9
	20,000人以上	19	78.9	21.1	—
出向者	合計	178	61.2	30.3	8.4
	999人以下	33	42.4	42.4	15.2
	1,000〜4,999人	86	55.8	38.4	5.8
	5,000〜9,999人	26	84.6	7.7	7.7
	10,000〜19,999人	16	75.0	18.8	6.3
	20,000人以上	17	76.5	11.8	11.8
転籍者	合計	143	42.7	47.6	9.8
	999人以下	29	31.0	62.1	6.9
	1,000〜4,999人	65	33.8	53.8	12.3
	5,000〜9,999人	19	47.4	42.1	10.5
	10,000〜19,999人	15	60.0	33.3	6.7
	20,000人以上	15	80.0	13.3	6.7

（出典：同ウェブサイト）

図表5-9　企業規模別平均出向・転籍者比率

(%)

企業規模	出向者					転籍者
	総数	39歳以下	40～49際	50～54歳	55歳以上	
合計	10.1	5.6	9.0	14.7	22.3	0.6
999人以下	5.1	3.2	3.8	7.2	10.3	0.9
1,000～4,999人	9.4	5.9	8.2	13.5	19.8	0.4
5,000～9,999人	10.1	4.9	10.9	17.8	26.9	0.2
10,000～19,999人	16.5	9.8	16.8	25.7	40.5	1.2
20,000人以上	16.5	7.8	12.2	19.8	32.4	1.0

（注）平均出向者比率＝出向者数／正規従業員数、平均転籍者比率＝転籍者数／正規従業員数

（出典：同ウェブサイト）

図表5-10　企業規模別出向者数の最高時点

(%)

企業規模	企業数（社）	90年以前	90～94年	95年以降	不明
合計	156	11.5	14.8	73.1	0.6
999人以下	28	32.2	10.7	57.2	0.0
1,000～4,999人	73	5.5	21.9	71.2	1.4
5,000～9,999人	24	4.2	12.5	83.3	0.0
10,000～19,999人	17	17.7	5.9	76.5	0.0
20,000人以上	14	7.1	0.0	92.9	0.0

（出典：同ウェブサイト）

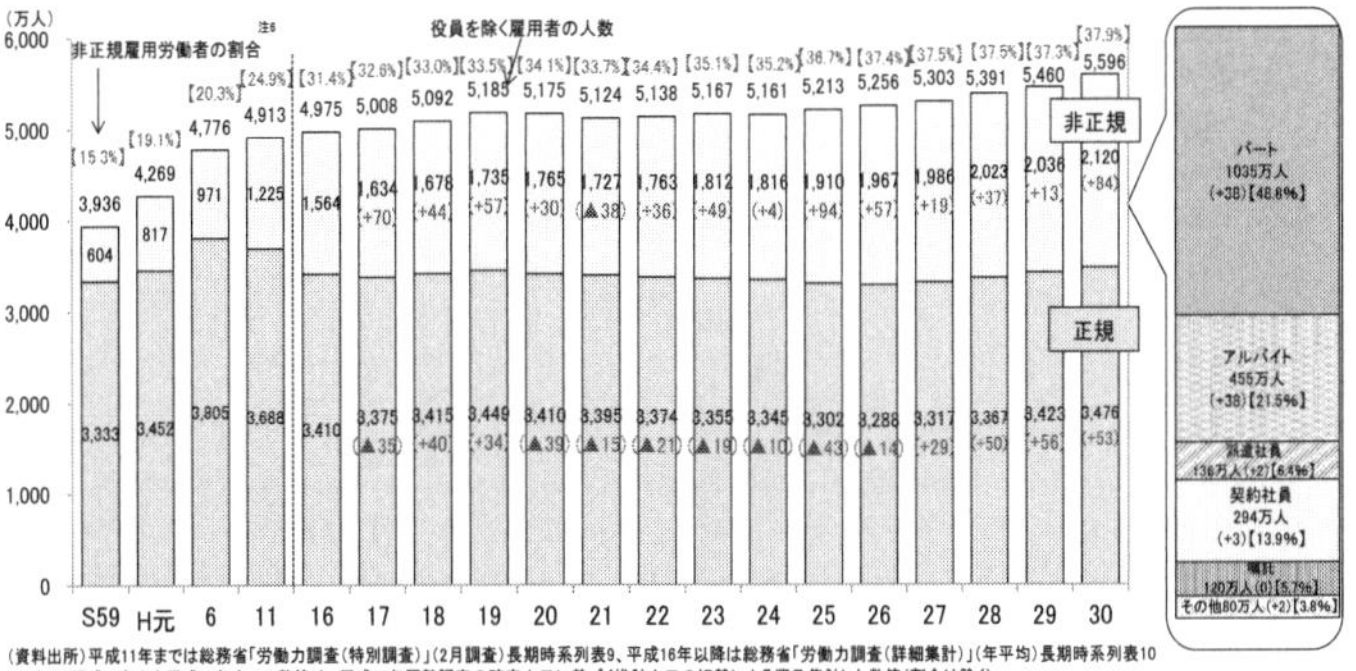

(資料出所)平成11年までは総務省「労働力調査(特別調査)」(2月調査)長期時系列表9、平成16年以降は総務省「労働力調査(詳細集計)」(年平均)長期時系列表10
(注)1)平成17年から平成21年までの数値は、平成22年国勢調査の確定人口に基づく推計人口の切替による遡及集計した数値(割合は除く)。
2)平成22年から平成28年までの数値は、平成27年国勢調査の確定人口に基づく推計人口(新基準)の切替による遡及集計した数値(割合は除く)。
3)平成23年の数値、割合は、被災3県の補完推計値を用いて計算した値(平成27年国勢調査基準)。
4)雇用形態の区分は、勤め先での「呼称」によるもの。
5)正規雇用労働者:勤め先での呼称が「正規の職員・従業員」である者。
6)非正規雇用労働者:勤め先での呼称が「パート」「アルバイト」「労働者派遣事業所の派遣社員」「契約社員」「嘱託」「その他」である者。
7)割合は、正規雇用労働者と非正規雇用労働者の合計に占める割合。

図表5-11　正規雇用と非正規雇用労働者の推移
(出典：厚生労働省「「非正規雇用」の現状と課題」〔https://www.mhlw.go.jp/file/06-Seisakujouhou-11650000-Shokugyouanteikyokuhakenyukiroudoutaisakubu/0000120286.pdf〕［2019年10月6日アクセス］)

し、すべての職員に職務給や成果給を適用するのではなく、企業内組合、終身雇用、年功賃金を特徴とする日本型雇用が適用される範囲を正社員に限定（メンバーシップ！）することで人件費を抑制しようとした。労働組合は、メンバーの雇用継続を重視し、年長の男性・管理職経験者の出向や転籍を受け入れたのである。そして、大企業経営陣と労働組合の妥結のあおりを受けたのが、企業スポーツだった。

③スポーツ界

スポーツ界では、バブル経済崩壊後、企業スポーツの休廃部が相次いで発表されるが、その数が顕著になるのは一九九〇年代後半、わけても九七年の金融危機から二〇〇〇年代初頭にかけてだった（図表５—12）。ちょうど前述の大企業での雇用調整（出向）が本格化する時期と符合している。

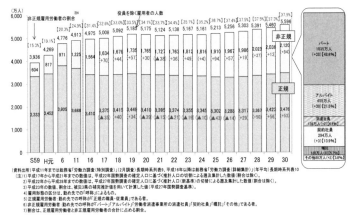

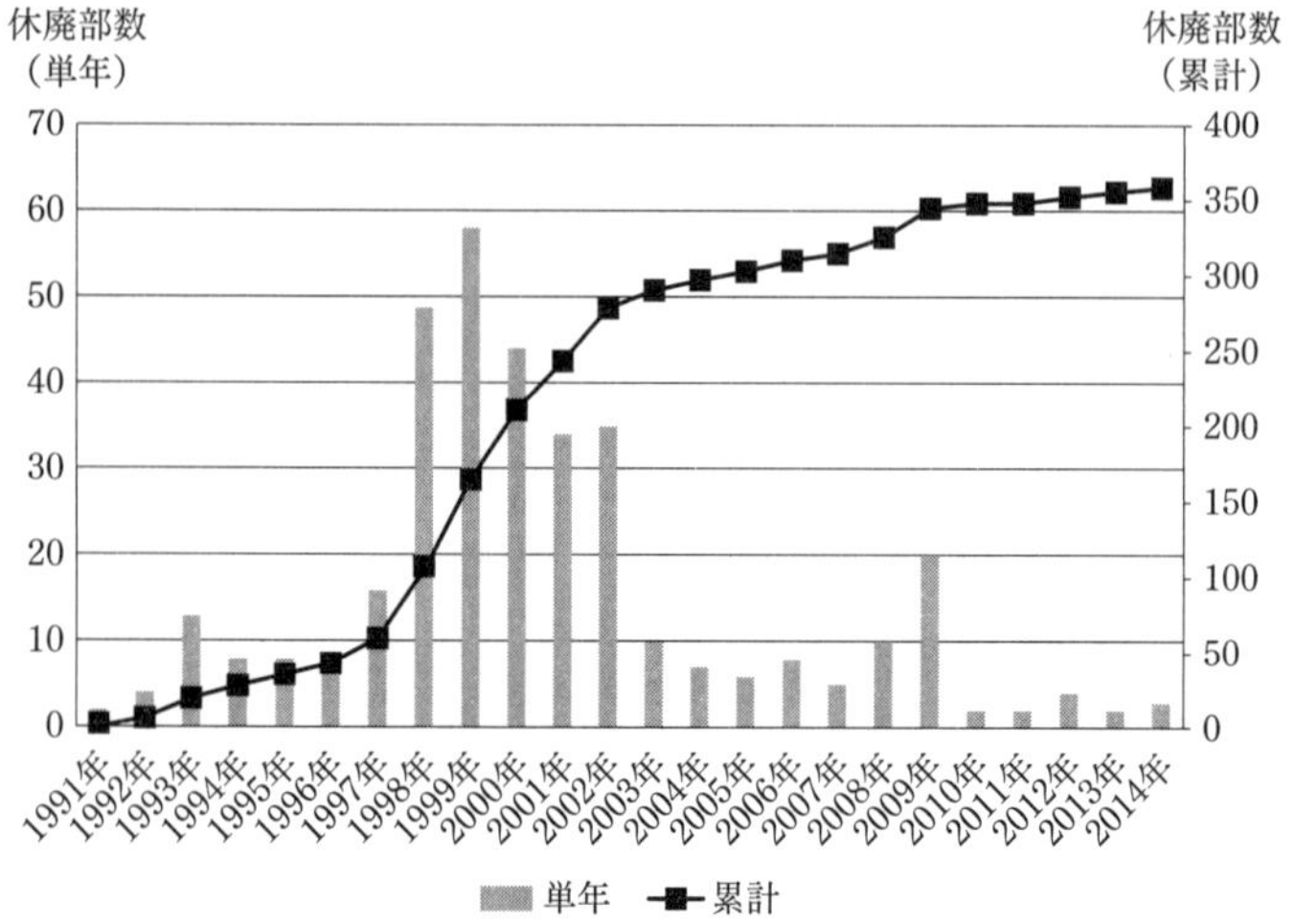

図表5-12　企業スポーツの休廃部数の推移
（出典：スポーツデザイン研究所「1991年―現在の年次別企業スポーツ休廃部数一覧」（2014年）をもとに政策投資銀行が作成。日本政策投資銀行地域企画部「2020年を契機とした国内スポーツ産業の発展可能性および企業によるスポーツ支援――スポーツを通した国内経済・地域活性化」日本政策投資銀行、2015年、54ページ）

この現象を理解するため、まず企業スポーツの特徴を押さえる。スポーツ経済学者の武藤泰明は、企業スポーツのグランドデザインを検討するなかで、その特徴と一九九〇年代を経て生じた変化を次のようにまとめている[40]（図表5―13）。

これを大企業の雇用調整の動向に照らせば、大企業はバブル崩壊を経験し、スポーツを日本型雇用システムの内部とは見なさなくなったのだと解釈できる。すなわち、大企業による「スポーツの外部化」である。

一九九〇年代以降のスポーツは親企業の庇護から外れ、プロ化や地域化、それらの複合化によって運営リソースを独自に調達しはじめた。九一年のJリーグ（サッカー）の創設[41]はその嚆矢であり、九四年Vリーグ（バレーボール）、二〇〇

図表5-13　1990年代前後の企業スポーツの特徴

年代	1990年代以前	1990年代以降
a. 社員の位置づけ	当該企業の正社員。	多様な契約形態があり、当該企業の正社員とは限らない。
		オーナー企業やスポンサー企業と関連がない企業の社員の場合もある。
b. 社業への関わり	社員なので、社業に従事する。 ※ただし、勤怠管理などで差別化。	契約内容による。当然、スポーツに専念する場合もある。
c. 選手のセカンド・キャリア	一般の社員と同様に社業に専念する。	正社員ではなかった場合、被雇用者としての権利を失うため、自己責任となる。
d. 組織	当該企業の内部組織。	多様な組織形態があり、当該企業の内部組織とは限らない。
e. 運営費	全額オーナー企業による負担。	複数かつ多様なスポンサーを得る場合があり、親企業やグループ企業だけが負担するとは限らない。
f. チーム保有の目的	組織の活性化。	コーポレート・コミュニケーションのツール ・ブランディング（カスタマー・コミュニケーション） ・コーポレート・シチズンシップ

五年：bjリーグ（バスケットボール）、四国アイランドリーグ（野球）、二〇〇七年：北信越BCリーグ（野球）、Fリーグ（フットサル）、最近であれば一六年：Bリーグ（バスケットボール）、一八年：Tリーグ（卓球）といったスポーツリーグの相次ぐ創設、および〇五年のトップリーグ連携機構の発足などは、スポーツが大企業型システムからの外部化に対応した証左と言えるだろう。[42]

二〇〇〇年代以降の展開

①大学の供給過剰

二〇〇〇年代に入り、大学界はユニバーサル段階（全入時代）に突入した。地方でも教育・研究力が十分でなくても、大学が定員を増やせば増やすだけ入学者数を確保できた時代が終わり、十八歳人口の急激な減少に対策を講じなければならない時代になった。[43]

一九九〇年代末から二〇〇〇年代前半にかけて、定員割れ私大の割合が三〇％にまで上昇、さらにその後は四〇％台半ばを前後する（図表5―3）。定員規制が実施された一九七〇年代であれば、経常的経費に対する補助率が最大で二九・五％を記録した私立大学助成を期待できたかもしれないが、後継の私立大学などの「経常費補助金」はピーク時の二〇〇六年度で総額約三千三百億円、「経常的経費」に対する補助率一一・五％、一五年度には総額約三千百五十億円、補助率九・九％になった（図表5―14）。約八百にのぼる私立大学全体では経費に対して一〇％の補助がある計算になるが、一六年時点で交付された補助金三千二百十二億円のうち、上位六十校によって配分額の五〇％が占められていて、六十一位以下の私大への一大学あたりの配分金は僅少になる（図表5―15）。

私立大学等における経常的経費と経常費補助金額の推移　（単位：億円・%）

区分		S50年度	55年度	H5年度	18年度	19年度	20年度	21年度	22年度	23年度	24年度	25年度	26年度	27年度	28年度	29年度
経常的経費		4,892	8,818	21,359	28,849	29,426	29,786	29,691	30,052	30,449	30,516	30,977	31,580	31,773		
経常費補助金	総額	1,007	2,605	2,656	3,313	3,281	3,249	3,218	3,222	3,209	3,188	3,175	3,184	3,153	3,153	3,153
	（伸率）	(57.4)	(10.6)	(2.1)	(0.6)	(▲ 1.0)	(▲ 1.0)	(▲ 1.0)	(0.1)	(▲ 0.4)	(▲ 0.7)	(▲ 0.4)	0.3	(▲ 1.0)	0	0
	伸額	367	250	54	20	▲ 32	▲ 32	▲ 31	4	▲ 13	▲ 22	▲ 12	9	▲ 31	0	0
	うち特別補助	17	73	397	1,109	1,113	1,113	1,102	1,102	398	394	393	422	441	451	464
	割合	(1.7)	(2.8)	(15.0)	(33.5)	(33.9)	(34.3)	(34.3)	(34.2)	(12.4)	(12.4)	(12.4)	(13.3)	(14.0)	(14.3)	(14.7)
補助割合		20.6	29.5	12.4	11.5	11.1	10.9	10.8	10.7	10.5	10.4	10.3	10.1	9.9		

※平成24〜29年度は復興特別会計を除く。

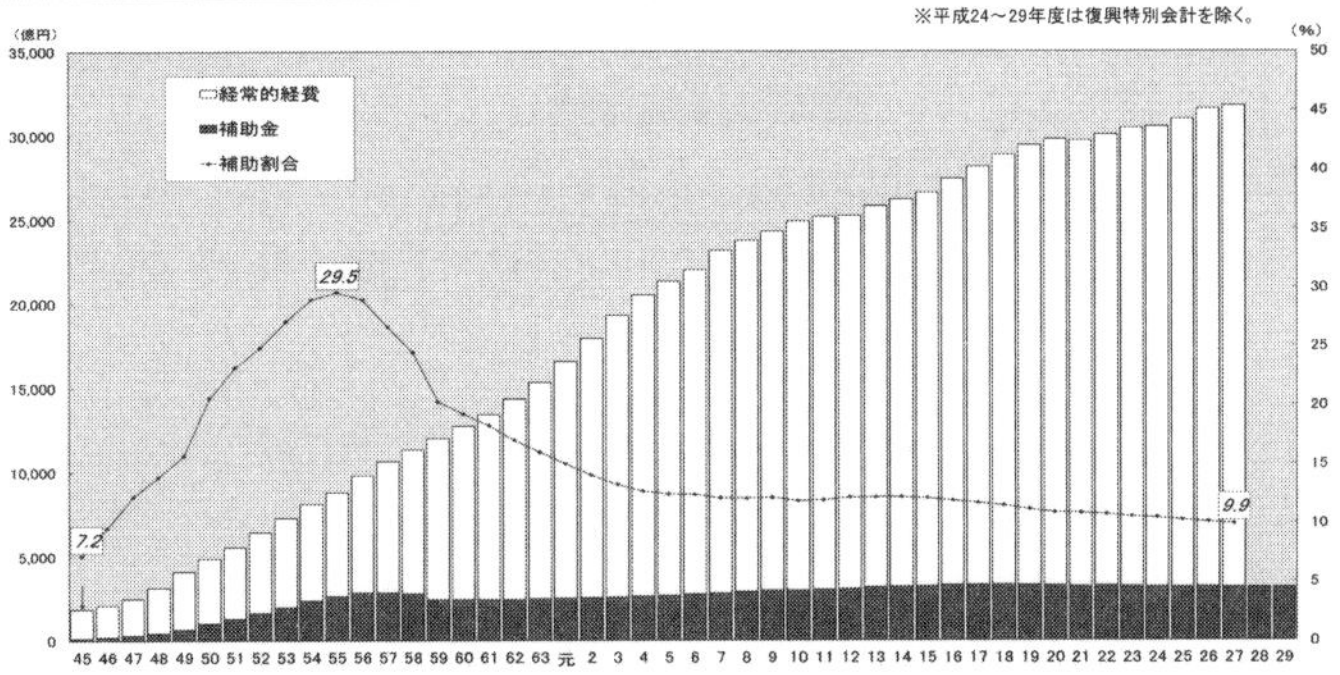

図表5-14　私立大学などの経常的経費と経常費補助金額の推移
（出典：私立大学等の振興に関する検討会議「私立大学等の振興に関する検討会議「議論のまとめ」」〔参考資料〕、文部科学省、2017年、161ページ）

補助金は定員割れともなればさらに減額される。中堅以下の私学では学生納付金の確保に走らざるをえず、それはつまり、学生数の確保が大学経営上最も重要な指標になることを意味した。

学修内容や学位が職業と対応しておらず、就職・昇進に際しても評価されない日本では、二〇〇〇年代の大学は明らかな供給過剰になったのである。

②大学経営のためのスポーツ推薦入学者増

市場に残るため、中堅以下の大学が定員充足のツールとして利用したのが、スポーツだった。スポーツ強豪校になることによって知名度を上げる宣伝効果もさることながら、高校である程度のスポーツの実績を残してきた生徒に

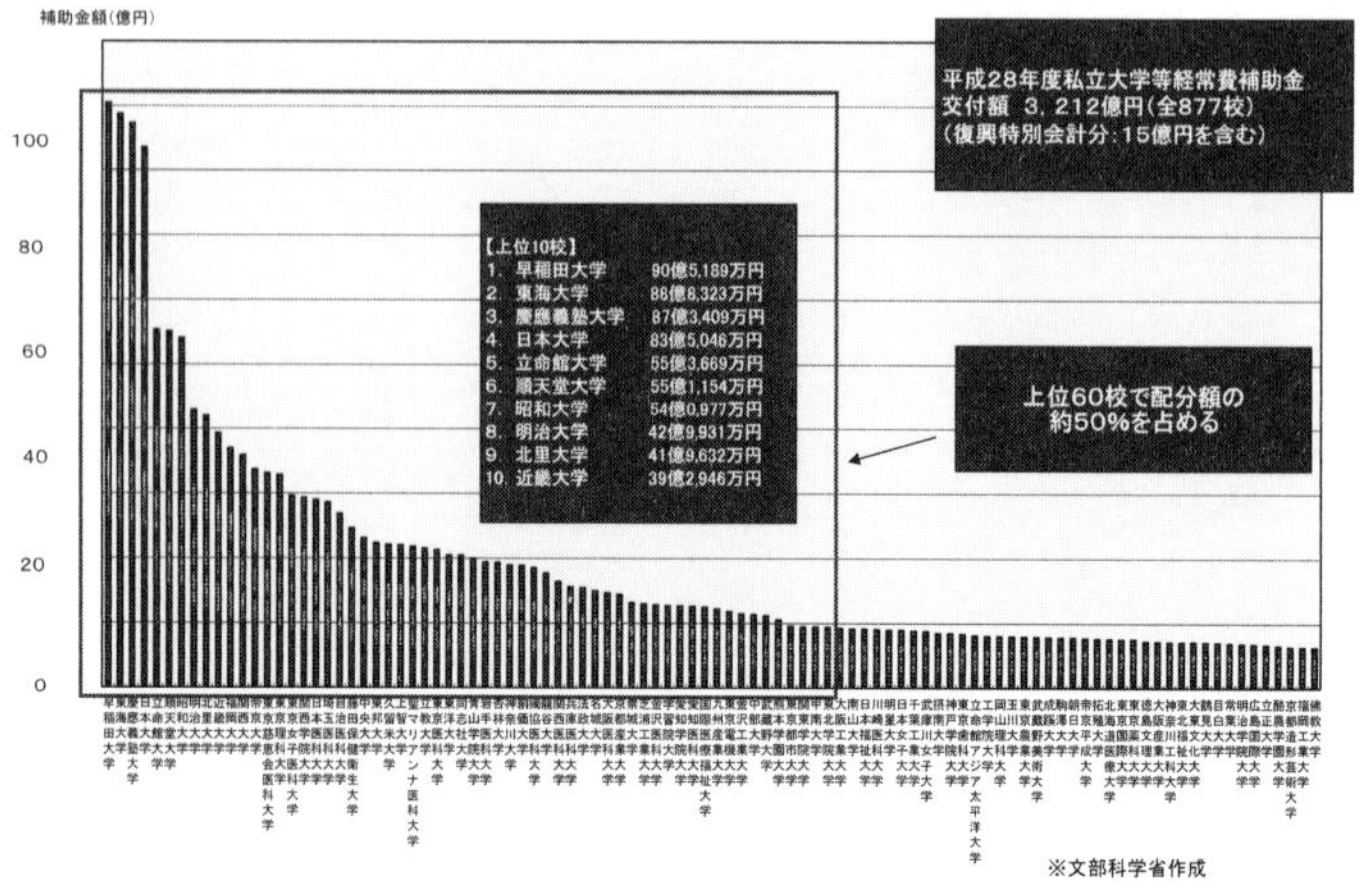

図表5-15 私立大学等経常費補助交付状況（平成28年度）
（出典：同資料170ページ）

学生アスリートになってもらうことが、最も実質的な定員充足の手法になった[44]。

第1章でも確認したが、日本私立大学連盟の報告[45]によると、スポーツ・課外活動推薦を利用した入学者割合は、二〇〇六年：一・八%、一〇年：一・九%と二%以下を保っていたが、一五年には三・五%に上昇した。文部科学省の発表[46]では、一五年の私立大学に在籍する学生総数は約二百十万人であり、計算するとこのうち七万三千五百人あまりが課外活動推薦を利用して入学していたことになる。図表1―2から、調査対象になった体育会学生（四千八十一人）のうち、二四・〇%（九百八十人。男性七百五十一人、二七・五%：女性二百二十九人、一七・〇%）がスポーツ推薦によって入学していた。ここから、学生アスリートはスポーツ推薦利用者の約四倍と推測した。

日本私立大学連盟の報告にある課外活動推薦三・五%には音楽や芸術など、スポーツ以外の活動による推薦が含まれるはずだが、少なくとも三％はスポーツ推薦と仮定し、かつ、近年のスポーツ推薦割合に大きな変動がなく、スポーツ推薦利用者の約四倍が学生アスリート人口だと仮定すると、二〇一八年度の私立大学生約二百十五万千人×スポーツ推薦三％×四で、推計学生アスリート数は約二十五万八千人、国公立も含む同年の大学生総数二百九十一万人の八・九％になる。私立大学生アスリートの二六・二％（九百七十二人）、男性の三〇・一％（七四七人）、女性の一八・三％（二百二十五人）がスポーツ推薦入学者だった。威信ランク中堅以下の大学には、受験勉強をせずに入学したアスリートが男性で三五％程度、女性でも三〇％程度と、私立平均よりも五ポイントから一〇ポイントほど高い割合で存在する。体育会系は、大学経営上無視できない規模に拡大したのだ。

③高校生アスリートの新たな受け皿：大学スポーツの拡大

大学スポーツにとっては、企業（実業団）スポーツの衰退も追い風になった。それまでであれば高校卒業後、地元の実業団に所属して仕事をしながら競技生活を続けていたような地方大会や県大会上位レベルの高校生アスリートが、実業団チームの減少によって行き場を失った。その受け皿となったのが大学だった。

企業スポーツと大学スポーツの動向を同時に確認できるスポーツ（競技種目）は限られている。ここでは、一九七〇年代から二〇〇〇年代以降にかけて、企業チーム数とクラブチーム数のトレンドおよび〇七年以降の大学生登録者数の変動が確認できる野球と、同じく一九八〇年代からチームと選手の登録区分が公開されているバスケットボールを中心に検証する。

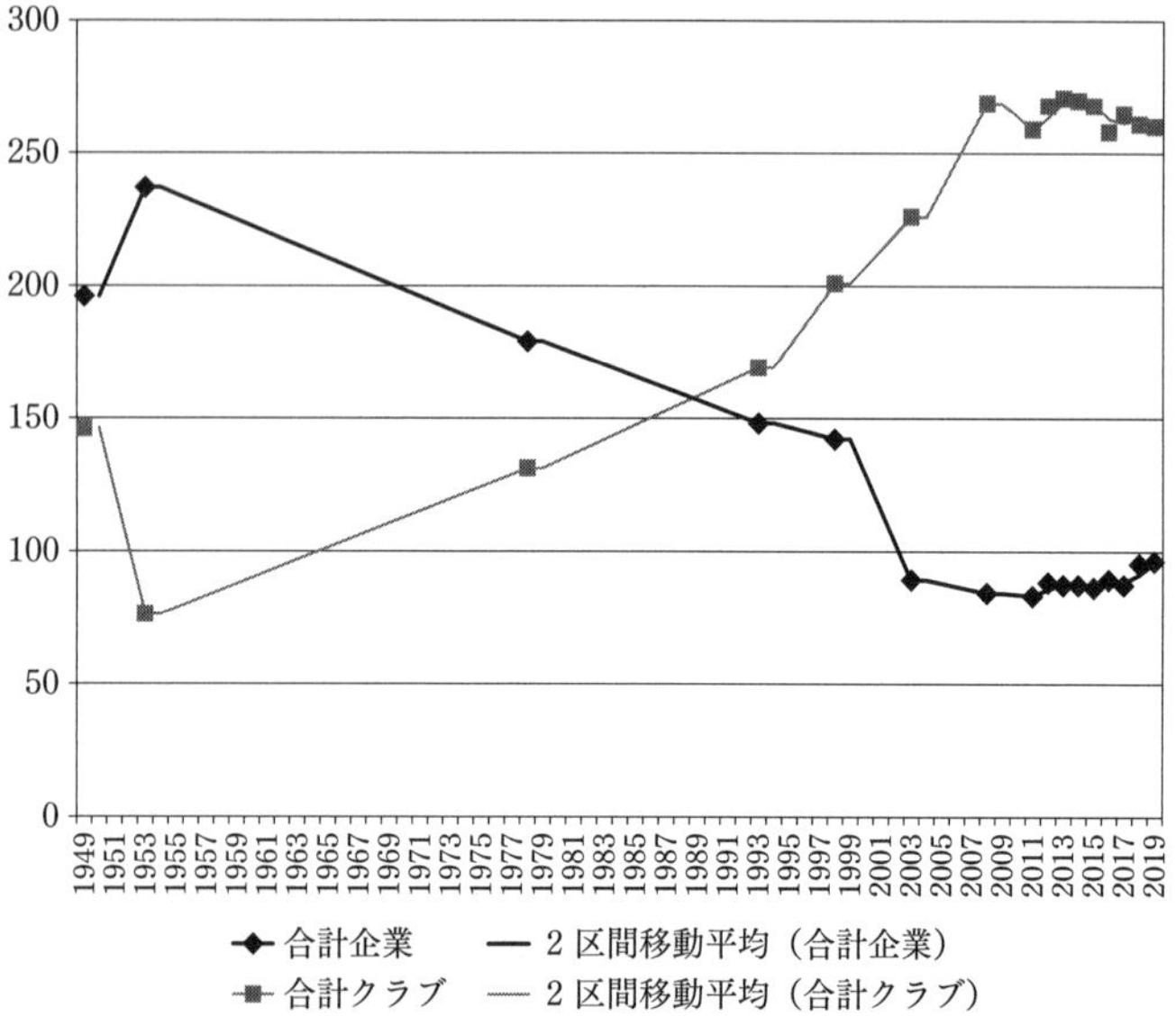

図表5-16　加盟チーム数の推移
（出典：日本野球連盟「加盟チーム数の推移」2019年〔http://archive.jaba.or.jp/team/clubteam/suii.pdf〕［2021年6月10日アクセス］をもとに筆者作成）

まず、野球では、戦後から一九七〇年代半ばにかけては企業チームがクラブチームを数で上回っていたが、バブル経済崩壊以降、企業チームは減少を続け、対照的にクラブチームは増加しつづけた（図表5―16）。二〇〇七年以降の大学野球登録者数は一九年までに九千人弱増加した（図表5―17）。全体の増加が大学数の多い関東地方の増加にだけ相関するかのようにみえるが、〇七年を一としたときの増加率でみてみると、全体の増加率が一四〇％強であるところ、増加率が高い関東と四国で一五〇％を超え、比較的増加率が低い北海道や九州でも一二〇％程度の増加を記録している（図表5―18）。

第1章でも参照した八尋と萩原の

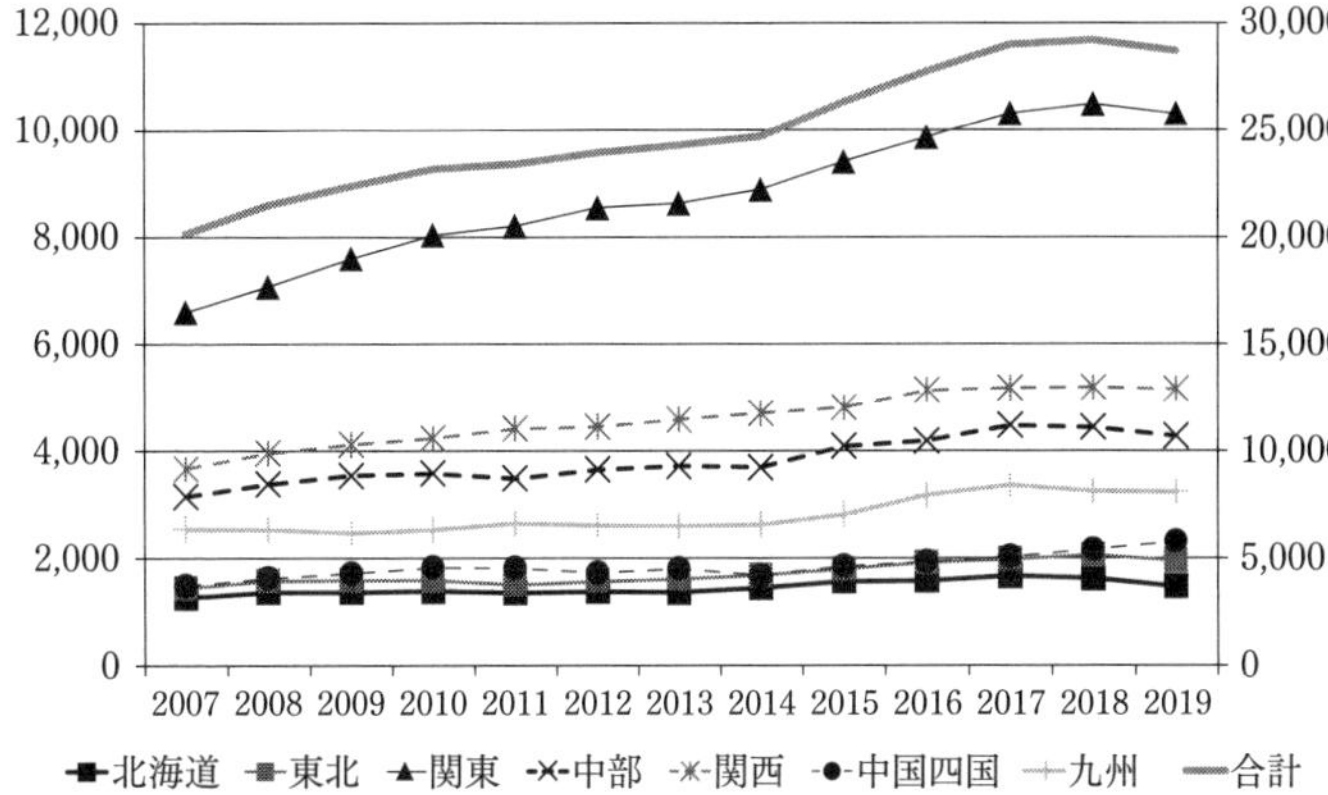

図表5-17　大学野球登録者数
（出典：全国学生野球連盟の資料をもとに筆者作成）

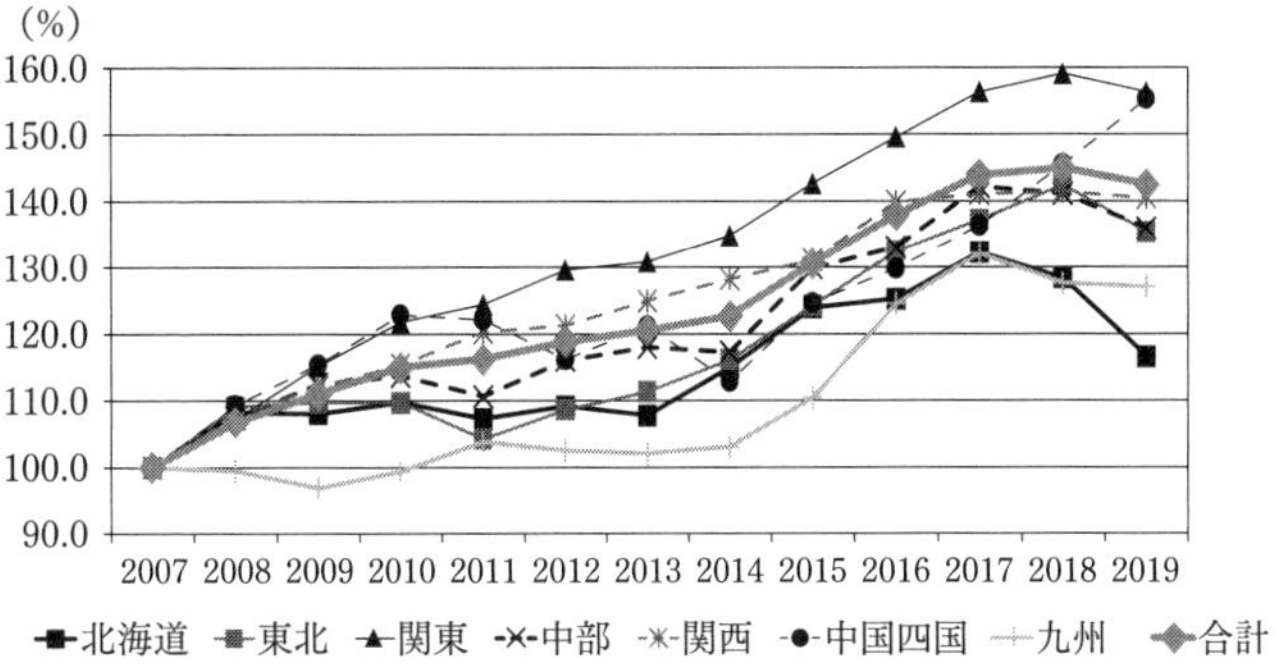

図表5-18　2007年を起点としたときの増減率
（出典：同資料をもとに筆者作成）

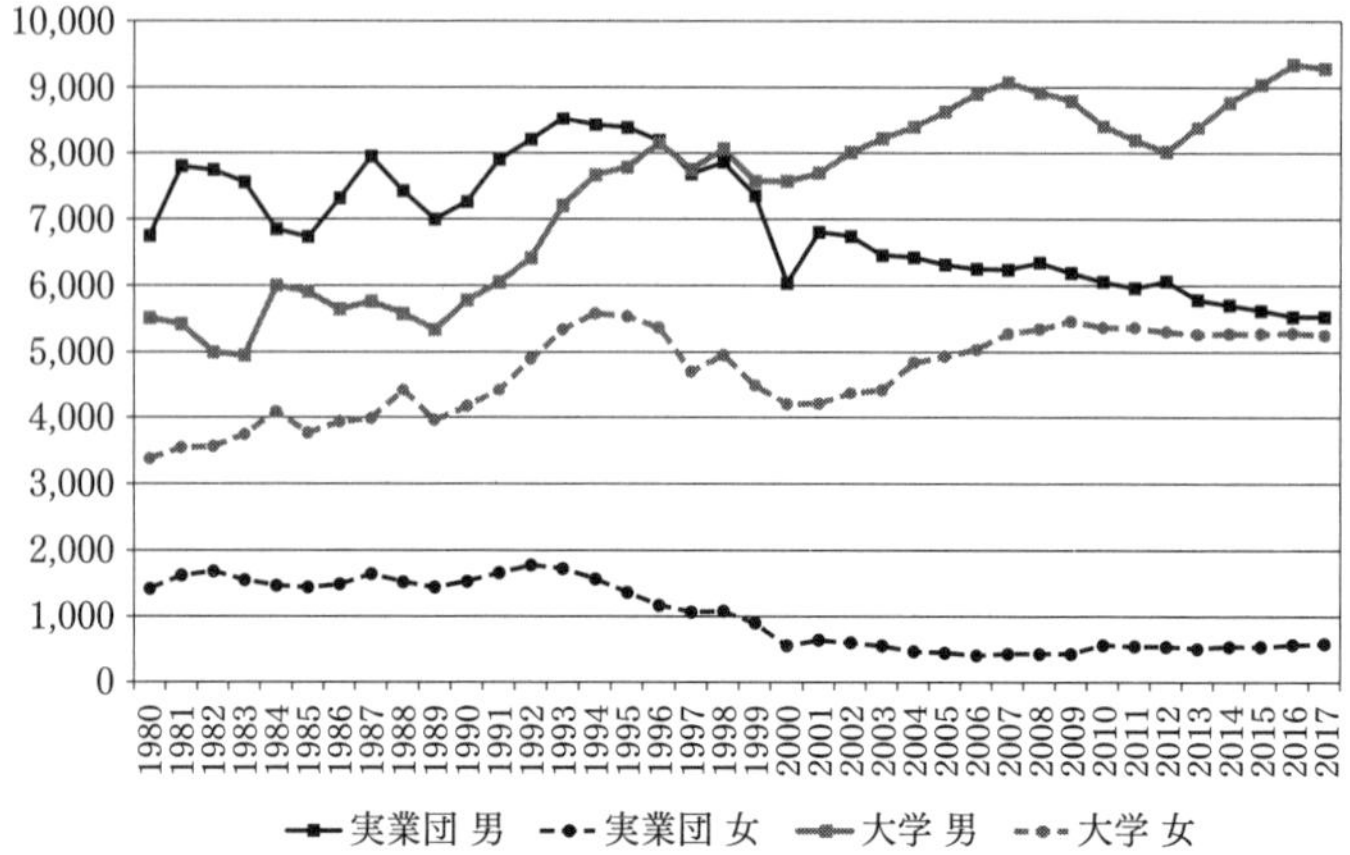

図表5-19　日本バスケットボール協会登録者数推移
（出典：日本バスケットボール協会「登録者数推移」〔http://www.japanbasketball.jp/jba/data/enrollment/〕［2021年6月10日アクセス］から、登録区分を確認のうえ筆者作成）

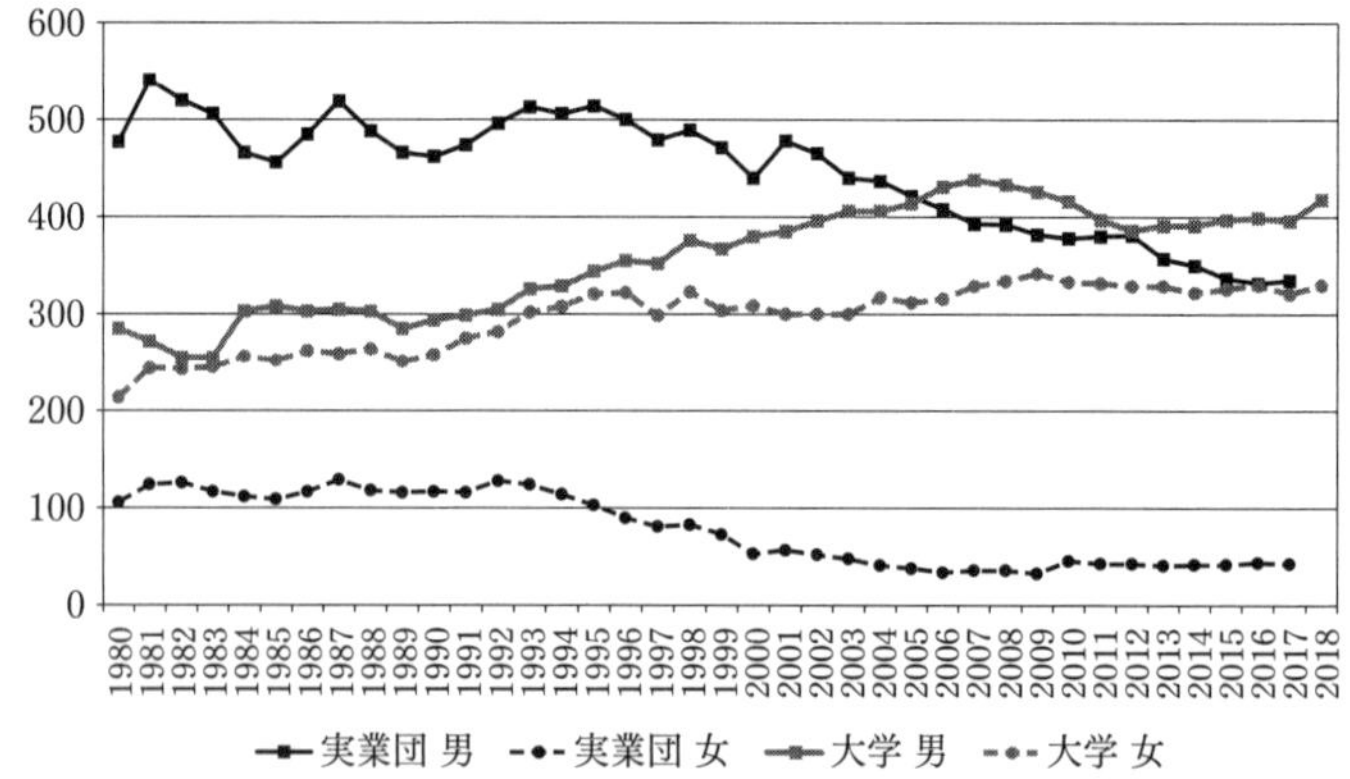

図表5-20　日本バスケットボール協会登録チーム数推移
（出典：同ウェブサイトをもとに筆者作成）

調査でも、大学野球人口は、大学スポーツ人口の上昇に最も貢献する種目の一つである。[47]そのほかに大きいのは、陸上競技で二〇〇八年：一万六千六百五十七人↓一七年：二万七百八十三人、約四千人の上昇、増加率約一二五％、サッカーは一二年からの六カ年分しかデータがないが、一二年：一万四千七百八十二人↓一七年：一万九千三百五人と約五千人の上昇、増加率にすれば約一三〇％であった。

バスケットボールでは男女別に確認できるが、傾向は似ている（図表5―19、図表5―20）。男性女性ともに実業団選手・チーム数が下降し、対照的に大学選手・チーム数が上昇していることがわかる。大学チーム数や登録者数は入学者定員の緩和された一九八〇年代末から九〇年代初頭に上昇の起点が見いだせる。実業団チーム数は両性ともに二〇〇〇年にかけて下降、女性では〇〇年代に入って減少が止まったが、男性では減少が続いた。かわりに大学生登録者数は伸び続け、実業団と大学の登録チーム数の差は増すばかりだった。ただし、ほかの競技よりも早くから学生アスリート数の上昇がみられるためか、八尋・萩原の調査では増加率はほとんど検出されていない。

第1章の試算から、大学生の八％から一〇％程度は体育会系で占められると想定できる。全体の大学生数はここ十年で横ばいか微減であるため、大学生に対する体育会系が占める割合は着実に上昇しているものと推察される。

野球やサッカー、陸上を大学から始める学生がここ数年で一・三倍から一・四倍になるとは常識的に考えられない。また、優良伝統私立（GMARCHや関関同立レベルの大学）以上の大学で、もともと強化していた運動部が、近年になって突然部員を増やしだすとも考えがたい。これは定員割れ危機＝経営難に直面した中堅以下の私立大学による、学業的な能力が不足している生徒を入学させるための定員確保行動の一環と解される。しかし、中堅以下の大学からは、事実上、大企業への就職は閉ざされている。本書では、そうした体育会系をノンエリート体育会系と呼んだ。増えているのは、ノンエリート体育会系であり、ノンエリート体育会系の増加は、スポーツ科学の隆盛でもスポーツ強化でもなく、定員充足率と補助金が連動するルールと、そのルールのなかで定員充足率を高めて助成金の減額を避けようとする大学の戦略的行動の帰結なのである。

3　日本社会のしくみを反映する体育会系就職

本章では、大学新卒就職市場で、体育会系が有利になる条件が「威信が高い大学」の「伝統的チームスポーツ部」に所属する「男性」という仮説に基づき、それらの条件が浮上するための社会学的前提について、総合的に論議した。以下にその要点をまとめる。

①現在の体育会系は多様であり、大学新卒就職市場においてアドバンテージを得るエリート体育会系と、どちらかと言えば不利な立場に置かれるノンエリート体育会系へ分化している。
②現在の体育会系が大学新卒就職市場で有利になる条件とは、「威信が高い大学」の「伝統的チームスポーツ」部に属する「男性」である。

なぜこうした条件が浮上するのか、社会学的前提を検討した。

③日本では、大企業型雇用慣行が教育の様態を規定している。大企業型の雇用慣行とは、まず人を採ってから職務を与え、「社内の頑張り」を評価するメンバーシップ型であるため、労働者には専門性よりも様々な仕事に素早く適応する高い潜在能力が求められた。そのため教育界は、教育内容の専門性が問われず、入試難易度だけが重視される学（校）歴主義社会になった。

④日本では、大企業型雇用慣行がスポーツの様態をも規定している。日本では戦前から、選手は大企業の従業員として雇用され、社業に従事しながら、企業がもつ資源を利用して競技者生活を送っていた。アスリートとして第一線を退いたあとも大企業社員として雇用が守られる、企業スポーツという形態でスポーツが発展した。

⑤体育会系はそうした社会文脈において、大正末期から昭和初期にかけて、成長著しい近代企業の望ましい人材像として確立した。現代で言えば、全員が旧帝大レベルに選抜された頭脳と強壮な肉体をもつスーパーエリートだった。

⑥一九六〇年代から八〇年代、大学は団塊の世代の進学期に合わせてマス化するが、大企業への就職は新興大学の学生には開放されなかった。大企業と優良大学の間には対応関係があり、その対応関係は「実績関係」という長期的で排他的な交換関係によって醸成されてきた。伝統優良大学の体育会系はその関係のなかで保護され、あるいはルールを巧みに利用し、大企業への就職を手にして

きた。

⑦一九九〇年代、バブル経済の崩壊以降、若年者の就職難・非正規化と進学率の上昇が同時に起こった。大企業の業績が悪化し、大規模な雇用調整がおこなわれた。高卒の就職口が減少したため、高校生は入学定員規制や設置基準が緩和された大学進学に流れた。女性もメインの進学先を短大から四年制大学にシフトした。大学は団塊ジュニア世代を取り込んで肥大した。スポーツも大企業型雇用から外部化されたため、プロ化、地域化、複合化の試行錯誤が始まった。

⑧二〇〇〇年代以降、十八歳人口の急速な減少が始まり、一九九〇年代に肥大した大学は供給過剰になった。四〇%の大学が定員割れになるなかで、中堅以下の私立大学では、学業的な能力が不足している生徒でもスポーツ推薦で入学させるようになった。企業スポーツも減ったため、大学スポーツ界は高校生アスリートの新たな受け皿になった。結果として体育会系は量的に拡大したが、それはノンエリート体育会系の数である。エリート体育会系は、変わっていない。

日本の大企業型雇用慣行はコアな部分では変わっていない。変わったのは、バブル経済崩壊以降に顕著になった企業スポーツの外部化と大学の供給過剰、そしてその激変の緩衝材として生まれたノンエリート体育会系の増大である。もともと縁辺労働力という扱い「低学力」「低競技力／新興・マイナースポーツ」「女性」といった高校生が中堅以下の私立大学に進学し、体育会系として認識された。ノンエリート体育会系は中堅以下の私大の経営の安定に寄与し、大学スポーツの新展開／改革の礎になったが、そこに大企業正社員の座席までは用意されなかった。大企業は従来どおりオーセンティックな要素を評価して新規メンバーを採用するため、体育会系のなかでもエリート体育会系の要素、すなわち「威信の高い大学」「伝統的チームスポーツ」「男性」だけが、現在の大学新卒就職市場で「体育会系神話」が成立する条件として浮上したのである。

注

（1）小熊英二『日本社会のしくみ——雇用・教育・福祉の歴史社会学』（講談社現代新書）、講談社、二〇一九年。同書は、元厚生労働官僚、二〇一九年十月時点では労働政策研究・研修機構労働政策研究所長である濱口桂一郎によっても良質なモノグラフ「日本型雇用システム形成史」になっているとして高い評価を得ている。濱口桂一郎ブログエントリ「小熊英二『日本社会のしくみ　雇用・教育・福祉の歴史社会学』」二〇一九年七月十三日「hamachan ブログ（EU労働法政策雑記帳）」（http://eulabourlaw.cocolog-nifty.com/blog/2019/07/post-e5878d.html）［二〇一九年十月十六日アクセス］参照

（2）同書一七―九四ページ

（3）社会・地域の人々の信頼関係や結び付きを表す概念。抽象的な概念で定義もさまざまだが、ソーシャル・キャピタルが蓄積された社会では、相互の信頼や協力が得られるため、他人への警戒が少なく、治安・経済・教育・健康・幸福感などにいい影響があり、社会の効率性が高まるとされる。直訳すると社会資本だが、インフラを意味する「社会資本」とは異なる。社会関係資本（小学館「デジタル大辞泉」）。

（4）前掲『日本社会のしくみ』九五―一五七ページ
（5）濱口桂一郎『若者と労働――「入社」の仕組みから解きほぐす』（中公新書ラクレ）、中央公論新社、二〇一三年、三一ページ、前掲『日本社会のしくみ』一三〇ページから重引。
（6）深尾京司／牧野達治／池内健太／権赫旭／金榮愨「生産性と賃金の企業規模間格差」「日本労働研究雑誌」第五十六巻第八号、労働政策研究・研修機構、二〇一四年、一四―二九ページ
（7）前掲「日本社会の「三つの生き方」」
（8）海老原嗣生『なぜ7割のエントリーシートは、読まずに捨てられるのか？――人気企業の「手口」を知れば、就活の悩みは9割なくなる』東洋経済新報社、二〇一五年、前掲『日本社会のしくみ』六一ページから重引。
（9）教育社会学者の竹内洋は、「〔欧米では〕日本のようにあらゆる大学がこまかく序列化しているわけではない。日本の高校や大学の総序列化は特異なものである」と述べている。竹内洋『日本のメリトクラシー――構造と心性』東京大学出版会、一九九五年、九三ページ。以上、同段落内の引用は前掲『日本社会のしくみ』一二五ページ。
（10）文部科学省「学校基本調査」
（11）福井康貴『歴史のなかの大卒労働市場――就職・採用の経済社会学』勁草書房、二〇一六年
（12）同書八六ページ
（13）菅山真次『「就社」社会の誕生――ホワイトカラーからブルーカラーへ』名古屋大学出版会、二〇一一年、石岡学『「教育」としての職業指導の成立――戦前日本の学校と移行問題』勁草書房、二〇一一年
（14）前掲『学校・職業・選抜の社会学』。ただし、高校や大学といった教育段階にかかわらず、学校―

企業間の制度的連関：institutional linkage として定義されている。T. Kariya, James E. Rosenbaum, "Institutional Linkages between Education and Work as Quasi-internal Labor Markets," *Research in Social Stratification and Mobility*, 14, 1995, pp. 101-136.

(15) 米澤彰純「高等教育政策と私立大学の行動——供給側からみた拡大・停滞」、日本教育社会学会編「教育社会学研究」第五十号、東洋館出版社、一九九二年、三二五—三四四ページ

(16) 同論文

(17) 前掲『日本社会のしくみ』四五二—四五五ページ

(18) 文部省大学官房調査統計課「新規学卒者の採用及び就業状況に関する調査」一九七八年、前掲『歴史のなかの大卒労働市場』八九ページから重引。

(19) 前掲「先輩後輩関係に〝埋め込まれた〟大卒就職」八九—一一八ページ、岩内亮一／平沢和司／中村高康／平野栄一「大卒雇用市場の実像——大学生の就職活動の実証的研究」、明治大学教養論集刊行会編「明治大学教養論集」第二百七十八号、明治大学教養論集刊行会、一九九五年、三七—一一四ページ、前掲『大学から職業へ』、梅崎修「成績・クラブ活動と就職——新規大卒市場におけるOBネットワークの利用」、前掲『大学教育効果の実証分析』所収、大谷剛「大卒者の成績が初任給に与える効果」、同書所収

(20) 前掲「〈体育会系〉神話に関する予備的考察——〈体育会系〉と〈仕事〉に関する実証研究に向けて」

(21) 関英夫「労働省の取り組みについて」、日本学生支援機構編「大学と学生」第百九十五号、新聞ダイジェスト社、一九八二年、三九—四三ページ、前掲『歴史のなかの大卒労働市場』一一七ページから重引。

(22)前掲「先輩後輩関係に〝埋め込まれた〟大卒就職」八九―一一八ページ
(23)前掲『大学から職業へ』
(24)前掲『大学から職業へⅡ』
(25)小山治「大卒就職に関する質問紙調査における採用重視・評価項目の再検討――事務系総合職採用の能力評価のあり方に着目して」、東京大学大学院教育学研究科編「東京大学大学院教育学研究科紀要」第四十八号、東京大学大学院教育学研究科、二〇〇八年、六九―七九ページ
(26)平沢和司「就職内定企業規模の規定メカニズム――大学偏差値とOB訪問を中心に」、前掲『大学から職業へ』所収、五七―六八ページ
(27)東原文郎「1912年―2008年夏季オリンピック日本代表選手団に関する資料――所属組織と最終学歴を中心に」「スポーツ科学研究」第十号、早稲田大学スポーツ科学学術院、二〇一三年、二四二―三一六ページ
(28)同論文
(29)武藤泰明「企業スポーツのグランドデザイン」、笹川スポーツ財団編『企業スポーツの現状と展望』所収、創文企画、二〇一六年、一七一―一八七ページ
(30)橘木俊詔/齋藤隆志『スポーツの世界は学歴社会』(PHP新書)、PHP研究所、二〇一二年
(31)澤野雅彦『企業スポーツの栄光と挫折』(青弓社ライブラリー)、青弓社、二〇〇五年
(32)高嶋航『帝国日本とスポーツ』塙書房、二〇一二年、高嶋航/金誠編著『帝国日本と越境するアスリート』塙書房、二〇二〇年
(33)前掲「高等教育政策と私立大学の行動」
(34)労働政策研究・研修機構編『「日本的高卒就職システム」の変容と模索』(労働政策研究報告書)、

労働政策研究・研修機構、二〇〇八年、二三ページ

(35) 一九六〇年代後半に北方中核都市の住宅街に設置された文系がある私立大学では、九〇年代のある時点で学生数は最大で八千を超えた。当該時期は、教職員に対して寒冷地手当のほかに年三回の賞与が支給されたという。

(36) 前掲『日本社会のしくみ』五三五ページ

(37) 一九九〇年代後半の金融危機とは、九七年十一月に発生した金融機関の連鎖的破綻を指す。具体的には三洋証券の会社更生法の適用申請、北海道拓殖銀行の経営破綻、山一証券の自主廃業、徳陽シティ銀行の経営破綻を含む。

(38) 日本労働研究機構「出向・転籍の実態と展望」二〇〇〇年「調査研究成果データベース」(https://db.jil.go.jp/db/seika/2000/E2000060011.html)［二〇一九年一〇月六日アクセス］

(39) 前掲「早わかり グラフでみる長期労働統計」「図8 雇用形態別雇用者数」

(40) 前掲「企業スポーツのグランドデザイン」

(41) 開幕は一九九三年。

(42) 前掲「企業スポーツのグランドデザイン」

(43) 注(35)でふれた私学では二〇〇〇年を超えてからは学生募集に困窮するようになり、学生数は〇七年に約五千五百、一七年に約二千七百五十と、最盛期の三分の一の規模にまで縮小した。

(44) 備前嘉文らによれば、一九九一年大学設置基準の大綱化以降、「スポーツマネジメントやスポーツビジネスに関連する学科・コースの増加は顕著であり、九三年に順天堂大学スポーツ健康科学部に初めてスポーツマネジメント学科が開設されて以降、体育・スポーツ系の学部はもとより、経営学部や経済学部といったビジネス系の学部の中にも次々と設置されている」という。私大経営の手段として

認識されたということは、スポーツ界の動向を受け、スポーツマネジメントの知恵（スポーツチーム／クラブの運営ノウハウ）に対する社会的ニーズが高まったと解釈することができる。備前嘉文／辻洋右／棟田雅也「日本の大学におけるスポーツマネジメント教育の現状と課題――この10年で日本のスポーツマネジメント教育はどう変わったか」日本スポーツマネジメント学会編「スポーツマネジメント研究」第十一巻第一号、日本スポーツマネジメント学会、二〇一九年、三七――四六ページ（https://www.jstage.jst.go.jp/article/jjsm/advpub/0/advpub_2019-001/_pdf）［二〇一九年一〇月六日アクセス］

（45）日本私立大学連盟監修、学生委員会学生生活実態調査分科会編『私立大学学生生活白書2015』日本私立大学連盟学生委員会、二〇一五年

（46）文部科学省編「文部科学統計要覧」各年版（文部科学省）から。

（47）前掲「日本における大学生競技者数の2008年から2017年の推移」

第6章　体育会系神話のゆくえ

1　大学スポーツのオルタナティブ

前章の結論を受けて、本章では今後の体育会系と大学スポーツのあり方について論じる。

大学を対象とした社会経済学者の川口浩は、一九六〇年代後半に顕著になった高等教育のマス化（私立文系大学の増加、女性の大学進学率の上昇、など）に対し、以下のように述べた。

一九六〇年以降に進行した事態を一言で言えば、新制高等教育の旧制中等学校化であろう。他方、大卒者市場では、たしかに高度経済成長によって需要が拡大したであろうが、供給増も急であり、七〇年代後半以降における供給増は明らかである。言い換えれば、大学卒業者の中にはエリート層に入りえない者が現れ、結果として彼らは後期中等教育修了者〔＝高卒〕の労働市場に就職口を見出さざるを得なくなったはずであり、しかもその数は漸増していったであろう。そしてそうだとすれば、彼らにとって大学進学は社会的上昇移動の手段としてはほとんど有効性はなく、それはもはや投資とは言えないであろう。しかしそれならば、彼らは大学教育市場においては教育サービスを消費財としてそれなりに真面目に購入する、つまり学習意欲をともかくも有している大学生なのかといえば、おそらくそうでもないであろう。(1)

この認識は、背景になる経済状況や人口動態の違いを除けば、一九九〇年代以降に進行した高等教育のユニバーサル化に際しても適用できると思われる。日本の現在の大学教育は、長期にわたって低空飛行を続ける経済状況と歯止めがかからない少子化のなかで「中等学校化」した。「全入時代」という言葉が示すとおり、大学は明らかな供給過剰に陥っている。「大学卒業者の中にはエリート層に入りえない者が現れ、結果として彼らは後期中等教育修了者の労働市場に就職口を見出さざるを得なくなったはずであり、しかもその数は漸増していったであろう」の「大学卒業者」に「体育会系」を代入すれば、そのまま本書が記述してきたことの要旨になる。

続く「そしてそうだとすれば、彼らにとって大学進学は社会的上昇移動の手段としてはほとんど有効性はなく、それはもはや投資とは言えないであろう」という指摘と、そこから導かれる「彼らは大学教育市場においては教育サービスを消費財としてそれなりに真面目に購入する、つまり学習意欲をともかくも有している大学生なのかといえば、おそらくそうでもないであろう」という予期は、まさに現在のノンエリート体育会系の実情をとらえており、大学スポーツ関係者にも重くのしかかってくるだろう。

では、こうした高等教育機関の変容に対し、大学スポーツ界はどのような構えで対応すればいいのだろうか。この問いに対して川口は「彼らにとって必要なのは、大学教育それ自体ではなく、大学に在学しているという事実から得られる種々の便益なのではないだろうか[2]」と述べている。だが、これでは教育の内容や学位の種類を問わない企業メンバーシップ型雇用と、それを前提とした学(校)歴主義を暗黙のうちに受け入れてしまうことになり、すなわち、大きな変革は期待しないことを意味してしまう。大学のオルタナティブに通じる、大学スポーツのオルタナティブはないのか。

2　国際比較から学ぶ

一つの方向性は、他国の事例を雇用慣行と大学スポーツのセットにして学ぶことだろう。「制度化された自由労働市場（ジョブ型[3]）」の雇用慣行があり、かつ、学生スポーツがすでに事実上の巨大ビジネスとして成立してしまっているアメリカと、雇用慣行としては「職種メンバーシップ（ジョブ型）」であり、学校教育に職業トレーニング期間としての社会保障的な意味合いをもたせる欧州とは、大学在学中にインテンシブな競技生活を送ることの意味がまったく異なる。こうした雇用慣行の異なる諸国・諸地域との比較は、日本の体育会系就職が置かれた文脈の特殊性を理解し、その特殊性に応じた支援策を検討するためにきわめて有効である。

アメリカの事例

例えばアメリカでは、学生アスリートの教育は大学に一義的な責任があるという認識に立ち、大学に学生アスリート支援システムを構築させる。ただし、NCAAが巨額の利益のなかから費用を一部助成する形態をとる。学生スポーツ産業のスケールメリットを存分に生かして大学責任の支援システムの構築・発展を促して、学生スポーツ産業の維持・発展への基礎とするというやり方だ。

大学やNCAAによるアスリート労働力の搾取であるという批判(4)もあるが、アメリカでは大学の学位は労働市場で大きな意味をもつため、主たる活動がスポーツであっても大学教育を受けることは学生にとって実質的な社会的上昇の手段になる。アメリカには軍に入隊すると授業料が免除されて生活費やボーナスが支給されるという制度もあるが、年間数百万円にものぼる授業料の高騰は日本の比ではなく、中間・貧困層の若者は大学で学ぶために家が建つほどの多額のローンを組むか、軍隊に入るか、高卒で低所得者層になることを受け入れるかという選択を迫られることになる。こうした社会文脈にあって、経済的リソースを持ち合わせていない若者に対するスポーツ奨学金の魅力は十分に大きい(5)。したがって、学生アスリートはプロに上がらない場合でも、大学教育を受ける権利を獲得するために、競技を続けるインセンティブがある。

ちなみにNCAAは二〇一六年十月、その過剰とも言える商業的成功と高等教育としての腐敗が大きな社会問題に発展したことを受け、最も高い競技力と商業的成功を誇るディビジョン一の収益の配分方法について、二〇一九―二〇年度から学業達成に重きを置いた方式に変えると発表し、ウェブサイト上にその具体的なプランも掲載した。(6) 三八%を占めていた競技面への配分を二〇二四―二五年度まで段階的に二四%まで減らし、そのぶんを学業や学生生活支援に充てていくというのだ。日本のUNIVASとは歴史も規模もまったく異なるため、比較にならないと思われるかもしれないが、NCAAが「学生アスリートにとってより重要なのは競技(Athletics)ではなく学業(Academics)である」ことをあらためて認め、発信したことに大きな意義がある。

デンマークの事例

対照的に、デンマークでは、チームデンマークという中央スポーツ統括機関と自治体、教育機関(学校)が連携し、アスリートの学業と競技の両立を支援している。生徒や学生がインテンシブな競技生活を学業とパラレルに続けるか否か、意思決定の主体は生徒や学生側にある。(7)

日本では、学校公認のクラブ活動で公式戦に出場することになったり、競技団体などからある年代や地域の選抜選手に選ばれ、競技大会への出場や遠征・合宿に招集された場合、授業の出席免除や欠席による減点への配慮、すなわちパフォーマンスレベルによる優遇や特別扱いを学校側(担当教員)に依頼することが一般的である。実際に、競技成績による大学認知度の向上を期待してスポーツ推薦などで学生を入学させていると、学校・教員側としてもそうしたハイレベルな学生アスリートの遠征や競技会への参加に対して一定の配慮をせざるをえなくなる。競技会への出場が単位修得の障害になって、学業成績や卒業に支障が出てしまうと就職にも影響が出る可能性があるからだ。

新卒一括採用の慣行が維持され、新卒時の就職先の企業規模の重要性が高く、歴史的に学校が職業斡旋機能を担ってきた日本で長く生活してきた人なら、こうした配慮を自然なものとして受け入れてしまうかもしれない。

しかしデンマークでは、出席状況や学業成績にゲタを履かせて一般学生と同じタイミングで卒業させるという発想はない。学生アスリートと認定されることで、高校では三年のかわりに四年まで、大学では四年のかわりに六年まで、修業年限を延ばすことを学生アスリート本人の意思で選択できるようにするという。しかも「学生アスリート」として認定を受けるのも、本人による中央スポーツ統括機関や地方自治体の教育委員会への申請がベースになる。本人の申請に基づき、学生アスリートとしての認定を受け、その認定に基づいて、教育現場では一般の生徒・学生と同様の教育内容を享受・修了できるよう融通する。それが中央スポーツ統括機関と地方自治体と学校が連携して、学生アスリートに対しておこなう配慮である。

一見すると日本で一般的になされる配慮と真逆の配慮が求められ、機能するのは、なぜなのか。チームデンマークのデュアルキャリア担当職員クリスティナ・テラーは、「そのような配慮がないと若者は学業を優先してしまい、有望なアスリートが競技をやめてしまうからだ」と説明してくれた。

デンマークの雇用と教育システムは、日本やアメリカと異なる。職域メンバーシップ（ジョブ型）の雇用慣行をとるデンマークでは、ほぼすべての職業で職務の内容に直結した学位を要求される。そのため、大学生には大学に在学しているというだけで月額七万円程度の給金が支給され、ほぼすべての若者に高等教育機関への就学機会が開かれている。同じ職業の場合は企業が変わってもほとんど待遇は変わらず、他業種に転職する場合はまた大学に通い直してその職業に対応した学位を取得する必要がある。[8] このような環境であると、スポーツを生業にできるという確信がないかぎり、学業に集中できないことのリスクが大きすぎると感じられる。デンマークでは、教育機関での学業は職業トレーニングであり、競技への時間と労力の配分は、学位取得に対する障害やリスクと見なされるのである。

以上のとおり、学生アスリートのキャリア形成支援を普遍的に検討しようと思えば、他国との比較は欠かせない。他国との比較は、行為や制度そのものだけでなく、文脈の理解とセットでなされる必要がある。本書ではこれを深掘りすることができなかった。今後は、「行為と文脈のセット」の国際比較研究をより広範に展開することによって、日本の学生アスリートの支援策についてもより有効なアイデアがもたらされるものと期待する。

3　日本は体育会系の「自立／自律」をめざす⁉

筆者は、二〇一八年七月に開催された日本スポーツ産業学会第二十七回大会で、シンポジウム「大学スポーツのオルタナティブ」を企画・オーガナイズした。[9] シンポジストとしてアメリカNC

ＡＡ設立・発展の経緯と、金銭授受や学業詐偽といった問題が山積する現状を報告したスポーツ法学者の川井圭司は、「日本の大学スポーツがスポーツ参加や普及の面で果たしている役割を正当に評価すべきだ」と述べた。

京都大学アメリカンフットボール部監督時代に同部を一般社団法人化した西村大介は、法人格を得ることによって財務や人事上のガバナンスリスクを縮減しながら、スポンサーを募って指導者を雇い入れ、有望選手をリクルートしながらチームを強化する、という一般的なスポーツクラブマネジメントが国立大学の運動部でも可能であることを示した。

慶應義塾大学野球部出身であり、気鋭の地域スポーツマネジメント研究者である松橋崇史は、二〇一五年に自らが立ち上げて現在も拡大継続中の大学野球育成リーグ「学生による学生のための育成試合　大学野球サマーリーグ」の実践内容を紹介した。大学野球界では部員数増加に伴って下級生の試合機会を確保することが求められていて、地方球場を利用することで自身の研究テーマでもあるスポーツによる地域活性化と、スポーツマネジメントの実践教育の場として、サマーリーグを機能させる試みが示された。

これらの取り組みは、大学スポーツ当事者による「大学からの自立」を示唆しているように思われる。バブル崩壊後のスポーツは、大企業の庇護から外れ、外部化されることで自立的かつ自律的に運営リソースの調達をはじめた。日本のなかではいち早く企業スポーツからの脱却を図り、地域に運営基盤を求めたＪリーグのソーシャル・イノベーション[10]としての成功には、大学スポーツの現状を打開するヒントが示されているのではないだろうか。

西村や松橋の実践が示すのは、学生アスリートの側が主体になって、大学との一定の距離を確保し自立することで、逆説的に大学スポーツへの参加や強化の健全性を取り戻したことだ。川井が日本の大学スポーツを適正に評価すべきと主張した背景には、アメリカのＮＣＡＡをモデルとしてめざすことで、学生アスリートがますます大学に従属し、大学の資産＝所有物のように見なされる状況が進行することへの危惧があるだろう。カギは体育会系の「自立／自律」にある。

大学の「定員」として入学した（あるいはする）学生アスリートは、日本の大学経営がアスリートの入学に頼らざるをえなくなった背景を適正に理解すべきだ。そうすればおのずと自立に向けて動機づけられるだろう。定員としての機能を学生アスリートに頼った大学は、そもそも学生アスリートがキャリア形成で優位になるよう支援するリソースもノウハウも、へたしたらアイデアさえも現段階では持ち合わせていない可能性がある。そのような状況だからこそ、学生アスリートの入学に依存したと考えるべきだ。

こうした状況を正しく認識できれば、いま以上の学生アスリート支援を大学に望むのではなく、むしろ、現状を逆手にとって、学生アスリートが自らの手で新しいスポーツ環境を準備し、スポーツ実践を楽しみ、そのプロセスで学んだ内容を自身のキャリア形成の基礎とすることに希望が見いだせる。これに関われること自体が、体育会系であることの特権的な便益（privilege）と見なされるべきであり、主体的なスポーツへの関わりを通じた生きた高等教育の機会であるようにも感じられる。体育会系自身による、自立／自律型大学スポーツマネジメントのススメである。

ＵＮＩＶＡＳのキャリア形成支援事業は、自立／自律型大学スポーツマネジメントへの関わりに公的な認定を与えること（資格化）によって、あるいはそのためのカリキュラムを整備すること（単位化・学位化）によって、体育会系のキャリア形成を支援する道が開けるものと期待できる。そうなれば、のちに、現在が「新生体育会系神話」の起源だったと評価されるようになるかもしれない。大学スポーツのオルタナティブを構想することが、雇用と社会のオルタナティブを構想する契機になるのだ。

注

（1）川口浩「大学の社会経済史」、川口浩編『大学の社会経済史——日本におけるビジネス・エリートの養成』所収、創文社、二〇〇〇年、三—二二ページ

（2）同論文

（3）前掲『日本社会のしくみ』、濱口桂一郎「この国の労働市場——横断的論考」「日本労働研究雑誌」第六十巻第四号、労働政策研究・研修機構、二〇一八年、二—一〇ページ

（4）グレン M・ウォン／川井圭司『スポーツビジネスの法と文化——アメリカと日本』成文堂、二〇一二年、宮田由紀夫『暴走するアメリカ大学スポーツの経済学』東信堂、二〇一六年、Gerald Gurney, Donna A. Lopiano and Andrew Zimbalist, *Unwinding Madness: What Went Wrong with College Sports and How to Fix it*, Brookings Institution, 2017.（ジェラルド・ガーニー／ドナ・ロピアノ／アンドリュー・ジンバリスト『アメリカの大学スポーツ——腐敗の構図と改革への道』宮田由紀夫訳〔高等教育シリーズ〕、玉川大学出版部、二〇一八年）

（5）アキ・ロバーツ／竹内洋『アメリカの大学の裏側――「世界最高水準」は危機にあるのか？』（朝日新書）、朝日新聞出版、二〇一七年

（6）Michelle Brutlag Hosick, “DI to distribute revenue based on academics: New model to allow schools with higher graduation rates, academic success to qualify for more funds,” 2016, NCAA（https://www.ncaa.org/about/resources/media-center/news/di-distribute-revenue-based-academics）［二〇二〇年十二月二日アクセス］

（7）ここでの情報は、日本体育大学の日比野幹生教授と共同で二〇一九年五月におこなった現地調査に基づいている。調査概要は以下のとおり。五月六日（月）午前、トーンビヤウ高校で、生徒アスリート二人、ゲーウス・ヴェイスロップ（教諭＝生徒アスリートアドバイザー）からエリートアスリート育成事業の高校現場の対応についてヒアリングを実施。同日午後、南デンマーク大学で、リーネ・マイ・ニールセン（学生アスリート・デュアル・キャリア・オーガナイザー）からエリートアスリート育成事業の大学現場の対応についてヒアリングを実施。五月七日（火）午前、スイミングクラブのオラフ・ウィルデボア（エリートアスリート育成担当コーチ長）にエリートアスリート育成事業でのクラブ現場の対応についてヒアリングを実施。同午前、エリートアスリート育成事業の自治体レベル執行組織チーム・コペンハーゲン事務所でイェッペ・ハウゴー（事務局長）とリーセ・ワーレン・ペーダーセン（職員）にコペンハーゲンのエリートアスリート育成事業成立の経緯について説明を受けた。同日午後、バセロップ市役所で、スポーツ振興担当部局のピーター・ブーエロンド（課長クラス）から、エリートアスリート育成事業における自治体の役割について説明を受けた。国レベルのアスリートを対象としたキャリア支援政策や各ステークホルダーとの連携状況については、調査地間を移動する車中でチームデンマークのデュアルキャリア担当職員のクリスティーナ・テラーから説明を受けた。

（8）ケンジ・ステファン・スズキ『消費税25％で世界一幸せな国デンマークの暮らし』（角川SSC新書）、角川SSコミュニケーションズ、二〇一〇年
（9）川井圭司／東原文郎／西村大介／松橋崇史「大学スポーツのオルタナティブを考える」「Sports Business & Management Review」第十号、日本スポーツ産業学会、二〇一九年、二一七ページ
（10）松橋崇史／金子郁容／村林裕『スポーツのちから――地域をかえるソーシャルイノベーションの実践』慶應義塾大学出版会、二〇一六年、東原文郎「書評：松橋崇史、金子郁容、村林裕著『スポーツのちから：地域をかえるソーシャルイノベーションの実践』」「スポーツ産業学研究」第二十八巻第一号、日本スポーツ産業学会、二〇一八年、一三一―一三四ページ

エピローグ

二〇〇七年、突然降ってきた幸運により、博士の学位をもたない私は札幌市内の住宅街にある中規模（当時の学生数は五千五百人）私大の教員になった。中・高の保健体育科教員免許を出すことができるスポーツ文化コースのオープニングスタッフだ。一九六七年に開学し、九〇年代には一時学生数九千人に迫ったという中堅大学で、念願の大学教員としてのキャリアをスタートさせることになった。ただ、まだこの時点では、この初職在職期間中に自分のなかの体育会系神話を完全に刷新せざるをえなくなるとは予想だにしていなかった。

体育会系神話の刷新に先んじて、まず、大学教員という職業の有閑階級的イメージが猛烈サラリーマン的なものへと刷新された。スポーツマネジメント担当教員としての入職だからといって、スポーツマネジメント論、スポーツマネジメント特論などの関連科目とゼミだけを担当すると思ってはいけない。専門教育ではスポーツ文化論もニュースポーツ論もサッカー指導法もサマースポーツ演習（集中の臨海実習）／ウィンタースポーツ演習（スキー実習）も担当した。担当講師がサバティカルで抜けたときには、スポーツ社会学を担当したこともある。二―三年の専門ゼミと四年の卒論指導のほかに、初年次教育（一年生対象の教養ゼミ）も担当した。全学対象の教養科目である健康論やスポーツ実技（週二コマ！）も、フィールドワーク（地域貢献演習）も担当した。科学研究費の申請で初めて採択された入職二年目には体育会サッカー部の監督まで引き受けて、八十人の部員をたった一人のアシスタント・コーチと二人で率いて北海道で優勝、インカレ（全国大会）にも出た（ちなみにトップチームでの出場時間が短い選手だけに出場資格が与えられる大学サッカーの準公式戦「インディペンデンス・リーグ＝通称Iリーグ」の全国大会では準優勝！）。サッカー部の指導者を退いたら、学生に請われてラクロス部の顧問になった。学生委員、就職委員、教務委員、課外活動推進委員、学部互助会会計、コース代表、などなど頼まれれば何でもやった。体育会系の端くれとして一生懸命働いた。理想の教育研究環境を追求したかったが、その理想の追求は自分が在職する地方都市の小さな大学が存続するかぎり、すなわち学納金＝学生数が確保されるかぎり、という条件付きのものだった。

年を経るうちに、大学は定員割れが続き、教職員を増やせなかったのだ。

サッカー部だけではなく、野球部もバスケ部も柔道部も、百人以上の大所帯になった。そのほかの部も軒並み数十人を超えた。トレーニング施設、グラウンドや体育館は限られていて、始業前も含めて常にタイトな利用スケジュールが組まれた。地域住民にスポーツ施設・設備を開放することによって大学が地域社会に貢献するなど、現実に困難だった（それでもやってたから、ホントにすごい！）。強化指定部の指導者には元プロ選手や上級コーチングライセンス取得者など、広報への貢献も期待できる方が特任教員並みの待遇で迎えられていたが、そのほかの部活ではグラウンドやコートに立てるのは週末だけ、ボランティアに準じる謝金しか手当てされない「大学スポーツ指導者」が多くいた。建前だったとしても、大学スポーツで心身を鍛えながら体育教員をめざす学生が多数入学してくれるのはうれしかったが、アスレティックにスポーツに取り組む環境として自信がもてず、また教員志望の学生たちは、教員採用試験合格率について近年の数値はおろか、概念さえもっていなかった。体育会系の民間就職は、ほかの学生とさほど変わらなかった。私の目の前で、体育会系神話を強化するような「体育会系が成長する場」ではないと感じていた。体育会系神話が刻々と変容していたのだ。

スポーツ系部・クラブの膨張とは裏腹に、学生数は減少の一途をたどり、二〇〇七年赴任当初に五千五百人いた学生数は、一七年退任時に二千七百人台へと半減していた。もはや、個人の努力ではいかんともしがたい社会的な作用があるとしか考えられなかった。

本書は、こうした体育会系神話の多様性と変化の不思議に対して、曲がりなりにもスポーツ分野の社会科学者として十四年間生きてきた筆者なりの解答である。まだ不十分な点はある。例えば、銘柄大学以外の体育会系と非体育会系の就職実績を厳密に比較できていないこと、一九六〇年代の学園紛争期での企業の体育会系の評価がわからないこと、ジェンダーギャップに深く切り込めなかったことなどは大きな課題と言える。しかし、二〇二〇年以降の終息のきざしが見えないコロナ禍で、東京オリンピック・パラリンピックが変則開催でおこなわれる予定の時期に本書を世に送り出すことに意義があると思った。東京オリンピック・パラリンピックをめぐる一連の騒動が、皮肉にもスポーツに対する冷静なまなざしを取り戻してくれたからだ。

スポーツは、すべてが素晴らしくて必ず何かポジティブな影響を及ぼすとはかぎらない。延期前には語ることさえためらわれたが、近年蓄積されてきた社会科学的研究の多くが「オリンピックは必ずしも開催都市の経済を豊かにしない」と主張している。同様に、大学でスポーツをすることは必ずしも学生の成長を促すとはかぎらない。大学でただ単にスポーツ部に所属することが重要なのではなく、そのスポーツ(クラブ)の活動にどう取り組むかが重要なのだ。

かつて、経済学の父とされるアダム・スミスは有名な『国富論』で、「神の見えざる手」、すなわち、市場での自由な取引があらゆる資源配分を適正化するというテーゼを提出した。これはあまりにもよく知られた話だが、直後の『道徳感情論』で同時に「他者への共感能力」の重要性を説いていることはあまり知られていない。スミスはつまり、主著二冊の全体として、「神の見えざる手」が機能する(ある制度やシステムが適正に稼働する)には、関わる人々の豊かに発達した道徳感情が前提になることを強調しているのだ。

この趣旨は、大学スポーツというシステムでも、まったく当てはまるように思う。大学スポーツをより良いシステムとして機能させるためには、UNIVASを設立しただけではダメだ。アメリカNCAAが黒船よろしく乗り込んできたってダメだ。文脈が正反対のデンマークのやり方をまねすることも現時点ではできっこない。真の意味での体育会系神話を再構築するためには、関わるすべての人々の発達した共感能力、すなわち相手がどのような立場からどう思うのか、どう感じるのかを想像し、リスペクトしながら誠実に行為するという、「インテグリティ(経営学の父、ピーター・ドラッカーが言う「真摯さ」)」が求められているのだと思う。どういうことか。

新型コロナウイルス感染症拡大の第二波がある程度収まった二〇二〇年初秋の週末、Iリーグの試合を観戦した。広大な敷地に設えられた人工芝の緑は美しく、ピッチ奥には碧々とした山や湖が広がり、空気も澄んでいた。こんな場所で、好きなことに夢中で取り組む学生の姿を目近で応援できる、大学教員の特権的な幸せを噛み締める一方、出場選手がつける背番号で三桁は珍しくないことに気づく。対戦チームには、ピッチ上に三百番台の選手が四人いた。これが現実だ。それでも最高の環境でボールを追い、仲間と切磋琢磨できる機会がトップチーム以外の選手にも与えられるだけサッカーはいいかもしれない。スポーツによっては、トップチーム以外の選手がトップチームの選手と同じだけの部費（高いときには数十万円から百数十万円に上ることもある）を納めながらも、試合のステージどころか大学トレーニング施設の利用時間も回数も制限され、まさにトップチームの〝養分〟として運動部に所属し続けるという事例も耳にする。

想像してほしい。自分がスポーツの指導者だったとして、自分の教え子が学部の内容よりもスポーツで進学した結果、ろくにトレーニングもさせてもらえないままトップチームの〝養分〟として扱われたり、高校年代までは喜々として取り組んでいたスポーツを嫌いになったり、辞めざるをえなくなったりする姿を。自分の教え子が、興味がわかない講義に出席するためだけに大学に行き、卒業後、何をしたいかわからず、自信を欠いたまま就職活動に突入し追い詰められる姿を。愛情をもって生徒たちにスポーツを教えてきた指導者であればこそ、理想と現実のギャップに苦しむ教え子の姿は見るに堪えないだろう。

学生スポーツが文武不岐というならば、学生アスリートがその統一体を適正に追求するための条件整備が必要だ。受け入れる大学側は、適正な活動や指導を提供できる範囲で運動部を運営すべきである。スポーツ推薦によって学生を入学させるからには、学業とスポーツの両方に真摯に取り組めるよう環境整備に務めるべきだ。学業に困難を抱えがちであれば、適切にサポートするしくみを整えるべきだ。学連や競技団体と協働し、入部した全員が十分にトレーニングに打ち込み、そのトレーニングの成果を発揮する舞台を用意すべきだ。サッカーのIリーグ、第6章で紹介した次世代育成大学野球サマーリーグの試みなどは、出場機会が少ない学生アスリートに活躍の場を提供する具体的な方法論として大いに学ぶところがあるだろう。

送り出す高校までのスポーツ指導者にも、できることがある。自分の教え子に対して、目先の学校進路だけでなく、キャリア形成を含めた人生設計を一緒に考えることだ。アメリカでは、アスリートは目の前のトレーニングに近視眼的に集中するよりも、長期のキャリアプランニングに取り組んだほうがむしろパフォーマンスが高まる、というのが常識だ。[1]キャリア形成から逆算して大学で学ぶことを選び、大学での学びがキャリアの足がかりとなるよう、教え子のキャリアプランニングに伴走してほしい。そうすることで、スポーツによって教え子の幸せを助長するという、スポーツ指導者にしか味わえない幸福を享受してほしい。

スポーツ推薦で銘柄大に送り出すことで幸せになる教え子がいる。それは否定しない。だが、全員ではない。少なくない数のノンエリート体育会系が二百人も三百人もいるような中堅以下の私大の運動部に所属し、学業どころかスポーツさえ追求させてもらえず、人生を生き抜く力と自信を培えないまま就職活動に臨むようになるなら、それははたして本来あるべき大学スポーツの姿なのだろうか。そのような扱いを受けた学生アスリートはどう感じるのか。

スポーツによって教え子を幸せにするという特権に与る者は、同時に、教え子の不幸を抑制するという責務も負う。共感能力に基礎を置くインテグリティとは、まさにすべての学生アスリートが自分の教え子であるかのように想像し、どうすればすべての教え子の幸福を助長できるか、不幸を抑制できるかを考え、しくみを整え、行為することだろう。

ともあれ、いちばんの当事者は学生だ。繰り返しになるが大学体育会運動部への所属は、必ずしも学生の成長を約束するものではない。所属そのものが大事なのではなく、所属したクラブをよりよく（パフォーマンスとしてはより高く、環境としてはより居心地よく）するために、全身全霊で活動に取り組む経験が大事なのだ。本書が就職と体育会系神話の不思議を追求することでたどり着いたこの単純な命題を、大学スポーツを愛し、関わるすべての人々に届けたい。日本中が冷静にならざるをえなくなったこのコロナ禍で、大学スポーツ、教育とキャリア形成に対するスポーツの意義を見つめ直してほしい。そんな率直な思いを記して、筆をおく。

注

（1）アルバート・プティパ／ジュディ・チャルトラン／シェーン・マーフィー／ディライト・シャンペーン／スティーブン・デニッシュ『スポーツ選手のためのキャリアプランニング』田中ウルヴェ京／重野弘三郎訳者代表、大修館書店、二〇〇五年

参考文献

安部磯雄「運動が青年の心身に及ぼす三大効果」「実業之日本」第十八巻第二十一号、実業之日本社、一九一五年、七一―七三ページ

阿部泰藏「社員採用の際余は如何なる青年を選択するか」「実業之日本」第十九巻第九号、実業之日本社、一九一六年、六一―六三ページ

AERA編集部「やっぱり凄い！体育会運動部員の〝就職力〟――「負けの経験」で時短就活に勝つ」「東洋経済オンライン」二〇一六年五月三十一日（http://toyokeizai.net/articles/-/120490）

赤林英夫「人的資本理論」「日本労働研究雑誌」第五十四巻第四号、労働政策研究・研修機構、二〇一二年、八―一一ページ

アキ・ロバーツ／竹内洋『アメリカの大学の裏側――「世界最高水準」は危機にあるのか？』（朝日新書）、朝日新聞出版、二〇一七年

天野郁夫『学歴の社会史――教育と日本の近代』（平凡社ライブラリー）、平凡社、二〇〇五年

荒川章二「「1968」大学闘争が問うたもの――日大闘争の事例に即して」「大原社会問題研究所雑誌」二〇一六年十二月号、法政大学大原社会問題研究所、一―二四ページ

朝日新聞「（耕論）体育会、生きづらい？　岡崎仁美さん、為末大さん、荒井弘和さん」「朝日新聞デジタル」二〇一八年二月十日（https://digital.asahi.com/articles/DA3S13353240.html?rm=150）

麻生誠「就職の社会史」、中西信男／麻生誠、友田泰正編『就職――大学生の選職行動』（有斐閣選書）所収、有斐閣、一九八〇年、一八一―二二一ページ

Becker, Gary S., *Human Capital: A Theoretical and Empirical Analysis, with Special Reference to Education*, Columbia University Press, 1964. ゲーリー・S・ベッカー『人的資本――教育を中心とした理論的・経験的分析』佐野陽子訳、東洋経済新報社、一九七六年

Bills, David B., "Credentials, Signals, and Screens: Explaining the Relationship Between Schooling and Job

Assignment," *Review of Educational Research*, 73 (4), 2003, pp. 441-469.
備前嘉文／辻洋右／棟田雅也「日本の大学におけるスポーツマネジメント教育の現状と課題——この10年で日本のスポーツマネジメント教育はどう変わったか」、日本スポーツマネジメント学会編「スポーツマネジメント研究」第十一巻第一号、日本スポーツマネジメント学会、二〇一九年、三七—四六ページ（https://www.jstage.jst.go.jp/article/jjsm/advpub/0/advpub_2019-001/_pdf）
ビズリーチ・キャンパス「体育会「なのに」就活惨敗!?——その原因は〇〇にあり！」二〇一七年十月十一日（https://br-campus.jp/articles/report/141）
ブルデュー、ピエール『ディスタンクシオン——社会的判断力批判Ⅰ』、同『Ⅱ』ともに石井洋二郎訳（Bourdieu library）、藤原書店、一九九〇年
ブルデュー、ピエール「スポーツ社会学のための計画表」『構造と実践——ブルデュー自身によるブルデュー』石崎晴己訳（Bourdieu library）、藤原書店、一九九一年、二七二—二九〇ページ
ブルデュー、ピエール「人はどのようにしてスポーツを好きになるのか」『社会学の社会学』田原音和監訳（Bourdieu library）、藤原書店、一九九一年、二二三—二五〇ページ
Denhart, Matthew, Villwock, Robert and Vedder, Richard, "The Academics-Athletics Trade-off: Universities and Intercollegiate Athletics," the Center for College Affordability and Productivity, Hall J. eds *Doing More with Less*, Springer, 2010, pp. 95-136.
労働政策研究・研修機構「図8 雇用形態別雇用者数」「早わかりグラフでみる長期労働統計」（https://www.jil.go.jp/kokunai/statistics/timeseries/html/g0208.html）
海老原嗣生『なぜ7割のエントリーシートは、読まずに捨てられるのか?——人気企業の「手口」を知れば、就活の悩みは9割なくなる』東洋経済新報社、二〇一五年
藤本淳也「テーマ4 キャリア支援」「第三回 日本版NCAA設立準備委員会 資料2」、スポーツ庁、二〇一八年、二六—三五ページ
深尾京司／牧野達治／池内健太／権赫旭／金榮愨「生産性と賃金の企業規模間格差」「日本労働研究雑誌」第五十六

巻第八号、労働政策研究・研修機構、二〇一四年、一四―二九ページ

福井康貴『歴史のなかの大卒労働市場――就職・採用の経済社会学』勁草書房、二〇一六年

福井康貴「就職の誕生――戦前日本の高等教育卒業者を事例として」、日本社会学会編「社会学評論」第五十九巻第一巻、日本社会学会、二〇〇八年、一九八―二一五ページ

福井康貴「戦前日本の就職体験――人物試験における構造的権力と主観的・想像的権力」、ソシオロゴス編集委員会編「ソシオロゴス」第三十二号、ソシオロゴス編集委員会、二〇〇八年、一―一六ページ

Gayles, Joy Gaston, "The student athlete experience," *New Directions for Institutional Research*, 2009 (144), 2009, pp. 33-41.

Gurney, Gerald, Lopiano, Donna A. and Zimbalist, Andrew, *Unwinding Madness: What Went Wrong with College Sports and How to Fix it*, Brookings Institution, 2017.（ジェラルド・ガーニー／ドナ・ロピアノ／アンドリュー・ジンバリスト『アメリカの大学スポーツ――腐敗の構図と改革への道』宮田由紀夫訳〔高等教育シリーズ〕、玉川大学出版部、二〇一八年）

Granovetter, GMark, "Economic Action and Social Structure: The Problem of Embeddedness," *American Journal of Sociology*, 91 (3), 1985, pp. 481-510.

グレン M・ウォン／川井圭司『スポーツビジネスの法と文化――アメリカと日本』成文堂、二〇一二年

濱口桂一郎「この国の労働市場――横断的論考」「日本労働研究雑誌」第六十巻第四号、労働政策研究・研修機構、二〇一八年、二―一〇ページ

濱口桂一郎『若者と労働――「入社」の仕組みから解きほぐす』（中公新書ラクレ）、中央公論新社、二〇一三年、三一ページ

濱口桂一郎ブログエントリ「小熊英二『日本社会のしくみ 雇用・教育・福祉の歴史社会学』」二〇一九年七月十三日「hamachan ブログ（EU労働法政策雑記帳）」(http://eulabourlaw.cocolog-nifty.com/blog/2019/07/post-e5878d.html)

原琴乃／松繁寿和／梅崎修「文学部女子の就業――大学での蓄積と英語力の役割」、松繁寿和編著『大学教育効果の

実証分析――ある国立大学卒業生たちのその後』所収、日本評論社、二〇〇四年、八九―一〇八ページ

橋本求「東洋経済新報社（町田忠治）明治二十八年」『日本出版販売史』講談社、一九六四年、五九―六一ページ

橋本求「実業之日本社（増田義一）明治三十年」『日本出版販売史』講談社、六六―六八ページ

碧堂生「新社員詮衡実話　採用されたる青年　拒絶されたる青年」「実業之日本」第十九巻第十三号、実業之日本社、一九一六年、三二ページ

Henderson, Daniel J., Olbrecht, Alexandre, Polachek, Solomon, "Do Former College Athletes Earn More at Work? A Nonparametric Assessment," *Journal of Human Resources*, 41 (3), 2006, pp. 558-577.

日比野幹生／栗原文郎「デンマークのエリートスポーツ政策の特性」、オリンピックスポーツ文化研究編集委員会「オリンピックスポーツ文化研究」第五号、日本体育大学オリンピックスポーツ文化研究所、二〇二〇年、一三一―一四八ページ

平沢和司「就職内定企業規模の規定メカニズム――大学偏差値とOB訪問を中心に」、苅谷剛彦編『大学から職業へ――大学生の就職活動と格差形成に関する調査研究』（高等教育研究叢書）所収、広島大学大学教育研究センター、一九九五年、五七―六八ページ

平沢和司「大学から職業への移行に関する社会学的研究の今日的課題」「日本労働研究雑誌」第四十七巻第九号、労働政策研究・研修機構、二〇〇五年、二九―三七ページ

平沢和司「大卒就職機会に関する諸仮説の検討」、苅谷剛彦／本田由紀編『大卒就職の社会学――データからみる変化』所収、東京大学出版会、二〇一〇年、六一―八五ページ

北鎮生「財界スポーツ王国巡礼――三井三菱の巻／麴町」「実業之日本」第三十三巻第十七号、実業之日本社、一九三〇年、六八―七一ページ

本田由紀「はじめに」、苅谷剛彦／本田由紀編『大卒就職の社会学――データからみる変化』所収、東京大学出版会、二〇一〇年、i―iiページ

堀健志／濱中義隆／大島真夫／苅谷剛彦／浅野友子／犬塚将嗣／齋藤奈緒美「大学から職業へ3　その2――就職活動と内定獲得の過程」、東京大学大学院教育学研究科編「東京大学大学院教育学研究科紀要」第四十六号、東京

大学大学院教育学研究科、二〇〇六年、七五—九八ページ
堀内彌二郎「体格検査特に人物採用身体検査に就て」「診療大観」第十号、興学会医学部、一九三五年、二三九—二八八ページ
細田孝宏「アメフト、ラクロスが就職に強いワケ アスリートプランニング、山崎秀人社長に聞く」二〇一五年(「日経ビジネスオンライン」(http://business.nikkeibp.co.jp/article/interview/20150326/279168/)
市川雅教『因子分析』(シリーズ〈行動計量の科学〉)、朝倉書店、二〇一〇年
池田一夫/灘岡陽子/倉科周介「人口動態統計からみた20世紀の結核対策」、東京都/東京都健康安全研究センター『東京都健康安全研究センター研究年報』第五十四号(二〇〇三年)所収、東京都健康安全研究センター、二〇〇四年、三六五—三六九ページ
アリーナスポーツ協議会監修、大学スポーツコンソーシアムKANSAI編『大学スポーツの新展開——日本版NCAA創設と関西からの挑戦』(ASC叢書)、晃洋書房、二〇一八年
石田賢示「日本における職業キャリア軌跡の実証分析——初職移行の種類のあいだでの比較」、森山智彦編『労働市場II』(二〇一五年SSM調査報告書7)所収、二〇一五年SSM調査研究会、二〇一八年、四三—六四ページ
石井洋二郎『差異と欲望——ブルデュー『ディスタンクシオン』を読む』藤原書店、一九九三年
石岡学『「教育」としての職業指導の成立——戦前日本の学校と移行問題』勁草書房、二〇一一年
石飛和彦「神話と言説」「教育・社会・文化——研究紀要」第四号、京都大学教育学部教育社会学・生涯学習計画・社会教育・図書館学研究室、一九九七年、八一—一〇一ページ
伊丹安廣「学校より社会」「実業之日本」第三十四巻第二十一号、実業之日本社、一九三一年、一〇二—一〇三ページ
一記者「全国大会社商店の体育施設」「実業之日本」第二十二巻第十九号、実業之日本社、一九一九年、四二ページ
伊藤秀樹「部活動と社会生活のレリバンス——〈適応〉の装置としての部活動?」「東京学芸大学紀要 総合教育科学系」第六十八巻第一号、東京学芸大学、二〇一七年、七一—八二ページ
岩永雅也「若年労働市場の組織化と学校」、日本教育社会学会編「教育社会学研究」第三十八号、東洋館出版社、一

九八三年、一三四―一四五ページ
岩内亮一／平沢和司／中村高康／平野栄一「大卒雇用市場の実像――大学生の就職活動の実証的研究」、明治大学教養論集刊行会編「明治大学教養論集」第二百七十八号、明治大学教養論集刊行会、一九九五年、三七―一一四ページ
岩内亮一／苅谷剛彦／平沢和司編『大学から職業へII――就職協定廃止直後の大卒労働市場』（高等教育研究叢書）、広島大学大学教育研究センター、一九九八年
Jackson, Matthew O., *Social and Economic Networks*, Princeton university press, 2010.
「巻頭語 工場法ノ実施」「実業之日本」第十九巻第十二号、実業之日本社、一九一六年、一ページ
記者「見たま、有のま、各社の新卒業生採用ぶり」「実業之日本」第二十六巻第六号、実業之日本社、一九二三年、四〇―四一ページ
「テニスマンと商売」「実業之日本」第三十巻第十一号、実業之日本社、一九二七年、四三ページ
「各大銀行会社の明年度卒業生の採用ぶり（三）明治生命の採用標準――運動家が歓迎される理由は」「実業之日本」第三十巻第二十二号、実業之日本社、一九二八年、八五―八六ページ
「学校卒業生就職問題座談会」「実業之日本」第三十巻第二十二号、実業之日本社、一九二八年、三四―四四ページ
「就職エピソード――寸劇試験・えんま帳・これも一徳・タイピスト溢濫・高石選手の就職難」「実業之日本」第三十三巻第六号、実業之日本社、一九三〇年、四八―四九ページ
「スポーツマン黄金時代」「実業之日本」第三十四巻第四号、実業之日本社、一九三一年、六八―六九ページ
「新入社員は斯うして採る某――デパート当事者の実際事情公開」「実業之日本」第三十六巻第三号、実業之日本社、一九三三年、三六―三七ページ
日本政策投資銀行地域企画部「2020年を契機とした国内スポーツ産業の発展可能性および企業によるスポーツ支援――スポーツを通した国内経済・地域活性化」日本政策投資銀行、二〇一五年、五四ページ
香川めい「学校から職業への移行に関する二つの経路――「間断」のない移行と「学校経由」の就職」、東京大学大学院教育学研究科編「東京大学大学院教育学研究科紀要」第四十六号、二〇〇六年、東京大学大学院教育学研究

科、一五五―一六四ページ
海妻径子「日本「男性労働」社会のゆくえと「ロッカールームの会話」――格差・包摂・抵抗とToxic masculinity in sports」、日本スポーツとジェンダー研究会編集委員会編「スポーツとジェンダー研究」第十七号、日本スポーツとジェンダー研究会、二〇一九年、四三―四六ページ
金森史枝「「何事もほどほどに」大学生活を送る学生の分析」「名古屋大学大学院教育発達科学研究科紀要 教育科学」第六十三巻第一号、名古屋大学大学院教育発達科学研究科、二〇一六年、八三―九三ページ
金森史枝「大学時代の正課外活動における所属の違いが社会人生活の意識に及ぼす影響――体育会系と文化系との所属の違いに着目して」「名古屋大学大学院教育発達科学研究科紀要 教育科学」第六十四巻第二号、名古屋大学大学院教育発達科学研究科、二〇一八年、九三―一〇五ページ
金森史枝／蛭田秀一「大学における正課外活動としての体育会運動部活動の意義――体育会運動部活動を通して何を習得しているのか」「総合保健体育科学」第四十一巻第一号、名古屋大学総合保健体育科学センター、二〇一八年、四五―五四ページ
金森史枝／蛭田秀一「大学時代の正課外活動が社会人生活に及ぼす影響」「総合保健体育科学」第四十二巻第一号、名古屋大学総合保健体育科学センター、二〇一九年、七―二〇ページ
苅谷剛彦『学校・職業・選抜の社会学――高卒就職の日本的メカニズム』東京大学出版会、一九九一年
苅谷剛彦編『大学から職業へ――大学生の就職活動と格差形成に関する調査研究』(高等教育研究叢書)、広島大学大学教育研究センター、一九九五年
苅谷剛彦／平沢和司／本田由紀／中村高康／小山治「大学から職業へ3 その1――就職機会決定のメカニズム」、東京大学大学院教育学研究科編「東京大学大学院教育学研究科紀要」第四十六号、東京大学大学院教育学研究科、二〇〇六年、四三―七四ページ
苅谷剛彦／本田由紀編『大卒就職の社会学――データからみる変化』東京大学出版会、二〇一〇年
苅谷剛彦／沖津由紀／吉原恵子／近藤尚／中村高康「先輩後輩関係に〝埋め込まれた〟大卒就職」、東京大学教育学部編「東京大学教育学部紀要」第三十二号、東京大学教育学部一九九二年、八九―一一八ページ

Kariya, T., Rosenbaum, James E., "Institutional Linkages between Education and Work as Quasi-internal Labor Markets," *Research in Social Stratification and Mobility*, 14, 1995, pp. 101-136.

葛西和恵「体育会所属新規大卒者の特性——体育会学生は企業にモテるのか?」「法政大学キャリアデザイン学部紀要」第九号、法政大学キャリアデザイン学部、二〇一二年、二九三—三二九ページ

加藤恭平「採用者側が打明けた就職必勝法」「実業之日本」第三十六巻第五号、実業之日本社、一九三三年、五二—五三ページ

河合君次「アマター・スポーツのプライド」「実業之日本」第三十四巻第二十一号、実業之日本社、一九三一年、九八—一〇〇ページ

川井圭司/東原文郎/西村大介/松橋崇史「大学スポーツのオルタナティブを考える」「Sports Business & Management Review」第十号、日本スポーツ産業学会、二〇一九年、二—七ページ

キチョナビ「体育会系は最強って本当?——就職に有利なワケと失敗する学生の特徴」二〇一八年四月八日(https://kicho-navi.jp/recruit_sportsminded/)

菊池晋二「優等生を実業界に採用するの疑問」「実業之日本」第十八巻第五号、実業之日本社、一九一五年、一一—一二ページ

木下秀明『スポーツの近代日本史』(杏林新書)、杏林書院体育の科学社、一九七〇年

記者「十五大会社々員採用物語(二)百種百態各会社の内幕卒業生就職の天機」「実業之日本」第十九巻第十一号、実業之日本社、一九一六年、三六—四〇ページ

記者「三井物産の採用ぶり」「実業之日本」第二十六巻第十号、実業之日本社、一九二三年、二一ページ、同「就職難の現在に於ける大会社の社員採用ぶり」同誌二〇—二七ページ

岸本吉浩「第8回 新・企業力ランキング(2013年3月期まで使用)」二〇一四年、「東洋経済オンライン」(http://www.toyokeizai.net/csr/ranking/2013FinancialRanking.html)

岸本吉浩「最新版「新・企業力ランキング」トップ200——2014年版・財務面から見た、企業の真の実力」二〇一四年一月二十日「東洋経済オンライン」(http://toyokeizai.net/articles/-/28539)

北豊吉「体育運動と思想問題」、大日本体育協会編「アスレチックス」一九二八年十月号、大日本体育協会、二—五ページ

小泉耕平「特集：体育会学生の就活術　就活専門家に聞く 体育会学生の内定術（自己ＰＲ編）」「4years.」二〇一九年二月二十八日（https://4years.asahi.com/article/12161036）

小泉耕平／藤井みさ「特集：体育会学生の就活術 〝リーマントラベラー〟東松寛文「自己分析は就活の筋トレ」」「4years.」二〇一九年三月二十七日（https://4years.asahi.com/article/12230433）

小泉耕平／藤井みさ「特集：体育会学生の就活術 就活専門家が教える「体育会の勝てるＥＳ・面接術」」「4years.」二〇一九年四月二日（https://4years.asahi.com/article/12230390）

小泉耕平／松嶋愛「特集：体育会学生の就活術 就活もラクロスもバイトも　住友商事・松本理沙【体育会就活企画】」「4years.」二〇一九年三月一日（https://4years.asahi.com/article/12172793）

紺田悠翔「体育会系学生の就職が最強なのはなぜ？」co-media、配信日不明（https://www.co-media.jp/article/17802）

厚生労働省「平成25年度「大学等卒業者の就職状況調査」」（http://www.mhlw.go.jp/stf/houdou/0000044078.html）

日本バスケットボール協会「登録者数推移」（http://www.japanbasketball.jp/jba/data/enrollment/）

小山治「大卒就職に関する質問紙調査における採用重視・評価項目の再検討——事務系総合職採用の能力評価のあり方に着目して」、東京大学大学院教育学研究科編「東京大学大学院教育学研究科紀要」第四十八号、東京大学大学院教育学研究科、二〇〇八年、六九—七九ページ

キャリアパークス「ラクロスの経験が就職活動に有利になる傾向とその理由」二〇一六年（https://careerpark.jp/83279）

Lechner, M., “Long-run labour market and health effects of individual sports activities,” *Journal of Health Economics*, 28（4）, 2009, pp.839-854.

Lechner, Michael and Downward, Paul, “Heterogeneous Sports Participation and Labour Market Outcomes in England,” *DISCUSSION PAPER SERIES IZA*,（7690）, 2013, pp. 1–42.

Long, James E. and Caudill, Steven B., “The Impact of Participation in Intercollegiate Athletics on Income and

Graduation," *The Review of Economics and Statistics*, 73 (3), 1991, pp. 525-531.
馬静『実業之日本社の研究――近代日本雑誌史研究への序章』平原社、二〇〇六年
増田義一「過激思想の侵入を防遏せよ」「実業之日本」第二十二巻第十号、実業之日本社、一九一九年、六―一〇ページ
増田義一「学生思想の一転機」「実業之日本」第二十三巻第十八号、実業之日本社、一九二〇年、二―六ページ
増田義一「変態心理に感染する勿れ」「実業之日本」第二十二巻第十二号、実業之日本社、一九一九年、七ページ
増田義一「憂慮すべき神経の尖鋭化」「実業之日本」第三十五巻第十一号、実業之日本社、一九三二年、二九―三一ページ
増田義一「新に初等教育家に呼びかける」「実業之日本」第三十六巻第九号、実業之日本社、一九三三年、一〇―一二ページ
松橋崇史／金子郁容／村林裕『スポーツのちから――地域をかえるソーシャルイノベーションの実践』慶應義塾大学出版会、二〇一六年
松永早弥香「特集：体育会学生の就活術 試合のない夏、就活で勝負 法大四年・村上久美さん【体育会就活企画】」「4years.」二〇一九年三月五日（https://4years.asahi.com/article/12180915）
松尾寛子「大学生の就職活動と体育会所属との関係についての研究」、京都大学学生総合支援センター編「京都大学学生総合支援センター紀要」第四十七号、京都大学、二〇一七年、二五―三九ページ
松繁寿和「体育会系の能力」「日本労働研究雑誌」第四十七巻第四巻、労働政策研究・研修機構、二〇〇五年、四九―五一ページ
松繁寿和編著『大学教育効果の実証分析――ある国立大学卒業生たちのその後』日本評論社、二〇〇四年
松下佳代「大学から仕事へのトランジションにおける〈新しい能力〉」、溝上慎一／松下佳代編『高校・大学から仕事へのトランジション――変容する能力・アイデンティティと教育』ナカニシヤ出版、二〇一四年、九一―一一七ページ
三田塁上人「実業界を中心として見たる名選手の行へ」「実業之日本」第二十三巻第十一号、実業之日本社、一九二

〇年、六一―六四ページ
宮田由紀夫『暴走するアメリカ大学スポーツの経済学』東信堂、二〇一六年
溝上憲文「マツコ・デラックス断言「体育会系社員は30代で終わる」説を人事部長に聞いてみた」「PRESIDENT Online」二〇一五年六月二十六日（https://president.jp/articles/-/15580）
溝上憲文「人事部好む体育会学生の〝クソ〟と〝買い〟――マツコ「元野球部社員の9割クソ」」「PRESIDENT Online」二〇一七年八月十一日（https://president.jp/articles/-/22825）
溝上憲文「今でも体育会学生は就活で人気か――「絶対服従人材はいらない」採用やめた企業も」「ビジネスインサイダー」二〇一八年六月七日（https://www.businessinsider.jp/post-168910）
溝上慎一「「大学生活の過ごし方」から見た学生の学びと成長の検討――正課・正課外のバランスのとれた活動が高い成長を示す」「京都大学高等教育研究」第十五号、京都大学高等教育研究開発推進センター、二〇〇九年、一〇七―一一八ページ
溝上慎一「学生の学びと成長」、京都大学高等教育研究開発推進センター編『生成する大学教育学』所収、ナカニシヤ出版、二〇一二年、一一九―一四五ページ
溝上慎一「学校から仕事へのトランジションとは」、溝上慎一／松下佳代編『高校・大学から仕事へのトランジション――変容する能力・アイデンティティと教育』所収、ナカニシヤ出版、二〇一四年、一―三九ページ
百瀬恵夫／篠原勲／葛西和恵『体育会系はナゼ就職に強い？――努力と挑戦を重ねたタフな精神力』第三企画出版、二〇一二年
百瀬恵夫／篠原勲『「武士道」と体育会系――《もののふの心》が日本を動かす』第三企画出版、二〇一一年
文部科学省「学校基本調査」各年版
文部科学省「大学スポーツの振興に関する検討会議 中間とりまとめ――大学スポーツの価値の向上に向けて」二〇一六年八月（https://www.mext.go.jp/sports/b_menu/shingi/005_index/toushin/__icsFiles/afieldfile/2016/08/02/1375308_1.pdf）
文部科学省編「文部科学統計要覧」各年版

文部省大学官房調査統計課「新規学卒者の採用及び就業状況等に関する調査」一九七八年
武藤泰明「企業スポーツのグランドデザイン」、笹川スポーツ財団編『企業スポーツの現状と展望』所収、創文企画、二〇一六年、一七一―一八七ページ
内閣統計局「統計年鑑」(http://www.stat.go.jp/english/data/nenkan/pdf/yhyou02.pdf)
中原淳／溝上慎一編『活躍する組織人の探求――大学から企業へのトランジション』東京大学出版会
中村隆英『昭和恐慌と経済政策』(講談社学術文庫)、講談社、一九九四年
中澤篤史「大正後期から昭和初期における東京帝国大学運動会の組織化過程――学生間および大学当局の相互行為に焦点を当てて」「体育学研究」第五十三第二号、日本体育学会、二〇〇八年、三一五―三二八ページ
中澤篤史『そろそろ、部活のこれからを話しませんか――未来のための部活講義』大月書店、二〇一七年
中澤篤史「大学が期待した学生の身体」、寒川恒夫編著『近代日本を創った身体』所収、大修館書店、二〇一七年、二七―六一ページ
名取夏司「百パーセント自己紹介法」「実業之日本」第三十三巻第二十三号、実業之日本社、一九三〇年、一四〇―一四一ページ
NCAA Research, "Results from the 2015 GOALS Study of the Student-Athlete Experience," 2016, NCAA.
日本私立大学連盟監修、学生委員会学生生活実態調査分科会編『私立大学学生生活白書2015』日本私立大学連盟学生委員会、二〇一五年
日本労働研究機構「出向・転籍の実態と展望」「調査研究成果データベース」(https://db.jil.go.jp/db/seika/2000/E2000060011.html)
日本野球連盟「加盟チーム数の推移」二〇一九年 (http://archive.jaba.or.jp/team/clubteam/suii.pdf)
ニコニコ山人「学科の選択を誤る勿れ――各学校新卒業生就職物語」「実業之日本」第十九巻第九号、実業之日本社、一九一六年、五八―六〇ページ
西山哲郎「分野別研究動向(スポーツ)」「社会学評論」第六十四巻第四号、日本社会学会、二〇一三年、六九五―七一〇ページ

OECD, "Education at a Glance 2016: OECD Indicators," OECD Publishing, 2016, Paris. DOI: (http://dx.doi.org/10.1787/eag-2016-en)
小熊英二『1968 下——叛乱の終焉とその遺産』新曜社、二〇〇九年
小熊英二『1968 上——若者たちの叛乱とその背景』新曜社、二〇〇九年
小熊英二『日本社会のしくみ——雇用・教育・福祉の歴史社会学』(講談社現代新書)、講談社、二〇一九年
Ommen, Mattias van., "Extracurricular Paths into Job Markets in Contemporary Japan: The Way of Both Pen and Soccer Ball," *Japanese Studies,* 35 (1), 2015, pp. 85-102.
Ono, Yuta, Kaji, Masanori, Tomozoe, Hidenori and Yoshinaga, Takeshi, "Who is the student athlete? Focusing on positioning in the campus unrest period in Japan," *Sport in Society,* 2019, pp. 1-19. (https://www.tandfonline.com/doi/abs/10.1080/17430437.2019.1684903)
小野浩「労働経済 スペンス『市場でのシグナリング活動』」「日本労働研究雑誌」第五十八巻第四号、労働政策研究・研修機構、二〇一六年
小野雄大／友添秀則／根本想「わが国における大学のスポーツ推薦入学試験制度の形成過程に関する研究」「体育学研究」第六十二巻第二号、日本体育学会、二〇一七年、五九九—六二〇ページ
大森一宏「戦前期日本における大学と就職」、川口浩編『大学の社会経済史——日本におけるビジネス・エリートの養成』所収、創文社、二〇〇〇年、一九一—二〇八ページ
大竹文雄／佐々木勝「スポーツ活動と昇進」「日本労働研究雑誌」第五十一巻第六号、労働政策研究・研修機構、二〇〇九年、六二—八九ページ
大谷剛「大卒者の成績が初任給に与える効果」、松繁寿和編著『大学教育効果の実証分析——ある国立大学卒業生たちのその後』所収、日本評論社、二〇〇四年
尾崎盛光『日本就職史』文藝春秋、一九六七年
プティパ、アルバート／チャルトラン、ジュディ／マーフィー、シェーン／シャンペーン、ディライト／デニッシュ、スティーブン『スポーツ選手のためのキャリアプランニング』田中ウルヴェ京／重野弘三郎訳者代表、大修

館書店、二〇〇五年

Randy R, Grant, et al., *The Economics of Intercollegiate Sports*, 2nd Edition, World Scientific, 2015.

Rees, Daniel I and Sabia, Joseph J., "Sports participation and academic performance: Evidence from the National Longitudinal Study of Adolescent Health," *Economics of Education Review*, 29 (5), 2010, pp. 751-759.

Rooth, Dan-Olof, "Work out or out of work? The labor market return to physical fitness and leisure sports activities," *Labour Economics*, 18 (3), 2011, pp. 399-409.

ロラン・バルト『神話作用』篠沢秀夫訳、現代思潮新社、一九六七年

Rosenbaum, James E. and Kariya, Takehiko, "From High School to Work: Market and Institutional Mechanisms in Japan," *American Journal of Sociology*, 94 (6), 1989, pp. 1334-1365.

労働政策研究・研修機構編『「日本的高卒就職システム」の変容と模索』(労働政策研究報告書)、労働政策研究・研修機構、二〇〇八年、二三ページ

坂上康博『権力装置としてのスポーツ――帝国日本の国家戦略』(講談社選書メチエ)、講談社、一九九八年

佐藤雅浩「戦前期日本における精神疾患言説の構図――逸脱と健康の系譜をめぐって」、ソシオロゴス編集委員会編「ソシオロゴス」第三十二号、ソシオロゴス編集委員会、二〇〇八年、一七―三七ページ

Sauer, Stephen, Desmond, Scott and Heintzelman, Martin, "M. Beyond the playing field: The role of athletic participation in early career success," *Personnel Review*, 42 (6), 2013, pp. 644-661.

澤井和彦「〝蛮カラ〟な運動部員の思想と身体」、寒川恒夫編著『近代日本を創った身体』所収、大修館書店、二〇一七年、九三―一二八ページ

澤野雅彦『企業スポーツの栄光と挫折』(青弓社ライブラリー)、青弓社、二〇〇五年

関英夫「労働省の取り組みについて」、日本学生支援機構編「大学と学生」第百九十五号、新聞ダイジェスト社、一九八二年、三九―四三ページ

関朋昭「学校運動部活動の体罰問題に関する管理論的一考察――部活動運営に困難を極めた中学校や体罰があった高等学校の事例から」、北海道体育学会編「北海道体育学研究」第五十号、北海道体育学会、二〇一五年、六九―

七九ページ
関朋昭／溝上慎一「部活動は「チームで働く力」を本当に育むのか――全国規模のパネル調査を通して」、名寄市立大学編「名寄市立大学紀要」第十二号、名寄市立大学、二〇一八年、一―一〇ページ
島本好平／石井源信「運動部活動におけるスポーツ経験とライフスキル獲得との因果関係の推定」、日本スポーツ心理学会編集委員会編「スポーツ心理学研究」第三十七巻第二号、日本スポーツ心理学会、二〇一〇年、八九―九九ページ
下谷愛子「ハイスペ無内定者、就活の敗因は？――「高学歴・体育会系」でも失敗する理由」en-courage、二〇一八年十月四日（https://en-courage.com/articles/18）
就職みらい研究所『就職白書2019』リクルート、二〇一九年
寒川恒夫編著『近代日本を創った身体』大修館書店、二〇一七年
総務省統計局「平成12年（2000年）2月労働力調査特別調査」（https://www.stat.go.jp/data/routoku/200002/index.html）
菅山真次『「就社」社会の誕生――ホワイトカラーからブルーカラーへ』名古屋大学出版会、二〇一一年
十河孝雄「アジア・太平洋戦争期における満洲と自動車工業――満洲自動車製造株式会社を中心に」、『一橋経済学』編集委員会編「一橋経済学」第二巻第一号、一橋大学経済学研究科、二〇〇七年、五一―七一ページ
寸鉄生「運動家出身の諸名士」「実業之日本」第二十二巻第二十二号、実業之日本社、一九一九年、五四ページ
スポーツ庁「平成28年度の報道発表資料 大学スポーツの振興に関する検討会議（第1回）の開催について」2016年（http://www.mext.go.jp/sports/b_menu/houdou/28/04/1370126.htm）
スポーツ庁「一般社団法人 大学スポーツ協会（ＵＮＩＶＡＳ）設立概要」（https://www.mext.go.jp/sports/b_menu/sports/univas/index.htm）
鈴木恵美子「体育会学生は本当に就活に有利なの？プロがアドバイスする成功のカギは「強みの言語化」にあり」「就職ジャーナル」二〇一九年四月一日（https://journal.rikunabi.com/p/advice/30816.html）
スズキ、ケンジ・ステファン『消費税25％で世界一幸せな国デンマークの暮らし』（角川ＳＳＣ新書）、角川ＳＳコミ

ユニケーションズ、二〇一〇年

鈴木泰介／鈴木洋介／潟山美穂／小柳優太「「体育会系＝勝ち組」に異変？——就活強者の苦悩」（お悩み解決！就活探偵団2019）「日本経済新聞電子版」二〇一八年七月四日（https://www.nikkei.com/article/DGXMZO32531300S8A700C1XS5000/?n_cid=NMAIL007）

高峰修「体育会学生の大学・競技生活とキャリア意識に関する調査報告」、明治大学教養論集刊行会編「明治大学教養論集」第四百五十二号、明治大学教養論集刊行会、二〇一〇年、二三—三八ページ

高根義人「愉快なる精神 強壮なる身体の養成法」「実業之日本」第二十四巻第五号、実業之日本社、一九二一年、六二—六四ページ

高嶋航『帝国日本とスポーツ』塙書房、二〇一二年

高嶋航／金誠編『帝国日本と越境するアスリート』塙書房、二〇二〇年

竹内洋『日本のメリトクラシー——構造と心性』東京大学出版会、一九九五年

竹内洋『教養主義の没落——変わりゆくエリート学生文化』（中公新書）、中央公論新社、二〇〇三年

竹内洋『立身出世主義——近代日本のロマンと欲望 増補版』世界思想社、二〇〇五年

太郎丸博「「先生」の職業威信」「日本労働研究雑誌」第五十六巻第四号、労働政策研究・研修機構、二〇一四年、二—五ページ

橘木俊詔／齋藤隆志『スポーツの世界は学歴社会』（PHP新書）、PHP研究所、二〇一二年

The Gallup-Purdue Index Report, "Understanding Life Outcomes of Former NCAA Student-Athletes," Gallup, 2016.

飛田穂洲「実業界を中心として見たる名選手の行へ」「実業之日本」第二十三巻第十号、実業之日本社、一九二〇年、五四—五七ページ

都内・某共学大進路指導担当「就活の「体育会神話」が通用したのは昭和の昔話？」「毎日新聞デジタル」二〇一八年二月二十一日（https://mainichi.jp/premier/business/articles/20180220/biz/00m/010/02000c?fm=mnm）

東原文郎「〈体育会系〉神話に関する予備的考察——〈体育会系〉と〈仕事〉に関する実証研究に向けて」「札幌大学総合論叢」第二十六号、札幌大学総合研究所、二〇〇八年、二一—三四ページ

東原文郎「道内私大の〈体育会系〉就職——卒業生調査の結果から」「札幌大学総合論叢」第三十二号、札幌大学総合研究所、二〇一一年、一八三—一九六ページ
東原文郎「1912年—2008年夏季オリンピック日本代表選手団に関する資料——所属組織と最終学歴を中心に」「スポーツ科学研究」第十号、早稲田大学スポーツ科学学術院、二〇一三年、二四二—三一六ページ
東原文郎「〝体育会系〟神話の起源」、寒川恒夫編著『近代日本を創った身体』所収、大修館書店、二〇一七年、一六一—一九三ページ
東原文郎「書評：松橋崇史、金子郁容、村林裕著『スポーツのちから：地域をかえるソーシャルイノベーションの実践』」「スポーツ産業学研究」第二十八巻第一号、日本スポーツ産業学会、二〇一八年、一三一—一三四ページ
東原文郎「エリート神話の成立と崩壊 学歴差・男女差・競技差を直視せよ」、「特集 体育会系の研究——その強さと弱さ」「中央公論」二〇一八年十月号、中央公論新社、一三〇—一三七ページ
東原文郎「書評『大学スポーツの新展開 日本版NCAA創設と関西からの挑戦』」「スポーツ産業学研究」第二十八巻第四号、日本スポーツ産業学会、二〇一八年、三六五—三六九ページ
東原文郎「書評 宮田由紀夫著『暴走するアメリカ大学スポーツの経済学』」「スポーツ産業学研究」第二十八巻第四号、日本スポーツ産業学会、二〇一八年、三七一—三七五ページ
東原文郎「〝スポーツ推薦体育会系〟の実像——〝一般受験体育会系〟との比較から」、日本体育学会編「体育の科学」第七十一巻第二号、杏林書院、二〇二一年、九三—一〇二ページ
東原文郎／原田俊一郎／舟橋弘晃／吉田智彦／アーロン・ミラー「2010年代半ばの〈体育会系〉就職——スポーツ種目と東証一部上場企業からの内定獲得の関係に関する調査研究」「スポーツ科学研究」第十四号、早稲田大学スポーツ科学学術院、二〇一七年、一三—二八ページ
東原文郎／石澤伸弘／山本理人「札幌市民の運動・スポーツ実施を規定する社会学的要因——属性と教育機関での運動・スポーツ経験に着目して」、北海道体育学会編「北海道体育学研究」第四十六号、北海道体育学会、二〇一一年、三九—五四ページ
東原文郎／石澤伸弘／山本理人／間野義之「札幌におけるスノースポーツ人口の動態と現状に関する記述的研究」、

北海道体育学会編「北海道体育学研究」第四十六号、北海道体育学会、二〇一一年、五―一七ページ
東原文郎／石澤伸弘／山本理人／間野義之／中村好男「一般成人におけるタイプ別スポーツ参加と社会経済的特徴の関係」「スポーツ産業学研究」第二十五巻第二号、日本スポーツ産業学会、二〇一五年、二五三―二六八ページ
東原文郎／アーロン・ミラー「体罰と権力――文化人類学と〈体育会系就職〉論からみた体罰考」、日本体育学会編「体育の科学」第六十三巻第十号、杏林書院、二〇一三年、七七五―七八一ページ
月波楼主人「十年前に卒業した慶應義塾出身者総評」「実業之日本」第二十三巻第七号、実業之日本社、一九二〇年、九三ページ
月波楼主人「十年前に卒業した明大出身者総評」「実業之日本」第二十三巻第九号、実業之日本社、一九二〇年、六三ページ
都筑学／早川宏子／宮崎伸一／村井剛／早川みどり／金子泰之／永井暁行／梁晋衡「学生の精神衛生研究班 大学生活の過ごし方のタイプとその心理的特徴についての検討（3）」「中央大学保健体育研究所紀要」第三十一号、中央大学保健体育研究所、二〇一三年、一―三四ページ
浮田和民「危険思想退治策」「実業之日本」第二十一巻第九号、実業之日本社、一九一八年、二八―三二ページ
浮田和民「第一流の執務家になる資格」「実業之日本」第二十二巻第二十二号、実業之日本社、一九一九年、六五―七〇ページ
梅崎修「成績・クラブ活動と就職――新規大卒市場におけるOBネットワークの利用」、松繁寿和編著『大学教育効果の実証分析――ある国立大学卒業生たちのその後』所収、日本評論社、二〇〇四年、二九―四八ページ
「宇野庄治（うの しょうじ 1903-1970）」「デジタル版 日本人名大辞典 +Plus」
宇野庄治「スポーツマンと就職戦線果たして彼は有能か」「帝国大学新聞」第四百七十号、一九三三年三月十三日付八面、縮刷版：八八ページ
リクルートワークス研究所「第31回ワークス大卒求人倍率調査（2015年卒）」（http://www.works-i.com/pdf/140424_dai.pdf）
鷲田成男「白熱的高潮の会社銀行野球団評判記」「実業之日本」第二十三巻第二十三号、実業之日本社、一九二〇

年、五三―五四ページ
「立教大学体育会水泳部の歴史―1」(http://www.rikkyo.ne.jp/sgrp/swim/history/historytext-1.html)
八尋風太/萩原悟一「日本における大学生競技者数の2008年から2017年の推移――2020年東京オリンピック種目を対象として」「スポーツ産業学研究」第二十九巻第四号、日本スポーツ産業学会、二〇一九年、二一七―二二二ページ
山田剛史/森朋子「学生の視点から捉えた汎用的技能獲得における正課・正課外の役割」、日本教育工学会編「日本教育工学会論文誌」第三十四巻第一号、日本教育工学会、二〇一〇年、一三―二一ページ
山田敏正「思想国難に面して」「体育と競技」一九二八年六月号、体育学会、二七ページ
山田剛史「大学での学習成果」、Benesse 教育研究開発センター編『大学生の学習・生活実態調査報告書』(「研究所報/福武書店教育研究所」第五十一巻)、ベネッセコーポレーション、二〇〇九年、一〇〇―一〇六ページ
保田江美/溝上慎一「初期キャリア以降の探究――「大学時代のキャリア見通し」と「企業におけるキャリアとパフォーマンス」を中心に」、中原淳/溝上慎一編『活躍する組織人の探求――大学から企業へのトランジション』所収、東京大学出版会、二〇一四年、一三九―一七三ページ
米澤彰純「高等教育政策と私立大学の行動――供給側からみた拡大・停滞」、日本教育社会学会編「教育社会学研究」第五十号、東洋館出版社、一九九二年、三二五―三四四ページ
吉田荒次「一九三〇年の就職新戦術」「実業之日本」第三十三巻第七号、実業之日本社、一九三〇年、一八二―一八三ページ
吉村航/大橋道雄「オリンピックにおける日本人学生選手の実態――オリンピック憲章の変化に着目して」「東京学芸大学紀要 芸術・スポーツ科学系」第六十七号、東京学芸大学、二〇一五年、一四一―一四七ページ

謝辞

本書は、第4章を除き、二〇二〇年一月に受理された早稲田大学スポーツ科学研究科博士論文「日本の大学新卒就職における「体育会系神話」の成立と変容」の内容を一般の読者向けに書き直したものです。博論が通らなければ本書は成立しませんでした。まずは博論を審査してくださった早稲田大学スポーツ科学研究科・中村好男先生、間野義之先生、武藤泰明先生に心からの感謝を申し上げます。

またもう二人、恩師の名前を挙げます。一人は私が学部時代を過ごした元・横浜国立大学、現・尚美学園大学の海老原修先生、もう一人は、元・早稲田大学、現・静岡産業大学の寒川恒夫先生です。私は、常に世の不条理に目を向け独特の言い回しで指弾する海老原先生と、これぞ大学教員という教養とたたずまいで学生をとりこにしてしまう寒川先生に憧れ、この「スポーツを対象とした人文社会科学」の世界に足を踏み入れました。両先生と出会わなければ、いまの私がどこで何をしていたか。直接のご指導によって成立した業績よりも、薫陶を受けたこと、研究者として問題に向き合う／教育者として学生に向き合う姿勢を両先生から学べたことが、本当にありがたいことでした。

本書は、複数の調査や研究会での議論の蓄積で完成しました。直接・間接にご協力をいただいたみなさまに感謝を申し上げます。

第2章の量的調査は、株式会社アスリートプランニングの山崎秀人会長、中村祐介社長、原田俊一郎さん、村島夏美さん、岡本円香さん、児子千夏さんほか、社員のみなさんのご尽力と、実際に回答をいただいた学生アスリートの協力があってはじめて成立しました。学生アスリートの就職支援に正確な実態把握と理論的議論を、という学術側のニーズを最大限に汲み取っていただき、アスリートキャリア研究所（通称リアック：ＲＩＡＣ、Research Institute for Athlete Career）を創設し、時代的・社会的制約のなかで最高の調査を実行していただきました。お忙しいなかで多くの質問に回答していただいた学生アスリートのみなさんにも、あわせて厚くお礼を申し上げます。ありがとうございました。

月に一度のＲＩＡＣミーティングにご参画いただき、共同執筆者になってくださいました明治大学・澤井和彦先生、中京大学・舟橋弘晃先生、日本体育大学・横田匡俊先生、南カリフォルニア大学アーロン・ミラー先生、笹川スポーツ財団・吉田智彦さん、山梨学院大学・幸野邦男先生、石川勝彦先生、そして故・長倉富貴先生に心から感謝を申し上げます。みなさまとのディスカッションを経るたびに思考が磨かれ、調査も論文草稿も洗練されていきました。ＲＩＡＣの成果を学術論文や本博士論文にとどめるのではなく、広く一般の目に触れさせ、学生アスリートの価値を高めることの一助とすることで、感謝を示していきたいと思います。ありがとうございました。

京都先端科学大学龍尾研究会の鈴木楓太先生、前田奎先生、松木優也先生、成相美紀先生に感謝

します。先生方とは現任校同期というご縁で、有志の研究会を定期開催するようになりました。スポーツ史・ジェンダー、バイオメカニクス、コーチング、トレーナーというそれぞれのご専門からの有益なフィードバックもさることながら、赴任初年度がコロナ禍という共通の危機に対してスポーツ系授業のオンライン対応に悪戦苦闘する仲間が近くにいたことが、どれだけ私の執筆の励みになったかわかりません。研究活動でのコミュニティのありがたさ、文字どおりの〝有難さ〟を感じた次第です。衷心より感謝を申し上げるとともに、引き続いてのご交誼のほど、よろしくお願いします。

第4章のヒアリング調査にご協力いただきましたみなさまに感謝します。紙幅の都合もあり、お一人ずつお名前を挙げてお礼を伝えることはできませんが、みなさまにインタビューができたことで、体育会系の真の価値、大学で思い切り文武両道に取り組むことの価値について思考し、言語化する貴重な機会になりました。ご協力いただいたすべてのみなさまの結果を反映させることができなかったのは、ひとえに私の力不足によります。今後の研究に昇華させることをお誓いして、お詫びにかえるとともに、真摯なご厚意とご協力に心から感謝を申し上げます。ありがとうございました。

二〇一八年七月の日本スポーツ産業学会第二十七回大会で、シンポジウム「大学スポーツのオルタナティブ」を企画・コーディネートした際、シンポジストとしてご登壇いただきました同志社大学・川井圭司先生、滋賀レイクスターズ・西村大介社長（当時）、拓殖大学・松橋崇史先生に感謝します。また、一九年五月、デンマーク中央競技団体のスポーツ政策調査に同行させてくださり、同国の学生アスリートへのサポート体制に関するヒアリング調査を実施させていただいた日本体育大学・日比野幹生先生に感謝します。第6章で日本の大学スポーツの未来について論じ、見いだした「学生アスリートの自立／自律」という方向性は、みなさまとの議論や調査のたまものです。やはり、本書の完成にとどまらず、日本の大学スポーツが、学生アスリートの、学生アスリートによる、学生アスリートのためのスポーツ文化として健全に発展するよう尽力することでご恩に報いたいと思います。ありがとうございました。

苦しい院生時代から机を並べて学問に励み、公私ともに常に寄り添い、応援してくださいました早稲田大学・中澤篤史先生に感謝します。年齢も学年も私のほうが先輩ということになっていましたが、中澤さんといるときは常に、学問への姿勢、すなわち、驚愕の読書量で不断に教養を耕しながら、徹底的に「問い」に向き合う研究者としてのインテグリティを学ばせていただきました。中澤さんの底なしの教養に裏打ちされたクリティカルかつ建設的なフィードバックによって、私の研究者としての足腰は知らぬ間に鍛えられ、本書の土台が築かれていたのだと思います。本当にありがとうございました。

同期で専任教員として入職し、十年間、同僚として切磋琢磨させていただいた札幌大学・金誠先生に感謝します。金さんは論文執筆や外部研究資金の獲得など、研究者として常に私の一歩先を歩まれました。先に学位を取得されたにもかかわらず、「ともに祝杯を！」と博士論文と本書の完成を待ち続けてくださいました。お互い週十数コマの授業を担当する厳しい環境で、隙間時間にコーヒーを飲みながらそれぞれの研究課題について語り合う時間をもてたことは、本研究の発展にとってばかりでなく、私のキャリア形成においても、人生においても、全き幸運だったというほかありません。金先生との対話の積み重ねによって漠然とした問題意識が具体的な問いに育ち、仮説が鍛えられ、博士論文と本書に結実しました。心から感謝を申し上げます。ありがとうございました。

青弓社の矢野未知生さんは、博士論文を丹念に読み込んでいただき、書籍として出版したいという私の願いをかなえてくださいました。異動先の初年度がコロナ禍になって教育研究のペースがつかめずにいた私の遅々として進まない筆を辛抱強く待っていただき、また博論の内容を広く一般の読者に届けるという意義を認め、励まし続けてくださいました。初めての単著を矢野さんに担当していただいて本当にうれしく思います、ありがとうございました。

最後に、この場を借りて、家族に感謝を述べることをお許しください。父・昌郎と母・美津子は、三歳上の兄と四歳下の弟とともに、私がやりたいと思うことを思い切りできるように私を育ててくれました。大学まではサッカーを続けさせてくれ、大学卒業後は学問を続けさせてくれました。私のスポーツや進路について、私の選択＝意思決定を何よりも尊重し、ひたすらに支援してくれました。修士課程三年に博士課程四年、計七年かかっても博士号を取得できなかった私を経済的にも精神的にも支えてくれたのは、両親でした。

大学院退学後は、それまで実家を出て生活したことなどなかった妻・真紀が、札幌赴任に二つ返事でついてきてくれ、文字どおりの「フルサポート」をしてくれました。家では長男・壮謙、次男・英心の健やかな成長をいつも感じることができ、安らぎの場になっていました。だからこそ、私は何にも煩わされることなく、失敗を恐れることなく、教育・研究に邁進することができました。
　家族の支えなくして成立しえなかった博士論文と本書を、二〇一九年夏に急逝した父と、父の逝去に伴い生活が激変した母、そして、どんなことがあっても笑顔を絶やさず支え続けてくれた妻と子どもたちに捧げます。心から「ありがとう」。

東原文郎

二〇二一年七月

［著者略歴］
東原文郎（つかはら ふみお）
1977年、東京都生まれ
横浜国立大学教育学部卒業。東京大学大学院教育学研究科単位取得満期退学。博士（スポーツ科学、早稲田大学）
京都先端科学大学健康医療学部准教授
専攻はスポーツを対象にした人文社会科学（スポーツマネジメント、スポーツ産業論、スポーツ文化論、スポーツ社会学など）
共著に『スポーツまちづくりの教科書』（青弓社）、『近代日本を創った身体』（大修館書店）など

就職《しゅうしょく》と体育会系神話《たいいくかいけいしんわ》　大学・スポーツ・企業の社会学

発行――2021年7月27日　第1刷
定価――2400円＋税
著者――東原文郎
発行者――矢野恵二
発行所――株式会社青弓社
〒162-0801 東京都新宿区山吹町337
電話 03-3268-0381（代）
http://www.seikyusha.co.jp
印刷所――三松堂
製本所――三松堂

ISBN978-4-7872-3491-9　C0036

松橋崇史／高岡敦史／岩月基洋／東原文郎 ほか

スポーツまちづくりの教科書

スポーツによる地域活性化はどう進めればいいのか。能代市のバスケットボール、宇都宮市の自転車、北海道や福岡の野球――事例から状況を改善する視点やポイントを紹介する。　定価2000円＋税

中澤篤史

運動部活動の戦後と現在

なぜスポーツは学校教育に結び付けられるのか

日本独特の文化である運動部活動の内実を捉えるべく、歴史をたどり、教師や保護者の声も聞き取って、スポーツと学校教育の緊張関係を〈子どもの自主性〉という視点から分析する。定価4600円＋税

知念 渉

〈ヤンチャな子ら〉のエスノグラフィー

ヤンキーの生活世界を描き出す

ヤンキーはどのようにして大人になるのか――。高校3年間と中退／卒業以後も交流し、集団の内部の亀裂や地域・学校・家族との軋轢、社会関係を駆使して生き抜く実際の姿を照射。定価2400円＋税

笹生心太

ボウリングの社会学

〈スポーツ〉と〈レジャー〉の狭間で

1960年代半ばから70年代初頭の爆発的なブームを起点にボウリングの戦後史をたどり、社会的な評価や経営者・関連団体のイメージ戦略、人々の余暇観の変化などを明らかにする。　定価1600円＋税